Oscar Brause
Männer sind halt doch die besseren Frauen

AF202086

TINTE
&
FEDER

Das Buch

Sonnyboy Basti fiel bisher alles in den Schoß. Doch dann verliert er plötzlich seinen Job, seine Freundin Kathi will nichts mehr von ihm wissen, und er sitzt so gut wie pleite auf der Straße. Als Notlösung mogelt er sich in eine flotte Mädels-WG, indem er vorgibt, schwul zu sein.

Als Hahn im Korb erlebt Basti fortan die geheimnisvolle Welt der Frauen. Seine Mitbewohnerinnen teilen mit ihm ihre Flirtstrategien, Styling-Tipps und Diätpläne. So also ticken Frauen?

Alles wäre im grünen Bereich, würde sich Basti nicht Hals über Kopf verlieben. Doch wer ist sein Herzblatt: Die sanftmütige Marie, die sich als leidenschaftliche Ornithologin am liebsten mit Vögeln beschäftigt? Die sexy Chaotin Felicia, die immer an den Falschen gerät? Oder die clevere und welterfahrene Bea, bei der einfach keiner anbeißt? Umso komplizierter wird es für den charmanten Womanizer, als die Frauen unabhängig voneinander versuchen, ihn umzupolen.

Der Autor

Oscar Brause, geboren 1980 in der Nähe von Nürnberg, studierte Marketing und arbeitet als Eventmanager in einer internationalen Agentur. Er geht gerne auf Reisen, liebt das Segeln und das Fliegen und hat gerne Spaß am Leben. Neben seiner Familie gehört seine größte Leidenschaft dem Schreiben. Unter anderem Namen hat er bereits erfolgreich mehrere humorvolle Krimis veröffentlicht.

Oscar Brause

MÄNNER SIND HALT DOCH DIE BESSEREN FRAUEN

Roman

TINTE & FEDER

Deutsche Erstveröffentlichung bei
Tinte & Feder, Amazon Media E.U. S.à r.l.
5 Rue Plaetis, L-2338, Luxembourg
Dezember 2017
Copyright © der Originalausgabe 2017
By Oscar Brause

Umschlaggestaltung: semper smile, München, www.sempersmile.de
Umschlagmotiv: © semper smile, München, www.sempersmile.de
Lektorat: Media-Agentur Gaby Hoffmann, www.profi-lektorat.com
Printed in Germany
By Amazon Distribution GmbH
Amazonstraße 1
04347 Leipzig, Germany

ISBN: 978-1-503-94919-5

www.tinte-feder.de

Für die Mädels –
ihr wisst schon, wen ich meine …

Drum prüfe, wer sich ewig bindet

Ich fasse es nicht! Lohengrin hat die Eheringe gefressen! Genüsslich schleckt sich der Köter das Maul und schaut mich erwartungsvoll an, als hoffe er auf noch ein Leckerli. Ich fasse es einfach nicht! Kalter Schweiß bricht mir aus. Das dumme Hundevieh leckt sich noch immer das Maul. Es ist mir ein Rätsel, wie er das geschafft hat. Das Lederherz liegt zerfetzt vor seinen Pfoten, nur die güldenen Ringlein sind fort. Dachte der Vierpföter, das sei Frolic de luxe, oder was?

Schau nicht so, du Flohträger, ich finde mein Outfit auch kacke, aber fresse ich deswegen das Ding um meinen Hals?! Nicola, die Braut, findet es nämlich schick, uns im Partnerlook auftreten zu lassen. Der Hund mit rosa Herz, ich mit rosa (!) Fliege.

Lohengrin, was für ein dämlicher Name für einen Hund, bekleidet übrigens ein weitaus würdevolleres Amt als ich. Ich, der beste Kumpel des Bräutigams, habe nämlich nur dafür zu sorgen, dass der Köter nicht das Bein am Traualtar hebt und ordnungsgemäß die Ringe beim Brautpaar abliefert.

Und sogar das habe ich versemmelt. Hat Nicola am Ende doch recht? In ihren Augen bin ich untauglich für den Job als Trauzeuge. Ich vermute, sie wollte mir beweisen, wer nach der Hochzeit künftig am längeren Hebel sitzt – sie. Damit ich wenigstens überhaupt eine Berechtigung habe, vorne dabei zu sein, bei diesem fragwürdigen Event, wurde mir kurzerhand der Hundedienst übertragen.

»Böser Hund! Ganz böser Hund!«

Lohengrin ist ein schlappohriger Basset mit Hängeaugen, so ein Hush-Puppie-Hund halt. Plötzlich fängt das Vieh zu röcheln an. Rülpst. Aber die Ringe kommen nicht raus.

Der Pfarrer schaut mich scharf an. Mich!

Wir, die Trauzeugen und Brautjungfern, der verfressene Ringträger und ich, stehen aufgereiht links vom Altar.

Rechts wartet der Bräutigam und ignoriert meine verzweifelten Handzeichen. Marc ist ganz in Gedanken versunken, kaut auf seiner Unterlippe. Geht dir die Muffe, Bruder, gell?

»Ich habe seit gestern sieben Uhr nur einen Spinat-Rote-Bete-Matcha-Mango-Smoothie mit Goji-Beeren und Chiasamen zu mir genommen, damit ich heute einen flachen Bauch habe«, tuschelt Brautjungfer rechts zu Brautjungfer links. Noch sind die Mädels namenlos, denn Nicola hält es nicht für nötig, uns vorzustellen. Wahrscheinlich hat sie panische Angst, ich könnte ihre Busenfreundinnen anbaggern. Ich kann mich beherrschen! Wenn die solche Zicken sind wie sie …

»Hast du das gehört, du blöde Töle?«, raunze ich. Oder hat ihn sein Frauchen auch auf Hochzeitsdiät gesetzt und nun krallt sich das Tier alles, was es zu fressen kriegt?

Lohengrin scharrt mit den Hinterpfoten ein imaginäres Stinker-Häufchen zu. Kurz keimt Hoffnung auf. Aber auch hinten kommt außer heißer Luft nichts beim ihm raus.

Mannomann, wann fängt die dusselige Ja-Sagerei denn endlich an? Der Hund furzt ungeniert weiter. Dann steigt der

Nebel des Grauens auf. Boah! Mann …! Hat der Hund außer den Ringen alte Putzlappen gefressen?

Die Brautjungfern wedeln mit den Händen und kneifen sich die gepuderten Nasen zu.

Das Gesicht des Pfarrers wird immer länger. Jetzt schaut er mich so richtig böse an.

MICH! Ich habe echt den Loser-Job ergattert. Nun muss ich schon die Pupse des Köters ausbaden! Und draußen steht die Braut in den Startlöchern …

Ich signalisiere meinem Kumpel Marc, na ja, Kumpel, diesem Weichei, diesem Weichspüler, der sich jetzt schon nicht mehr aufzumucken traut … Also ich versuche, ihm die Katastrophe mit Gesten zu verklickern. Ich führe die Fingerspitzen zum Mund, tripple mit den Füßen und wedle mit der Hand als Schwanz.

Marc kraust die Stirn.

Dann hänge ich mich gespielt mit einer Schlinge auf und führe einen Revolver mit ausgestrecktem Zeigefinger an meine Schläfe, drücke ab und lasse die Zunge heraushängen – soll heißen: Verdammte Scheiße, der Hund hat die Eheringe gefressen. Da kann ich mir gleich die Kugel geben!

Marc formt mit den Lippen ein: »Hä?« Anschließend greift er sich in den Schritt. Will heißen: Musst du JETZT pinkeln?!

Mein verzweifelter Versuch, ihm mein Begehr zuzuflüstern, ertrinkt im Hochzeitsmarsch, der Orgelspieler gibt alles.

Daadadadaaa, daadadadaaa … da kommt die Braut. Weiß und aufgebauscht wie eine Mega-Sahnetorte, ach, was sag ich *kommt* … sie *schwebt* den Kirchengang entlang – Hexen können ja bekanntlich fliegen.

Der Brautvater hinkt, womöglich hat Nicola ihn gegen das Schienbein getreten, weil er nicht gespurt hat.

Es ist vielleicht zu ahnen: Ich kann die zukünftige Frau meines Freundes nicht ausstehen. Sie mich auch nicht. Und das ist das Einzige, was wir gemeinsam haben. Bitch!

Wenn ich einfach die Biege mache? Leise, still und heimlich den Rückzug antrete. Denn ich mag mir den Moment nicht ausmalen, wenn die Frage nach den Ringen kommt. Ich könnte mich dumm stellen. Ich? Ringe? Was kann schon groß passieren? Die aufgebauschte Sahnetorte wird hochgehen wie eine Rakete. Und dann? Fällt die Hochzeit ins Wasser – wegen blöder Ringe? Kalt wird sie mich machen – das steht fest. Ich erwische mich dabei, dass ich an den Nägeln kaue.

Brautjungfer rechts außen nickt mir aufmunternd zu. Wird schon alles gut gehen. Ihr hellblaues Kleid sitzt reichlich stramm. Ihr Busen lenkt mich kurz von dem bevorstehenden Drama ab.

Solange der Pfarrer labert, bleibt mein Kopf oben. In meinen Ohren rauscht das Blut. Wann bin ich dran mit den Ringen? Wann kommt mein Stichwort, wann mein Einsatz?

Wann bin ich tot?!

»Wenn jemand der Anwesenden etwas gegen diese Verbindung einzuwenden hat, möge er jetzt sprechen oder auf ewig schweigen«, höre ich die Stimme des Geistlichen.

Das ist meine Chance! Na los, da wird doch einer dabei sein, der sein Veto einlegt. Cool wäre wie Dustin Hoffmann in »Reifeprüfung« mit Mordsgeschrei und Radau. Nur nicht so zögerlich! Ist denn tatsächlich kein verflossener Ex dabei oder eine vergrätzte Kollegin, die der doofen Nuss endlich eins reinwürgen will: »Ich! Hier!«

Nö.

Da durchschneidet ein grässlicher Laut die rührselige Atmosphäre. Es ist die Filmmusik von »Star Wars«. Na bitte, selbst das Universum spricht sich gegen diesen Bund der Ehe aus, wenn das nicht ein Zeichen ist ... *Ist schon enervierend, dieser Handyklingelton*, denke ich noch. Registriere die gerunzelten Stirnen, die finsteren Blicke.

Kacke, das ist ja mein Handy!

Noch mehr Fettnäpfchen treffe ich heute nicht. Ich bin so was von der Rolle, ich erkenne nicht mal mein eigenes Handy. Ohne auf die Handynummer zu schauen, schalte ich es einfach aus, senke demütig den Blick.

Stille kehrt wieder ein, der Pfarrer will schon fortfahren, da ziehen der Hund und ich schon wieder alle Blicke auf uns.

Lohengrin gibt beängstigende Röchellaute von sich. So eine Mischung aus Opa im Altenheim und Darth Vader.

Nicola wendet den Kopf, auf dem ein mit Haarspray betonierter Dutt mit Schleier sitzt. »Pst!«, macht sie und meint mich.

Ich ziehe die Hand an der Kehle waagerecht entlang, ich habe natürlich gewartet, bis sie wegschaut.

Marcs Blick trifft mich, er zeigt mir einen Vogel. Er kennt ja meine Einstellung zum Heiraten: Muss man sich schon in jungen Jahren ins Unglück stürzen? Das reicht doch später, so mit fünfzig, auch noch. Wer weiß, ob DIE Traumfrau nicht noch nachkommt ...

Wie hat meine Oma bereits gesagt: »Drum prüfe, wer sich ewig bindet, ob er nicht noch was Besseres findet!«

Marc grinst. Noch. Da ist noch mal kurz mein alter Freund aufgeblitzt, bevor er zum Ehekrüppel wird. Der, mit dem ich seit der Schule zusammengeschweißt war. Wir waren Meister im Mädelsaufreißen, nie gab es Zoff wegen einer, da wurden wir uns irgendwie immer einig, wir waren last minute vier Wochen mit einem Rucksack in Thailand, logisch, in geistiger Umnachtung irgendwann am Ballermann, nie wurde lang um etwas diskutiert, es wurde einfach gemacht. Wir hatten unsere mädelsfreien Abende, unseren Männersport (Boxen und

Motorradrennen im TV). Und wäre Marc eine Frau, hätten *wir* womöglich geheiratet.

»Die Ringe, bitte«, sagt der Pfarrer.

Irgendwie ist mir weinerlich zumute …

»Die Ringe!«, keift Nicola.

Braucht man zwingend Ringe, um Ja zu sagen? Geht doch heutzutage auch ohne Kirche, ohne Trauzeugen, ohne Geschlechtertrennung – wozu also die Ringe? Eine kleine Wärme durchfließt mich. Wenn ich Nicola das plausibel mache, vielleicht können wir diesen Teil überspringen … Unsere Augenpaare treffen sich. Ihre werden zu Schlitzen, sie verzieht den angemalten Mund. Ich könnte schwören, sie bewegen sich tonlos zu: »Du Armleuchter!«

Keine Ahnung, warum sie mich so hasst, dabei ahnt sie noch nicht mal was von den gefressenen Ringen.

»Die Ringe, Schafkopf.« Marc grinst schräg. Immer noch.

Ich deute mit dem Zeigefinger auf mich. Ach, ich? Was denn?

»Basti, die Ringe!«, nun schwitzt er auch.

»Jaaa, öh … Die hat der Hund gefressen. Keine Ahnung, wie, aber sie sind fort. Futschikato. Womöglich war sein Fresserchen am Morgen etwas mager? Er hat gerülpst und gefurzt, aber keine Ringe«, versuche ich, meinen Hals aus der Schlinge zu plappern, darin bin ich ein Meister. Meist gehe ich als Sieger daraus hervor, besonders, wenn ich bei den Frauen auch noch meinen Welpenblick aufsetze.

Nicht in der Kirche.

»Lohengrin hat was?!« Nicola fällt in ihrem Raschelkleid vor mir auf die Knie und schnappt sich den Hundekopf, zieht ihm die Lefzen hoch. Kurz fürchte ich, sie stellt das Tier auf den Kopf und will die Ringe aus ihm herausschütteln. »Mein armes Hundchen! Was hat er dir nur angetan?« Dann: »Du Mörder!« Ich glaube, es gibt im Kirchenschiff sogar ein Echo.

»Ja, aber er lebt doch noch …«

»Schnauze! Du bist ja sogar zu blöd, um auf ein paar lumpige Ringe aufzupassen!« Ihr Kopf schießt zu ihrem zukünftigen Ehemann herum. »Habe ich es dir nicht gesagt? Aber du wolltest ja nicht hören!« Mit einem Ruck reißt sie mir die Hundeleine aus der Hand und klemmt sich Lohengrin unter den Arm.

»Überspringen Sie den Teil mit den Ringen, Herr Pfarrer.« Sie drückt Schlappohr an ihre Brust, küsst ihn auf die Schnauze. »Aber beeilen Sie sich, der Hund muss sofort in die Tierklinik!«

Marc und der Pfarrer blicken verdutzt in die Runde, und bis der Bräutigam und die Hochzeitsgesellschaft noch einmal richtig Luft geholt haben, sind sie, Marc und die Zicke, Mann und Frau.

Na bitte, geht doch!

So, können wir nun endlich nahtlos zu den kühlen Bieren und dem versprochenen Hochzeitsbuffet übergehen?

Kaum ist der kirchliche Segen über uns gegossen, stürmt Nicola, noch immer Lohengrin unter den Arm geklemmt, mit langen Schritten aus der Kirche. Marc hält tapfer mit. Draußen geraten sie in einen Reis-Rosenblätterregen, doch damit hält sich die Braut nicht auf.

Ich stürze ihnen hinterher, unternehme einen letzten Rettungsversuch. Marcs Freundschaft ist mir einfach viel zu viel wert. »Soll ich euch fahren?«

Nicola haut tatsächlich die Bremsklötze rein. »Du! Schaust lieber! Dass du! Dich so schnell wie möglich vom Acker machst! Lass dich bloß nie wieder bei uns blicken!«

Klatsch. Klatsch. Klatsch. Wie Ohrfeigen.

Marc weiß gar nicht, wohin er blicken soll. »Es ist besser, du gehst nach Hause, sorry, Alter!«, bedauert er leise und steigt neben seine Frau ins rosengeschmückte Brautauto ein.

Was? Wie? Werde ich etwa gerade ausgeladen? Ich habe zwanzig Mäuse in das Hochzeitsgeschenk investiert!

»Nici und ich fahren den Hund in die Tierklinik. Wenn der tatsächlich die Ringe geschluckt hat, muss man ihn röntgen, vielleicht sogar aufschneiden oder so, um die Dinger wieder rauszuholen. Meint Nici.«

Oje, jetzt ist es so weit. Marc ist ab dem Ja-Moment in dieses erbärmliche Stadium abgerutscht: *meint meine Frau.*

Lohengrin, die arme Sau, ist nicht besser dran und ich möchte nicht darüber nachdenken, was die Weißkittel mit ihm anstellen, um an Nicolas Hochzeitsringe zu kommen.

Nicola gibt Gas, als seien sie Bankräuber auf der Flucht vor der Polizei.

Ich kämme mir ein paar Rosenblätter und Reiskörner aus dem Haar, zurre mir die rosa Schleife vom Hals und stecke sie in meine Hosentasche. Mein Magen knurrt, mein verfressenes Organ und ich hatten uns auf ein leckeres Hochzeitsmahl gefreut. Andererseits bin ich auch wütend. Es ist nur noch nicht raus, auf wen, auf mich oder Nicola, den Hund oder Marc. Schieben wir es mal der blöden Braut in die Schuhe, dann fühle ich mich nicht ganz so mies. So ein Affentheater!

Aber der Tag ist mit seinen Grausamkeiten noch nicht durch. Ich habe kein Auto mehr, im Moment jedenfalls. Kathi, das ist meine Süße, und ich teilen uns nämlich ihren Polo. Nur steht der derzeit leider in der Werkstatt. Nicola hatte genehmigt, dass ich im Wagen ihrer Schwester Kyra (die gleiche dumme Nuss) und deren Freundes Ken (nomen est omen, falls Sie Barbies steifen und geschlechtslosen Puppenfreund kennen) zur Kirche mitfahren darf. Ich gehe davon aus, dass es dabei mehr um das Wohl des Brauthundes ging als um meines.

Trotz Nicolas verbaler Backpfeifen treibe ich mich weiterhin vor der Kirche zwischen den, sagen wir mal, leicht erregten

Hochzeitsgästen herum. Ich spüre ihre Blicke im Rücken, das Getuschel wird leiser, wenn ich tapfer lächelnd an ihnen vorbeigehe, schwillt wieder an, kaum bin ich drei Schritte weiter. Logisch, sie brauchen einen Sündenbock. Keiner will zugeben, dass Nicola es mit ihrem Diätwahn übertreibt. Sie ist nämlich ein schrecklich dürres Huhn, ernährt sich neuerdings strikt vegan. Und ich gehe nun mal davon aus, das hat sie auf den armen Lohengrin übertragen, darum frisst der wahrscheinlich heimlich die Schnürsenkel aus den Schuhen. Mit diesem Tatbestand geht's mir besser.

Ken stelzt wie auf einem Laufsteg auf mich zu. Den Kopf wagt er kaum zu drehen, damit die Drei-Wetter-Taft-Frisur nicht ruiniert wird, der Lackaffe. *Schauen auch alle auf mich?* Ich sehe ihm an, wie er sich freut, dass ich der Buhmann des Tages bin.

Ihm rauscht Kyra in einem fliederfarbenen Wallawalla-Kleid nach. Sie bauen sich vor mir auf.

»Deine Freundin hat bei Marcs Vater auf dem Handy angerufen. Denn *du* bist ja *nicht* ran an dein Handy«, sagt er.

Und?

»Sie hat die Ringe gefunden. Lagen bei euch auf dem Küchentisch.« Sein selbstgefälliges Grinsen würde ich ihm zu gern aus der Fresse bügeln!

Doch nun fällt es mir siedend heiß wieder ein. Das stimmt. Ich hatte die Trauringe noch gar nicht in das Lederherz gesteckt, das *wollte* ich gerade tun, aber … Keine Ahnung, irgendwas kam mir dazwischen. Plötzlich krümmt sich mein Magen zusammen. Ach ja. Kathi. Wir hatten Streit. Sie war sauer. Deswegen ist sie auch nicht mit auf die Hochzeit gekommen. Was ich nicht verstehe. Frauen lieben Hochzeiten. Kathi liebt Hochzeiten. Sehr sogar. Will auch heiraten. Kinder und so haben. Kein Wunder, dass ich dabei die Ringe vergessen habe!

»Wenn es Nici und Lohengrin wieder besser geht, fahren sie bei deiner Freundin vorbei und holen die Ringe, damit sie wenigstens auf einem Teil der Hochzeitsbilder zu sehen sind …«

Kathi und Kyra waren mal in einer Schulklasse und sogar befreundet. Doch seit ich Kathis Freund bin, behandeln Kyra und Nicola sie, als habe sie eine scheußliche Hautkrankheit – mich. Aber wenn es *gegen* mich geht, stehen sie wieder auf Kathis Seite. Verstehe das, wer will.

»Na super, dann ist ja alles geritzt!«, atme ich erleichtert auf. »Kann ich bei euch wieder mitfahren?« Cool, komme ich doch noch zu einem leckeren Essen.

»Na ja … *geritzt*?« Ken grinst mich spöttisch an.

Kyra lächelt vielsagend. »Sie haben dem Hund ein starkes Abführmittel verpasst und Nicola hat in der Tierklinik einen Schwächeanfall erlitten.« Ihre Stimme ein einziger Vorwurf. Adieu, Hochzeitssuppe!

Nun stehe ich wirklich wie der allerletzte Volldepp da, alle bösen Blicke ringsum konzentrieren sich auf mich, und mein flapsig gemeintes: »Na, dann wird die Hochzeitsnacht wohl nicht so berauschend werden, wenn die Braut jetzt schon schwächelt!«, macht die Sache nicht besser. Und bevor sie die Messer zücken und mich im Weihwasserbecken ertränken wollen, schlage ich den Jackettkragen hoch und trolle mich.

Wie schon gesagt, irgendeinen Buhmann brauchen sie einfach.

Für solche Sachen ist Sebastian Halbritter immer zur Stelle, auch wenn ich nie weiß, warum.

Ein anzüglicher Kaktus

Mit Verlaub, das ist wirklich eine Scheißwoche! Erst lehne ich unsere Karre unschön an eine Garagenwand, dann kriege ich mich mit meinem Vater in die Wolle, der auch mein Boss ist, respektive mein Boss war.

Auslöser war wie stets mein Klugscheißer-Bruder Arne, und von dem lasse ich mir nun mal rein überhaupt nichts sagen, von dem nicht! Also schmeiße ich in der Agentur alles hin, erkläre, sie sollen sich ihren mies bezahlten und stinklangweiligen Job sonst wohin stecken, und gehe. Das war gestern.

Doch viel schlimmer als das kaputte Auto ist der Verlust von Marc. So einen Kumpel triffst du nur einmal im Leben. Vor allem, wenn ihr euch seit dem Sandkasten kennt und alles voneinander wisst – alles!

Männerfreundschaften sind nun mal was Besonderes, das wissen bloß Männer. Na ja, vielleicht klappt das auch unter Frauen, das behaupten sie jedenfalls und verdrehen verzückt-verschwörerisch die Augen, wenn sie von ihren Mädelsabenden sprechen. Aber ich bitte euch, womit können Frauen schon Spaß haben? Sie stecken sich Wattebällchen zwischen die Zehen, während sie sie knallpink anstreichen, sie süffeln Prosecco und schauen sich »Sex and the City« auf altmodischen DVDs an und lästern über Frauen.

Bei uns Kerlen geht es da schon um andere Sachen. Bundesliga, Grillwagen und … äh, Frauen. Okay, auch nicht intelligenter, aber allemal mehr, als sich Gurkenscheiben ins Gesicht zu klatschen.

Andererseits … Wissen wir Männer, was Frauen bei ihren Weiberabenden *wirklich* so treiben?

Aber soll jeder so viel Spaß mit was auch immer haben, wie er will. Ich jedenfalls trauere um Marc und den Fiat Spider, mit dem sich meine Mutter vor zwei Monaten zur Selbstfindung nach La Gomera aufmachte, und mit dem ich bis dato durch die Gegend spritzte. Wie komme ich jetzt auf den Spider? Ach so, ja, sie fehlen mir, fuck, bin ich down! Mit diesen depressiven Gedanken betrete ich den stylischen Neubau aus Glas und Beton, in dem die Logistik-Agentur Halbritter in der 3. Etage untergebracht ist – mein Ex-Job. Normalerweise hätten die mich da drin nicht wiedergesehen, aber ich habe vor lauter Eile, ihnen alles vor die Füße zu schmeißen, meinen Laptop vergessen. Und was da drauf ist, geht weder meinen Vater noch schon gar nicht meinen Bruder etwas an.

Ich grüße den Mann vom Wachdienst, der am Wochenende am Empfang Dienst schiebt. Verstohlen schiebt er den Playboy unter die BILD. Ein Zwinkern verkneife ich mir nicht, entschlossen fahre ich im gläsernen Aufzug hoch, das Gebäude imponiert mir schon ein wenig. Noch habe ich einen Schlüssel für die ganze Agentur. Aber den wird mein Vater möglicherweise bald zurückverlangen. Ich bin sicher, er glaubt, meine Kündigung sei nicht ernst. Er wird versuchen, mich umzustimmen. Vielleicht lasse ich mich ja sogar erweichen, wenn er noch ein paar Scheinchen auf mein Gehalt legt … Aber nur, sofern er sich entschuldigt … Und allen vorweg Arne! Der muss sich echt was einfallen lassen, damit ich wieder in die Firma zurückkehre …

Die behandeln mich nämlich wie ihren schlecht bezahlten Laufburschen, trauen mir nichts zu. Dabei bin ich irgendwie auch der Juniorchef, wenn auch nicht auf dem Papier.

Was?!

Die haben mein Namensschild von der Tür zu meinem Büro entfernt!

Ein seltsames Grummeln geht durch meinen Magen. Nun, vielleicht bekomme ich endlich das Büro neben meinem Vater, das mir längst zusteht …

Verflucht! Die meinen es ernst!

Auf meinem Schreibtisch steht ein Karton mit meinem Laptop, meinem Kaffeehumpen, ein paar Kulis, einem Füller und meinem Radiergummi in Form einer nackten Frau sowie »Gurke«, dem Kaktus, den mir die Kolleginnen zu meinem letzten Geburtstag, dem zweiunddreißigsten, geschenkt haben. Der Kaktus ist grün und lang, daher der Name. Ob eine Anzüglichkeit dahintersteckt, konnte ich bisher noch nicht ergründen. An dem Karton steckt ein Zettel:

Gib bitte den Universalschlüssel beim Portier ab!
Und nimm deinen Kaktus mit!
Arne

Okay, könnt ihr haben. Das macht mir doch nichts aus. ICH habe gekündigt! Weil ich noch mehr mit meinem Leben vorhabe, als mich von acht bis fünf hinter dem Schreibtisch zu langweilen. Vielleicht packe ich einfach ein paar Sachen und mache eine Weltreise. Es gibt viele, die ohne Kohle auf Weltreise gehen. Ich werde über meine Abenteuer bloggen, später gebe ich vielleicht darüber sogar ein Buch heraus und halte Vorträge. Was für ein Leben …!

Aber jetzt erst einmal heim und ein paar Bierchen zischen, die Glotze anschalten oder YouTube-Videos gucken und mich an meine Süße kuscheln. Bei der Vorstellung geht es mir gleich besser.

Mann, mir geht es echt gut!

Nenn mich nie wieder Zuckerwölkchen!

»Kathi!«

Scheiße, ist mir das peinlich. Ich steh wie ein Depp vor unserer Wohnungstür und komm nicht rein. Ich weiß, dass Kathi da ist. Ich höre sie hinter der Tür rascheln. Aber sie macht nicht auf. Wahrscheinlich hat sie die Stöpsel in den Ohren und hört Musik. Wiederum … eigentlich ist sie nicht der Typ, der dauernd am Smartphone klebt und ohne Mucke zu nichts taugt. Meine Freundin ist mehr die Fleißige und Strebsame.

Genau, das wird es sein! Sie saugt die Wohnung. Doch … höre ich den Staubsauger? Nein, ich höre meine Süße rascheln, und zwar genau hinter der Tür!

»Kathi! Mensch, mach auf!« Ich könnte meinen Arsch verwetten, dass die Klawauke, unsere Nachbarin in der Nebenwohnung, mit dem Auge am Gucki hängt, die olle Schabracke. Nur zu gern würde ich ihr den Stinkefinger zeigen, aber mir fehlt unterdessen die Energie dazu. Schweißperlen stehen mir auf der Stirn. »Katharina!«

Wo es doch in diesen Altbauten so hallt. Ich gucke im Treppenhaus nach oben, nicht nur die Klawauke ist neugierig. Ich lausche. Knarrt irgendwo eine Stufe?

Was soll der Scheiß, warum lässt sie mich nicht rein? Kurz reißt die Decke der Erkenntnis auf. Was waren Kathis letzte Worte? *Ich will dich nicht mehr sehen. Such dir 'ne andere Bleibe. Basti, dieses Mal mache ich ernst!*

Würde ich meine Freundin nicht besser kennen, könnte ich meinen, sie hat Schluss mit mir gemacht. Aber nee … Kathi doch nicht. Sie liebt mich doch. »Kathi?«

Unverhofft reißt sie die Tür auf, ich noch mit erhobener Faust, die bereits wehtut vom Bummern. Kathi ist mindestens einen Kopf kleiner als ich, aber wenn sie sauer ist, spielt die Körpergröße keine Rolle mehr.

»Was willst du?«, fährt sie mich an und lässt mein Selbstbewusstsein restlos in den Keller sausen.

»Kathi, sorry, aber ich komm nicht rein. Da steckt was im Schloss …« Ich betrachte das Schloss mit zusammengekniffenen Augen.

»Was! Willst! Du!«

»Na, rein«, krächze ich. Die Stimmung ist nicht gut, gar nicht gut. Was habe ich bloß wieder verbrochen, das sie so in Rage bringt? Ich tue einen Schritt auf sie und die Wohnung zu, in die ich endlich reinwill, raus aus Klawaukes Bespitzelung.

Kathi strafft die Schultern und schiebt die Hand mit der Handfläche nach vorne gegen meine Brust. »Das ist ein Steckschloss, das ich angebracht habe, für den Fall, dass du wieder in die Wohnung willst. Kannst du dich erinnern, du hast hier nichts mehr verloren. Gib mir deinen Schlüsselbund …«

Ich gehorche völlig paralysiert.

Sie nestelt mit wütender Energie den Haus- und den Wohnungsschlüssel vom Ring – und das in Windeseile. Wo sie sonst solche Fusselarbeiten nach fünf Minuten an mich überträgt. Dann nickt sie mit dem Kopf nach rechts unten. Dort stehen mein Seesack, meine Sporttasche und ein praller Plastiksack (sieht nach meiner Dreckwäsche aus) sowie die Stehlampe, die ich mit in unsere Beziehung gebracht habe und die Kathi grottenhässlich findet. »Falls ich etwas vergessen habe, sag mir Bescheid. Schicke ich dir dann an deine neue Adresse.«

Ich lasse demonstrativ die Schultern hängen, setze mein *Ach-Kathilein-hab-mich-lieb*-Gesicht auf. Als hätte ich es geahnt, habe ich vorhin die rosa Fliege wieder umgebunden, um ein hübscher Kerl für sie zu sein. Aber der rosa Propeller wirkt nicht.

»Zuckerwölkchen, warum bist du denn so böse auf mich?«, lächle ich, lächle sogar mit den Augen (ein Trick, den mir ein Fotograf verraten hat – zieht unheimlich gut bei den Mädels!).

»Siehst du die Schachtel und Gurke? Ich hab den Job endgültig hingeschmissen, wenn du mich jetzt auch noch vor die Tür setzt, wo soll ich denn dann hin? Unter der Brücke pennen?« Mein Lächeln gewinnt an Sonne. »Aber hast du gecheckt? Ich hab den Job von der Backe, ich bin endlich frei! Das heißt, während du auf Arbeit bist, kann ich mich um den Haushalt kümmern. Und wenn du Feierabend hast, sind die Betten gemacht, die Böden geschrubbt, deine Blusen gebügelt und Basti hat was Leckeres für dich gekocht. Ist doch geil, oder?«

Ich hoffe, sie reitet nicht darauf herum, dass ich weder bügeln noch kochen kann und wir Teppichböden haben. Ich setze da auf ihren herzhaften Humor.

Aber Kathi lacht nicht. Dabei finde ich meinen Vorschlag, der just vor einer Sekunde geboren worden ist, wirklich genial. Sie explodiert aber auch nicht, was mich nur noch mehr verwundert. Lustig findet sie ihn nicht, nicht geil, sie will mir aber auch nicht den Kopf abreißen – was denn dann?

Kathi steigen Tränen in die Augen.

»Und du fragst mich, warum ich sauer auf dich bin? Das fragst du? Hast du mir denn heute Morgen nicht zugehört? Nicht gestern, nicht vorgestern? Nicht vor einer Woche, nicht vor drei?« Sie zieht die Nase hoch und atmet tief ein. »Du bist unzuverlässig, Basti. Man kann sich nicht auf dich verlassen. Alles, um das sich dein Leben dreht, bist du. Andere Menschen interessieren dich einen Scheiß. Ich bin fast dreißig, Sebastian. Ich will eine Familie gründen, das weißt du. Wenn wir mit deinen Kumpels unterwegs sind, vergisst du manchmal sogar meinen Namen. Aber ich will einen Mann, der zu mir hält. Einen Mann, der das gleiche Ziel anpeilt. Du hast noch keinen Job länger als drei Monate durchgehalten, nicht einmal bei deinem Vater bringst du einen Fuß in die Tür. Du bist noch nicht reif für eine Beziehung, Basti. Noch nicht reif für irgendetwas. Geh noch ein bisschen spielen und stoß dir die Hörner ab!« Tränen fließen nun über ihre Wangen und ich schöpfe Hoffnung.

»Aber, Zuckerwölkchen!« Wenn ich sie einfach in den Arm nehme …

Doch da schiebt Kathi wütend hinterher: »Und nenn mich nie wieder *Zuckerwölkchen*!«

Im nächsten Moment knallt sie die Tür zu.

Hinter der Tür der Nachbarwohnung höre ich die Klawauke niesen. Wenn sie heult, muss sie immer niesen, hat sie mal ungefragt erzählt. Wieso heult die Klawauke? Ich bin doch der, dem es beschissen geht! Mich hat man vor die Tür gesetzt! Mich behandelt man mies im Job! Heule ich?

»Kathilein!«

Ein Job, der mit Vögeln

zu tun hat

Ohne Auto bist du echt der Loser. Ich meine, ohne Wohnung natürlich auch. Auch ohne Job und ohne Freundin. Aber mein Boss und Kathi kriegen sich schon wieder ein, deswegen mache ich mir akut nicht in die Büx. Manche Menschen, insbesondere Frauen, brauchen hin und wieder eine Auszeit von der Partnerschaft, und ein Job ist nichts anderes als eine Partnerschaft. Rechne doch mal nach, wie viele Stunden du in der Tretmühle verbringst. Bevor du mit deiner Schnecke zusammenziehst, prüfst du lang und breit, ob es dir nicht zu eng wird und ob sie es ertragen kann, dass der Klodeckel offen steht. Im Job wirst du einfach mit ein paar Typen in einen Raum gesteckt – und das soll dann klappen.

Von der Agentur zu unserer Wohnung bin ich noch mit dem Taxi gefahren, aber das geht ganz schön ins Geld. Und da das nicht so üppig bei mir vorrätig ist, muss ich mich wohl oder übel etwas am Riemen reißen. Und da sag noch einer, ich wäre unreif! Sparen ist ein Wort aus dem Jargon meines Großvaters, etwas auf die hohe Kante legen. Und nun ist es so weit – der Sebastian spart. Außerdem ist es im Hinblick auf meine Weltreise sowieso klug, die Kohle etwas zu bunkern.

Mir ist das vielleicht peinlich, besonders in Anbetracht dessen, dass ich mich bald mit chinesischen Schriftzeichen auseinandersetzen muss und durch indische Slums irren werde. Ich stehe an einer Haltestelle, habe aber keine Ahnung, wie man einen Straßenbahnfahrplan liest und welche Linie in welche Richtung fährt. Also setze ich mein Sonnyboy-Lächeln auf und frage mich durch. Ein absolut heißes Gerät zuckt nur mit den Schultern. Dafür ist ein Muttchen mit Rollator äußerst hilfsbereit. Sie betet mir sämtliche Stationen bis zu meiner Zielhaltestelle vor. Ich hieve ihr das Rollwägelchen in die Tram und sie schenkt mir ein Pfefferminzbonbon. Und weil ich den Samariter-Stempel schon auf der Stirn habe, helfe ich noch einer jungen Mutter, den Kinderwagen samt schreiendem Baby in den Waggon zu verfrachten. Ich ergattere einen Fensterplatz.

Straßenbahnfahren ist irgendwie witzig. Wäre ich ohne meinen Spartrip jemals im Leben Straßenbahn gefahren? Jedes Unglück hat auch immer etwas Gutes. Nur riecht es in dem Waggon ein wenig streng, so eine Mischung aus Döner-Schweiß-Billigparfüm. Fasziniert blicke ich mich um: Typen fahren mit den öffentlichen Verkehrsmitteln, unfassbar.

Und warum glotzen die mich so an?

Okay, ich sehe ein wenig nach Umzug aus. Reisetasche, Seesack, Dreckwäschebeutel, Bürokiste, »Gurke« und die Stehlampe. Und ich weiß nur vage, wohin ich fahre.

Und warum guckt die Schnecke mir gegenüber so?

Aber Moment, lass sie gucken! Die ist total süß. Schwarze Haare, weißer Teint, Kirschlippen. Sie strahlt eine Unschuld aus, die sofort mein Herz erwärmt, ohne dass ich gleich ans Bett denken muss. Erst nachdem sie leicht die Lippen öffnet, um zu lächeln, und ich ihre weißen Zahnspitzen sehe, frage ich mich, was diese Lippen wohl so alles können. Sie ist wie ein Klecks Vanillepudding – einfach lecker.

»Die Fahrscheine bitte!«

Ein Typ in Jeans und Regenjacke arbeitet sich durch den Straßenbahnwaggon auf mich zu. Soll das der Schaffner sein? Da könnte ja jeder daherkommen. Der hat ja nicht mal eine Uniform an.

»Den Fahrschein bitte!«, sagt er zu mir und ich öffne meine Geldbörse, zücke einen Zehner.

»Ich muss in die Weberstraße.«

Ich strecke ihm den Geldschein hin. »Vielleicht können Sie mir sagen, an welcher Haltestelle ich aussteigen muss. Ich weiß zwar, dass ich in die richtige Richtung fahre, aber ansonsten kenne ich mich nicht aus. Wissen Sie, meine Karre ist in der Werkstatt, sonst würde ich mich nicht freiwillig in diese Bummelbahn quetschen.« Ich hoffe auf ein verständnisvolles Kopfnicken, doch Pustekuchen.

»Was soll ich mit dem Schein?« Sein bisher belangloser Tonfall wird schärfer.

»Ich brauche eine Fahrkarte bis in die Weberstraße.« Ist der taub?

»Sie haben also keinen Fahrschein.«

»Nein, natürlich nicht. Ich will einen kaufen.« Auch meine Stimme hebt sich, das kann ich auch. Der Depp!

»Dann geben Sie mir mal Ihren Ausweis. Schwarzfahren kostet vierzig Euro. Wollen Sie gleich zahlen?«

Hä?

»Ja, logisch will ich gleich zahlen. Ein Fahrticket in die Weberstraße.« Was labert der eigentlich vom *Schwarzfahren*?

»Ohne gültigen Fahrausweis dürfen Sie die Fahrt gar nicht erst antreten. Sie können vorne beim Fahrer einen Schein lösen oder an einem Automaten, der an fast jeder Haltestelle steht.« Er zückt ein Kästchen und tippt etwas ein.

»Ja, aber ich will ja bei Ihnen einen Schein lösen, wären Sie früher eingestiegen, hätte ich auch früher bezahlt! Sind Sie nun der Schaffner oder nicht?«

So schaukeln wir uns gegenseitig auf.

»Schaffner in den Straßenbahnen gibt es seit zwanzig Jahren nicht mehr. Ich bin Kontrolleur und nicht berechtigt, Fahrtickets zu verkaufen. Ich kontrolliere, ob Sie ein gültiges Ticket haben. Das haben Sie nicht, also fahren Sie schwarz und das kostet vierzig Euro. Darf ich bitten.«

»Was 'n das für 'n Käse! Wo ist denn der Unterschied, ob ich jetzt bei Ihnen ein Ticket kaufe oder die Strafe von vierzig Euro bleche? Hier werde ich doch schon wieder voll verarscht!«

Der sture Bock ist unterdessen puterrot angelaufen. »Und was soll dieser ganze Mist da eigentlich!« Er meint meinen Hausrat. »Eine Straßenbahn ist ein Personentransportmittel und kein Umzugsunternehmen!«

Ich will gerade Luft holen, noch nicht sicher, was ich dem Hirsch als Nächstes vor den Latz knalle, da meldet sich ein sanftes Stimmchen zu Wort: »Der Herr fährt auf meinem Flexi-Ticket mit.«

Schneewittchen! Sie zeigt dem Nicht-Schaffner ein Kärtchen, woraufhin er die Stirn runzelt, ebenfalls etwas Garstiges verbal loswerden will, doch in dem Augenblick trifft ihn Schneewittchens Lächeln. »Ach so, Sie haben ein Jahresabo für zwei, warum sagen Sie das nicht gleich. Dann ist ja gut«, säuselt er lammfromm und geht weiter. »Die Fahrscheine bitte!«

Wir schauen ihm nach.

»Flexi-Ticket?«

Sie nickt und steckt das Wunderkärtchen in ihre Handtasche, eine gehäkelte mit großen Wollblumen drauf.

Ich weiß nicht, was mich überkommt, es liegt wohl an ihr oder vielleicht, weil ein »Danke!« nicht genug ist, jedenfalls nehme ich ihre zarte Hand und hauche ihr einen Kuss auf die Fingerspitzen.

Schneewittchen errötet.

Doch sie fängt sich rasch oder die ihr angeborene weibliche Neugier ist stärker: »Ziehen Sie um?«

Ich blicke über mein Sammelsurium, das ich um mich aufgebaut habe, nicke und bringe meinen Welpenblick an. »Ich habe völlig überraschend meine Bleibe verloren. Wissen Sie vielleicht ein günstiges Hotel, sehr günstig?«

Sie zuckt mit den Schultern. »Leider nicht.« Macht den Hals lang. »Ist das Ihr Kaktus?«

»Darf ich vorstellen, das ist Gurke. Gurke, das ist …?«

Doch sie bekommt nicht mit, dass ich ihr ihren Namen entlocken will.

»Hallo, Gurke!« Ihre Augen wandern weiter. »Hat die Stehlampe auch einen Namen?«

»Wie heißen Sie denn?«

»Marie.«

Wie sonst hätte sie heißen sollen?

»Dann heißt die Stehlampe jetzt Marie. Ich bin Sebastian.«

Was guckt sie mir denn auf den Hals?

Ach so, ich trage noch immer die rosa Fliege.

Ich muss ja einen tollen Eindruck machen. Obdachloser Schwarzfahrer mit rosa Fliege und Kaktus.

Wir schweigen eine Weile, jeder in eine andere Richtung. Aber Nicht-Reden ist nicht meine Sache.

Schneewittchen betrachtet ihre kurz geschnittenen, zartrosa, eben noch geküssten Fingernägel. Sie zuckt fast unmerklich zusammen, als ich sie frage, was sie denn an diesem schönen Samstag noch vorhabe.

»Wahrscheinlich gehst du in einen Club«, tippe ich ins Blaue, obwohl ich Schneewittchen mehr auf einem Sofa mit roten Samtkissen bei einer Tasse Jasmintee in einem Buch (hohe Literatur) lesend vor mir sehe.

»Oh nein, ich gehe zeitig zu Bett.«

Ist doch genau mein Ding, Mädel …

»Ich muss morgen früh raus, weil ich mit ein paar ehemaligen Studienkollegen ins Grüne fahre, um Vögel zu beobachten.«

Mir entfährt ein Lachen, toller Witz! Doch sie meint es wirklich ernst?

»Ich habe Biologie mit Schwerpunkt Ornithologie studiert«, strahlt sie. »Derzeit arbeite ich im Zoo.«

Orni-was? Irgendein Schweinkram?

Marie gerät ins Schwärmen: »Ich wollte schon immer einen Beruf, der mit Vögeln zu tun hat … Ich liebe die Natur, alle Tiere, besonders aber die Vielfalt der Vögel.«

Puh! Ach so. Vögel. Ich bewege die Arme wie Vogelschwingen. »Verstehe, das verstehst du unter *Vögeln*.«

»Was gibt es Schöneres, als auf einer Wiese zu liegen, den Insekten und Vögeln zu lauschen und die Natur zu riechen, die Sonne küsst deine Haut …«

Oh, verflixt – ich habe da ein ganz anderes Bild vor Augen, in dem viel von ihrer Haut auf einer einsamen Wiese vorkommt, und schon rutscht es mir heraus: »Du kennst dich also aus mit Vögeln?« Und würde mir am liebsten selber eine reinhauen. Kann ich nicht mein dummes Maul halten?

Aber ohne mit der Wimper zu zucken, erwidert sie: »Und ob! Ich könnte mich den ganzen Tag mit Vögeln beschäftigen.«

Sie hat meinen schlüpfrigen Witz nicht verstanden, geht einfach drüber hinweg. Und da weiß ich – ich liebe diese Frau. Eine Frau, die reizend naiv und noch so unschuldig ist, so rein, so ehrlich … ach … die Jungfrau Maria … so eine Frau kriegst du unter Tausend nicht. Ich glaube kaum, dass es viele so unversaute Mädels gibt in ihrem Alter. Wie alt schätze ich sie – knapp fünfundzwanzig?

Nicht, dass Kathi ein versautes Luder wäre, aber bei ihr ist alles so kontrolliert, so zielgerichtet. Bei Wiesen denkt sie ans Rasenmähen, bei Sonne auf der Haut an Lichtschutzfaktor 30 und Hautkrebs, bei Vögeln denkt sie an Pampers und Babystrampler, wenn ihr wisst, was ich meine …

Dann geht alles schnell. Wir haben Schneewittchens Haltestelle erreicht. »Ich hoffe, Sie finden eine Bleibe!«

Im nächsten Augenblick ist sie fort und ich fühle mich schrecklich verlassen.

Wie Struppi an der Autobahnraststätte an einen Baum gebunden.

Sofort ist mir dann doch
zu spontan

Um nicht noch einmal einem galligen Kartenabreißer in die Hände zu fallen, steige ich an der nächsten Haltestelle aus und verfluche mich, nicht mit Schneewittchen die Straßenbahn verlassen zu haben. Noch ein bisschen mehr Welpenblick und an ihr weiches Mädchenherz gerührt, und sie hätte mich mit zu sich genommen. Kurz geht meine Fantasie mit mir durch, wer weiß, was wir hätten miteinander anstellen können, wenn sie sich schon so sehr für Vögelkunde interessiert. Doch dann zieht eine dunkle Stimmung über meine Seele.

Nun ist Marc also tatsächlich verheiratet, eine der schlimmsten Krankheiten, die einen Mann befallen kann, hat ihn erwischt. Dieser Zustand, der Zustand eines Ehemannes, ich habe es bei anderen Kumpels und Kollegen bereits erlebt, macht dich total gaga im Kopf. Die meisten Männer nehmen nach dem Ja schlagartig eine devote Haltung gegenüber dem Weibchen ein und leiden fortan an akutem Selbstbewusstseinsschwund. Anzeichen der Genesung zeigen sich erst, wenn der süße Lack abgelutscht ist, aber da können Jahre vergehen. Hat der

Gewöhnungseffekt erst eingesetzt (gewissermaßen eine eheliche Betriebsblindheit), sogar viele Jahre, sehr viele Jahre.

Dabei habe ich gar nicht unbedingt etwas gegen die Ehe, irgendwann werden Kathi und ich auch mal heiraten. Aber hätte Marc nicht eine bombig aussehende, kumpelhafte Automechanikerin ehelichen können, die selbst gern mit ihren Freundinnen etwas ohne Kerl unternimmt und uns (Marc, den anderen Kumpels und mir) jede Menge Freiheiten lässt? Nicola klammerte von Anfang an. Und ihre Eifersucht auf mich ist grenzenlos, sie versucht mich auszubooten, wo sie kann. Und glaubt mir, gegen eine Frau und den Sex kommt selbst der älteste Freund nicht an. Im Moment steht es 87:0 für Nicola.

Unterdessen bin ich vor Bennos Kneipe angekommen. Wir vier, Marc, Benno, Homer und ich, sind seit der Grundschule befreundet. Wir haben Monsterzahnspangen und Großflächenakne überstanden, die ersten Schritte ins Sexualleben gestartet (sprich beispielsweise Löcher in die Trennwand zur Mädchenumkleidekabine gebohrt und Flaschendrehen veranstaltet), kamen uns Wunder wie stark beim Wettsaufen vor, haben gekotzt wie die Reiher und permanent massenhaft Körbe von den Mädchen kassiert.

Die Spanner-Allüren und das Flaschendrehen sind passé, der Rest hat nach wie vor Bestand. Bei mir rückblickend auf jeden Fall – Dauerkater, auch bei den Frauen. Wirklich was aus sich gemacht haben nur Marc als Banker und Benno als Kneipier. Homer (bürgerlich Steffen Homersberg, nicht Simpson) hangelt sich von Job zu Job, scheitert regelmäßig noch während der Probezeit, ich ordne mich mehr in die Schiene *Lebenskünstler* ein. Marc verließ das Rennen als Diplom-BWLer. Benno versuchte ein paar Jahre Psychologie. Homer und ich waren mehr experimentell unterwegs und haben verschiedene Studiengänge abgebrochen.

Ich wähle Marcs Telefonnummer. Er geht ran, obwohl er meine Handynummer auswendig kennt. Das ist ein gutes Zeichen. So sauer kann er gar nicht sein, sonst würde er mich einfach wegdrücken.

»Servus, ich bin es. Äh …«, stammle ich. Das ist mir noch nie passiert, ich suche nach Worten bei meinem Kumpel. »Coole Nummer in der Kirche«, versuche ich es locker, mir selbst unklar, welche Nummer ich meine. Die mit den Ringen oder die Ja-Geschichte.

Marc sagt nichts, im Hintergrund höre ich Gelächter, Gläserklirren, Musik.

»Wie geht es dem Hund?«

»Er ist wieder ganz okay.«

»Und du, bist du fit?« Verdammt, wie klingt das denn? Warum frage ich nicht das, was ich fragen will: *Kann ich, während ihr in den Flitterwochen seid, bei euch in der Wohnung pennen?*

»Meiner Frau geht es übrigens auch gut, nach dem riesigen Schock, den du ihr eingejagt hast. Falls du das wissen willst.« Der pure Sarkasmus. Wir nehmen uns immer mal gegenseitig hoch, aber nicht mit so viel Gift im Background.

»Ja! Logisch!« Ich räuspere mich. »Sag mal, wenn ihr jetzt auf dieser Kakao-Insel flittert …«

»Curaçao.«

»Weiß ich doch. Also, meine Frage, während ihr in den Flitterwochen seid, könnte ich doch euer Haus hüten, die Pflanzen gießen, die Post aus dem Briefkasten holen und so …«

»Was willst du?«

»Ich brauche einen Platz zum Pennen.«

»Hat Kathi dich endlich rausgeworfen?«

88:0 für Nicola. Denn diese männerfeindliche Einstellung entspringt unmöglich meinem Freund, da sitzt ihm eindeutig die Beeinflussung seiner Gattin auf der Zunge!

Ich habe nämlich auf einer Fete Nicola hinter meinem Rücken bewusst laut genug lästern hören: »Wie eine tolle Frau wie Katharina nur so einen Loser wie diesen Halbritter durchfüttern kann, ist mir ein Rätsel.«

»Du weißt doch, wie die Mädels sind. Da vergisst du einmal, den Müll runterzutragen, und schon hängt der Haussegen schief«, rechtfertige ich meine missliche Lage. »Es wäre echt spitze von euch, wenn ich euer Gästezimmer nutzen könnte. Ist doch nur für zwei oder drei Tage.«

»Es ist Nicolas Haus, Basti. Und sie ist absolut nicht gut auf dich zu sprechen. Um ehrlich zu sein, ich darf deinen Namen im Moment nicht einmal erwähnen. Sorry, keine Chance. Wieso kriechst du nicht bei deinem Vater in deinem alten Zimmer unter, bis sich eure Krise wieder eingerenkt hat?«

Ganz toll! Meine im Dornröschenschlaf von Spinnen eingewobene Dachschräge mit den peinlichen Men-in-Black- und Bruce-Willis-Postern ist in etwa eine Option wie ein Abstecher in den Männerknast. Da will ich nicht hin!

Ich lasse mich doch nicht zurück in die Pubertät beamen. Und vor allem gönne ich meinem Alten den Triumph nicht.

»Mit dem läuft es auch nicht so gut. Derzeit.«

»Sag nicht, du hast den Job in der Agentur hingeschmissen!« Und meine Antwort gar nicht erst abwartend: »Basti, Basti …« Ich sehe ihn den Kopf schütteln und das Gefühl, ihn enttäuscht zu haben, trifft mich härter als das einvernehmliche Kopfschütteln meines Vaters und Bruders.

Also übergehe ich das Thema, jammere weiter: »Homer würde mich sofort aufnehmen, aber, sind wir ehrlich, sein Wohnklo ist schon für *einen* Mann eine Zumutung, und zu zweit …? Ne, dann lieber Bahnhofsmission oder Heilsarmee.«

Als ich es ausspreche, wird mir ganz übel. Ist das meine Perspektive für die Zukunft? Andererseits, ich wollte doch ein freies Leben. Warum starte ich meine Weltreise nicht sofort?

»Sofort«, lasse ich es mir kurz auf der Zunge zergehen. Nee. Sofort ist mir dann doch zu spontan.

»Und Benno?«, fragt Marc leise, erste Gewissensbisse im Gepäck.

»Ich bin zu ihm auf dem Weg, in meiner Lage hilft nur der Suff.«

Bennos Kneipe, so heißt sie auch, weil er nie die Muße fand, sich einen wirklich originellen Namen für seinen Bierpalast mit Currywurst und Frikadellen auszudenken, ist unser Zufluchtsort, wenn es uns richtig mies geht. Notfalls hat Benno nämlich ein Feldbett …

Ich höre Marc aufatmen.

Halt, halt, halt! So schnell kannst du mich nicht abschieben. Bennos Feldbett ist doch wirklich nur eine Notlösung und ohne Dusche und Frühstück!

Da höre ich die giftdrüsige Stimme von Nicola.

Marc wird plötzlich hektisch. »Du, wenn es nur für zwei oder drei Tage ist, dann taugt das doch bei Benno. Versuch lieber, dich mit Kathi zu versöhnen, sie ist es echt wert. Du, ich muss los, unser Taxi zum Flughafen kommt gleich. Ich schreib dir! Servus, Basti.« Im Hintergrund eindeutig den Feierlärm drückt Marc das Gespräch weg.

Benno zapft mir ungefragt ein Bier. Stellt es mir an meinen Stammplatz am Tresen, fragt: »Und, wie?«

»Er hat Ja gesagt.« Das Ring-Desaster verschweige ich.

»Gut.«

Benno ist nie besonders gesprächig, darum schätzen wir ihn so. Dafür ist er ein guter Zuhörer, jemand, dem du bei einer Portion Pommes rot-weiß und einer Batterie Klarer ohne hohle Kommentare und nutzlose Ratschläge deinen Weltschmerz aufs Ohr drücken kannst. Bennos Kneipe ist noch eine vom alten Schlag, mit Holztheke und kleinen Tischgruppen, es riecht nach Bier. Manchmal wabert noch das Odeur von kaltem Zigarettenrauch der vergangenen Jahrzehnte aus den dunklen Holzbalken.

»Kathi hat mich rausgeschmissen.«

Benno poliert weiter die Gläser. »Du kannst hier pennen. Ich hole das Feldbett aus dem Lagerraum.«

»Auch für ein oder zwei Nächte? Vielleicht drei …?« Obwohl ich nicht davon ausgehe, dass Kathi so lange verstimmt sein wird. Spätestens morgen früh macht sie sich Sorgen um mich. Das Letzte, was sie will, ist, dass ich unter der Brücke lande und nichts Ordentliches im Magen habe.

»So lange es dauert. Dafür hilfst du in der Küche beim Spülen mit, putzt die Tische, den Boden und die Klos. Haben wir einen Deal?«

Benno schaut aus wie Henning Baum in der »Der letzte Bulle« und ist in etwa auch so eine coole Sau, das heißt, er hat massig Chancen bei den Frauen. Nur hat er noch dazu einen so guten Charakter, dass er das nicht ausnutzt (oder bescheuert ist). Er hat einen einzigen Haken, aber das ist nun mal meine ganz persönliche Meinung: Er hat sich eine Ische mit vier Kindern an Land gezogen, an deren Zeugung er nicht beteiligt war. Aber er schwört, es sei die wahre Liebe. Fragen, ob sie noch ein Kind kurzfristig aufnehmen? Nee, dann lieber Feldbett.

Ich rufe noch einmal bei Marc an, doch er hat sein Handy ausgeschaltet. Gläser polieren und Tische putzen ist gar kein so schlechter Job. Vielleicht mache ich ja, wenn ich fit in dem Business bin, selbst ein Lokal auf. Vielleicht eine Cocktailbar mit Südsee-Flair? Also schlage ich in Bennos Hand ein. »Deal!«

MEISTER PROPER IST AUCH BLOSS EIN SCHWULER WICHTIGTUER!

Mein Kater frisst mir gerade das Hirn aus der Birne. Geduldig warte ich auf mein Ableben. Denn dass mein gestriges Saufgelage der Gesundheit abträglich war, steht fest. Den Frontallappen scheint Bennos Fusel bereits in Brei aufzulösen oder ich habe versehentlich den Toilettenreiniger gekippt, den ich heute zum Kloputzen verwenden soll. Außerdem habe ich einen Geschmack im Mund wie getragene Socken. Ich schiebe ein Bein und einen Arm von Bennos Feldbett, überlege: *Wie jetzt weiter?*

Ich stütze das Knie auf den Boden und rapple mich irgendwie hoch. Bodennebel auch in höheren Lagen. Das Schiff schwankt und ich suche nach der Reling, an der ich mich abstützen kann. Eine Bowlingkugel rollt in meinem Kopf, mir ist speikotzübel. Ich bin wohl seekrank. Ich gähne und kratze mich am Sack. Schlurfe zu den Herrentoiletten. Eigentlich ist es cool, in einer Kneipe zu übernachten. Gegen die Augenschlitze klatsche ich mir einen Schwall kaltes Wasser ins Gesicht, tappe in die Küche und schalte den Kaffeeautomaten ein, reiße den Kühlschrank auf. Zum Frühstück kalte Currywürste, lecker. Doch zunächst spüle ich eine Flasche Wasser und drei Aspirin, die ich in der dafür bekannten Schublade unter der Kasse finde, runter. Mein Aufzug, nur Unterhose, stört mich nicht, mich sieht ja keiner. Single zu sein ist gar nicht so übel. Zu den Würsten lege ich zwei Frikadellen und einen Keil Butterkäse und drücke je einen Megaklecks Senf, Ketchup und Mayo auf einen Teller. Den Humpen Kaffee stelle ich daneben und lasse mir alles schmecken, Fingerablecken inklusive. Wieder und wieder blicke ich auf mein Handy. Kathi hat noch immer nicht angerufen. Es ist Sonntag. Sie wird länger schlafen.

Warum ich nicht anrufe? Aus Erfahrung. Ich puste doch auch nicht in ein Hornissennest.

Die Pissoirs zu putzen ist kein Problem. Entschlossen drücke ich eine halbe Flasche von dem (vom Wirt) empfohlenen Reiniger in die Becken. Ich rühre mit der Klobürste und spüle immer wieder, bis sich große Schaumkronen bilden. Die lasse ich stehen, damit sie größtmögliche Wirkung erzielen. Die verräterischen, angetrockneten Spuren um die Becken herum ignoriere ich, spätestens am Abend kommen neue dazu.

Das Betreten der Damentoiletten hingegen stellt wirklich eine riesengroße Herausforderung für mich dar. Es gibt Orte, an denen hat ein Mann nichts verloren, wüsste er auch nur zu gern, was sich dort so alles abspielt. Und vor allem, was tun Mädels da, wenn sie, wie meist, zu zweit aufs Klo gehen? Über uns reden? Sich gegenseitig die Nase pudern? Sich unter der Tür mit Toilettenpapier aushelfen? Ist das der Grund? Tapern sie stets zu zweit aufs Klo, um sich in Papiernot mit einem Streifen auszuhelfen? Das würde Sinn machen.

Ich klopfe an, warte. Keine weibliche Alkoholleiche. Erst dann trete ich ein.

Ich bin erstaunt. Was hatte ich erwartet? Gut, es riecht vielleicht eine Nuance besser als bei den Herren, aber keinesfalls nach Bergwiese. Ich vermisse das erwartete Blumenarrangement neben den Waschbecken, das Sammelsurium an Teelichtern und Lippenstiften entlang der Spiegel. Es gibt auch keine Schleifen an den halben Vorhängen. Aber das liegt wahrscheinlich daran, dass ich mich in Bennos Kneipe befinde, die bekannt für Kellerbier und Pils ist und nicht nach einem Beitrag in Schöner Wohnen schielt.

Im Spiegel glotzt mich ein Fremder an: fahl, dunkle Augenringe. Mein dunkles Haar, in das die Frauen so gern greifen, steht ab, meine braunen Augen sind matt. Mein Schwimmbad-Teint ist verblasst, ich habe keinen attraktiv-verwegenen Übernachtbart, ich schaue einfach scheiße aus. Nie wieder werde ich über einen Penner die Nase rümpfen, denn so schnell sackt man gesellschaftlich ab.

Doch nun zu der Tabuzone »Damen«. Ich tue so, als sei es das Natürlichste auf der Welt und wische die Waschbecken mit Wasser und Zewa-Tüchern. Mit dem Fliesenboden verfahre ich ähnlich. Aus dem Eimer kippe ich einen Schwall Wasser auf den Boden und wische mit dem Fuß auf einem Stapel Papiertüchern den Putzwassersee auf. Dann fasse ich mir ein Herz und mache mich an die weiblichen Kloschüsseln heran, kippe die restliche Flasche mit dem blauen Wundermittel hinein und schäume das Ganze mit der Klobürste ein. Erst jetzt bemerke ich, dass ich den Song aus dem Meister-Proper-Werbespot summe: *Meister Proper putzt so sauber, dass man sich drin spiegeln kann.*

Geschafft! Zufrieden kehre ich in den Bewirtungsraum zurück und mache mir noch einen Kaffee. Da entdecke ich auf dem Schanktresen einen Zettel, den Benno mir hinterlassen hat.

Servus, Basti!
Bitte Folgendes erledigen:
Tische, Böden wischen
Toiletten, Becken und Spiegel putzen
Spülmaschine ausräumen, Gläser polieren und
aufräumen
Kaffeeautomat entkalken
Das war's auch schon, Alter!
Gruß Benno
PS: Friss nicht alle Würste auf!

Kacke.

Vor mir ploppt Kraftprotz Meister Proper auf, blauäugig, kahl und mit Ring im Ohr. Grinsend, der Arsch. Mensch, der ist doch 'ne Schwuchtel, kein Kerl putzt freiwillig und gern. Ich jedenfalls nicht! Bislang war dies Kathis Job.

Nach gefühlten zehn Stunden Schrubben und Scheuern lasse ich mich wieder auf das Feldbett fallen, mein Schädel brummt grässlich, womöglich stehe ich kurz vor einem Schlaganfall. Der Schrubber knallt auf den Boden. Kathi hat noch immer nicht angerufen.

Ich höre mich selbst schnarchen, da wird die Tür aufgerissen und Benno donnert: »Das habe ich gern! Den Kühlschrank leer fressen und die Fußspitzen hochstellen!«

Sofort stehe ich senkrecht vor ihm.

»Eh, von wegen! Ich habe die Pisse und Kacke der vergangenen drei Wochen aus den Becken gekratzt – und nicht nur bei den Männern!« Der Wichser soll mir bloß nicht so kommen!

»Späßchen«, grinst Benno und schlurft in die Küche. »Den Herd hättest du aber schon machen können, der ist ja noch total versifft.«

»Der stand nicht auf der To-do-Liste.« Ich bin ihm lustlos hinterhergewackelt, registriere zähneknirschend, dass er mit dem ausgestreckten Kontrollfinger über den Küchentisch wischt.

Benno zwinkert mir zu. »Eigeninitiative ist für dich ein Fremdwort, oder?«

Eines steht fest, die Kneipenunterkunft ist keine Dauerlösung. Seit wann ist Benno so ein Erbsenzähler? Oder ist das ein verbaler Arschtritt, damit ich mir baldmöglichst eine neue Bleibe suche und seine Kneipe nicht als Dauergast belege – Benno kennt mich schließlich. Nur leider bin ich auf ihn angewiesen, eine Pension ist mir echt zu teuer. Wer weiß, wie lange Kathi einen auf Schmollmaus macht.

»Hier.« Benno zieht einen Zettel aus der Arschtasche seiner Jeans. »Ilka hat eine Bekannte, deren Bekannte günstig ein Zimmer in einer Wohnung untervermietet. Ruf da mal an.« Ilka ist Bennos Ische mit Kinderanhang. Anscheinend ist Benno tatsächlich nicht wirklich scharf darauf, meine Putzhilfe länger als nötig in Anspruch zu nehmen.

Strahlend wie ein Kind unter dem Weihnachtsbaum nehme ich den Notizzettel. Ich studiere die Adresse. Die WG befindet sich in der Kunigundenstraße. Wozu lange fackeln und anrufen? Zuversichtlich nehme ich mein Gepäck gleich mit, nur Kaktus und die Stehlampe Marie lasse ich vorübergehend noch bei Benno. Ich fahre mir mit den Fingern durchs Haar – die Bude ist so gut wie mein.

Mit dem Kopf im Nacken blicke ich am Haus hoch. Eine Altbauwohnung also. Im vierten Stock! Ich suche an der Klingeltafel nach dem Namen: Heller & Berger. Und drücke auf die Klingel. Als habe man auf mich gewartet, surrt der Türöffner.

Ich sehe mich um. Kein Fahrstuhl? Auch gut, kein Problem, ich bin ziemlich sportlich, zumindest war ich mal ziemlich sportlich. Im dritten Stock keuche ich wie ein Gaul. Noch ein Stockwerk höher will mir die Lunge aus dem Hals fallen.

Ich muss gestehen, in letzter Zeit zeichnet sich mein Bewegungsdrang mehr dadurch aus, während der Sportschau Biernachschub zu holen oder aufs Klo zu gehen. Das rächt sich jetzt.

Als ich bei »Heller & Berger« erneut klingle, macht niemand auf. Ich klopfe. Déjà-vu. Wieder stehe ich vor einer verschlossenen Tür. Kathi hat übrigens noch immer nicht angerufen.

Die Tür zur Nachbarwohnung geht auf. Eine große Rothaarige Ende dreißig, an der kein Gramm Fett zu viel ist (eigentlich ist sie mir schon fast zu mager), lehnt sich in den Türrahmen und mustert mich. Lange, nasse Haarsträhnen wellen sich über ihren Oberkörper, Wasserperlen haben ihr weißes, knielanges Shirt feucht gemacht, sie hat fast keine Brust, so schlank ist sie, also im Prinzip wirklich nicht mein Typ, denn eine Frau muss schon ein bisschen Figur haben. Unter dem Stoff zeichnet sich jede Rippe, aber auch jede Muskelpartie ab, und eh, der Hammer, das ist total scharf … Und ich versuche, mich auf ihre großen Füße zu konzentrieren, die in Flip-Flops stecken und zu ihrem zierlichen Rest nicht passen.

»Die sind gleich wieder da«, sagt sie. Die großen, grünen Augen röntgen mich weiterhin. Dann mit verächtlich-genervtem Blick nach oben: »Die alte Schmitz über uns hängt immer am Fensterbrett und lässt alle ins Haus.«

Sie verschränkt die Arme vor ihren halben Aprikosen. Habe ich gestarrt? Sorry!

»Schade, ich komme wegen des freien Zimmers.«

»Sie?« Ihre Augen wandern an mir auf und ab.

Eine Etage höher geht die Tür auf und der Türöffner wird betätigt.

»Frau Schmitz! Sie sollen doch nicht alle Leute einfach ins Haus lassen! Kann doch auch mal ein Fremder sein«, schimpft die Rote.

Frau Schmitz knallt kommentarlos die Tür wieder zu.

Absolut nicht aus der Puste kommt eine junge Frau im hautengen Sportdress die Treppe hoch. Sie ist gut proportioniert, ein schöner Arsch hat schon was, und C-Körbchen mindestens, schätze ich und hoffe inständig, dass sie meine neue Vermieterin ist. Sie kneift kurz die Augen zusammen, als bräuchte sie eine Brille, um mich besser sehen zu können.

Ich ärgere mich, dass ich mich nicht rasiert und mir nicht die Haare gemacht habe, denn das hier ist schlimmer als bei einem Bewerbungsgespräch. Ihr Kontrollblick wandert von meinem Gesicht über meine Brust, die (leider) nicht allzu männlich das Hochzeitsjackett auspolstert (der Anzug soll einen seriösen Eindruck vermitteln) – ich bin nun mal nicht *der* große Bodybuilder. Die Augen wandern weiter zur Jeans, bleiben in der südlichen Region hängen – da, meine Liebe, bin ich gut ausgestattet! Und mein Selbstbewusstsein steigt wieder.

»Er möchte eure neue Mitbewohnerin werden«, erklärt die Rote.

Die Kurvige löst sich von meinen Kronjuwelen, lacht dann laut auf. »Sorry, du bist umsonst gekommen.«

Ich komme nie umsonst, wenn ich etwas will, kämpfe ich darum.

»Ich habe eure Adresse von Ilka, ich bin Bennos bester Freund«, schicke ich mich an, vielleicht habe ich ja dadurch einen Bonus. »Aber wollen wir das nicht in deiner Wohnung besprechen?« Wenn ich erst mal den Fuß drin hab, sollen sie mal schauen, die Mädels, wie sie mich wieder loswerden. Da bin ich wie eine Zecke.

Doch die Kurvige zückt nicht einmal den Wohnungsschlüssel. »Nimm es nicht persönlich, aber du bist ein Mann.«

»Yes«, bestätige ich. »Und wie! Und?«

»Meine Freundin und ich suchen eine Frau als Untermieterin.«

»Und ich bin die Vermieterin und ganz ihrer Meinung«, nun wieder die Rote. Ob ihr wohl die ganze Burg gehört, dann wäre sie ja direkt eine gute Partie.

Ich setze meinen wirkungsvollsten Lieblingsschwiegersohn-Sonnenschein-Gesichtsausdruck auf. »Ist doch wurscht, oder? Mann oder Frau.«

»Ne, is nich wurscht«, widerspricht die Kurvige. »Männer machen nur Ärger.«

»Ach so …« Ich lasse die Schultern hängen. Eine Emanzen-WG. Ne, da will ich nicht rein. »Ihr steht nicht auf Männer.«

Doch da kommt Leben in die Ladys. Die Rote schnappt lachend nach Luft und die andere wird ganz hektisch.

»Ach Quatsch! Wir doch nicht, im Gegenteil! Aber wir haben eben die Erfahrung gemacht, dass es nicht gut geht, wenn zwei Frauen und ein Mann sich eine Wohnung teilen. Irgendwer verliebt sich immer und meist in den oder die Falsche. Dann ist Zoff vorprogrammiert. Ne, ne, keine Männer!« Wieder mustert sie mich, lächelt. »Besonders keine, die gut aussehen.«

Will wohl hoffen, sie meint mich.

»Ich kann kochen.«

Kritischer Frauenblick.

»Echt!« Kochen kann jeder. Rein ins Internet, Videoclip anschauen, kochen und gut ist. Und wozu gibt es unzählige Lieferservices und die Mikrowelle – also …

Der kritische Frauenblick schmilzt ein bisschen.

»Und ich kann super putzen! Heute Morgen zum Beispiel habe ich eine Kneipe von der Küche bis zu den Damentoiletten komplett gereinigt – allein!«

Das beeindruckt die Damen schwer und ich bemerke ein leichtes Einknicken ihres Grundsatzes. Ich MUSS dieses Zimmer in dieser traumhaften Umgebung (zwei sexy Geräte) einfach haben! Ich schrubbe die Klos und die Mädels massieren mir hernach … den Nacken.

Die Kurvige wiegt den Kopf, kräftige, braune Locken tanzen um ihr Kinn. »Ne, sorry! Ganz ehrlich, du siehst einfach zu gut aus. Vielleicht, wenn du ein langweiliger Couch-Potato wärst oder scheintot, aber so …«

Ich summe insgeheim schon wieder den Werbesong von Meister Proper, diesem schwulen Wischmopwedler.

Bing!

Und dann ist sie da – diese fatale Idee.

Das darf nie jemand von meinen Bekannten erfahren. Nie!

Ich spüre, wie mir Hitze in die Wangen steigt, sie sich röten.

Und dann höre ich mich äußern: »Ihr versteht mich falsch. Ich bin sozusagen kein Mann.«

Zwei Paar sehr große, neugierige Augen blitzen wie Sterne am Himmel auf.

»Ich bin schwul!«

Das Leben ist wie ein Apfelstrudel

»Schwul-ul-ul-ul-ul-ul!«, hallt es durch das Treppenhaus, so verblüfft sind die Frauen. Dann sacken ihnen die Mundwinkel nach unten. »Schade!«

He, was wollt ihr eigentlich?

Ein Mann macht Ärger.

Ein Schwuler ist – schade?

»Das glaube ich nicht. Glaubst du das, Feli?« Somit weiß ich wenigstens, dass die dralle Dunkle Feli heißt.

»Na, hör mal, Bea, welcher Kerl trägt eine rosa Fliege?«

Wenigstens eine Gemeinheit von Nicola erweist sich im Nachhinein als sinnvoll.

»Hach«, mache ich und winke mit dem abgespreizten Finger ab, weil ich mir einbilde, dass Schwule sich generell so affektiert gebärden. »Hach, ihr solltet mal meine anderen Klamotten sehen. Gegen mich ist Barbie eine fade Nocke.« Ich schiebe keck das Becken vor. Ich sage ja, wenn ich etwas haben will, ist mir jedes Mittel recht.

Bei der ollen Schmitz wird wieder die Tür aufgerissen und unten geht der Türsummer.

»Frau Schmitz, nicht alle Leute einfach ins Haus lassen!«
Rums, Tür zu.

Will ich hier wirklich einziehen? Unter lauter Weibern? Och, na ja … Doch dann höre ich von unten ein köstlich süßes Stimmchen rufen: »Ich bin's doch bloß!«

Ne! Ist das denn die Möglichkeit? Schlägt das Schicksal zu?

Das ist doch … Und da schwebt sie hoch, steigt scheinbar von einer Wolke – Schneewittchen.

Ich strahle wie ein Honigkuchenpferd.

Wo kommt sie wohl her? Joggingklamotten trägt sie nicht, sie wird doch nicht aus der Kirche kommen? Dann fällt es mir wieder ein, sie wollte frühmorgens in den Wald, um Vögel zu beobachten.

»Oh!«, entfleucht es ihr, als sie mich sieht. Sie wird sogar ein klein wenig verlegen.

»Ihr kennt euch?« Die rote Bea bekommt misstrauische Stirnfalten.

Schneewittchen zückt den Wohnungsschlüssel, schließt auf und öffnet mir die Tür. »Kommen Sie doch rein.« Zu ihren Freundinnen sagt sie über die Schulter: »Das ist er. Der Schwarzfahrer mit dem Kaktus.« Und dann zu mir: »Dass Sie der alten Dame und der Frau mit dem Baby geholfen haben, war toootal nett.«

Gell, so bin ich. Und schwups bin ich in der Wohnung.

Gemütlich. Helles Holz. Bunte Teppiche. Erstaunlich wenig Schnickschnack. Es riecht lecker, ein bisschen nach Kaiserschmarrn – oder noch besser: nach Apfelstrudel. So wundervoll kann nur eine Frauenküche riechen. Eine Männer-WG müffelt nach Fritteuse und nicht abgespülten Töpfen.

Auch wenn die Dürre es für unnötig hält, macht Marie auf meinen Wunsch hin eine Blitzwohnungsführung: Küche, Bad, Balkon, ein Zimmer, das als Gemeinschaftsraum benutzt wird, und drei kleinere Zimmer, Maries, Felis – und vielleicht meines.

So, so, sie haben also über mich gesprochen. Der Schwarzfahrer mit dem Kaktus – gut zu wissen! Sie sind sexy. Und sie können backen. Herrlich! Das Leben ist wie ein Apfelstrudel, die Frauen sind die Vanillesoße darüber. Was Forrest Gump kann, kann ich auch.

An einer Tür hängt ein Namensschild in Vogelform aus Salzteig: »Maries Nest«. An der nächsten pappt ein Zettel mit »Für Traumprinzen freier Eintritt«. Ich gehe davon aus, dass das Felis Gemach ist.

Unser Wohnungsrundgang führt uns in die Küche: Herd, Mikrowelle, Spülmaschine (perfekt!), großer Esstisch und ein kleiner Balkon.

»Bloß, weil Sie schwul sind, heißt das nicht, dass Sie das Zimmer haben«, meint Bea.

»Schwul?«, ruft Marie entsetzt aus. Ihr und mein Blick treffen sich, in ihrem liegen viel Enttäuschung und Bedauern und ich schimpfe mich selbst einen Riesenhornochsen. Denn jegliche Chance, mit der Kleinen gymnastische Übungen auf einer grünen Wiese zu machen, in deren Bäumen Vögel zwitschern, habe ich mit der Schwulennummer im Keim erstickt. Scheiße! Aber gesagt ist gesagt. Und sobald ich das Zimmer habe und die Mädels sehen, dass man ganz gut mit mir unter einem Dach leben kann, werde ich das »Missverständnis« aufklären.

»Na ja«, stößt sie aus, hebt bedauernd die Schultern. »Die rosa Fliege … Ich hab mir schon fast so etwas gedacht.«

»Mann bleibt Mann!«, entscheidet Bea, zieht wieder die Stirn kraus. Sie scheint eine ganz Kritische zu sein, denn vom dauernden Stirnkrausziehen hat sie bereits eine Furche über der Nasenwurzel.

»Wo haben Sie denn heute Nacht geschlafen?«, fragt Schneewittchen.

Nun kommt der Welpenblick zum Einsatz. »Ach, herrje …« Ich senke den Kopf, schiebe die Schuhspitzen zusammen, die

Absätze nach außen (kleiner-Junge-Trick). »Zunächst auf einer Parkbank. Plötzlich kommt ein Kerl daher. Groß, Oberarme wie Bäume, kahlköpfig mit einem Ring im Ohr und macht mich an. Also ehrlich, mir ist himmelangst geworden. Keine schöne Situation, echt nicht!«

»Klingt nach Meister Proper.« Bea zieht eine Augenbraue hoch. Merke schon, sie glaubt mir nicht. Vielleicht sollte ich nicht so oft auf ihre winzigen Titten glotzen. Ja, Mensch! Wohin soll ich denn bei den dreien sonst schauen? Die eine so dünn bekleidet, dass ich ihre Muttermale zählen kann, die andere weich wie ein Daunenkissen, die dritte süß wie ein Sahneschnittchen …!

Marie gibt mir einen Knuff in die Rippen. »Sie Armer! Wollen Sie einen Kaffee?«

»Gern!«, hauche ich und lasse mich schnell auf einen Stuhl nieder.

Feli öffnet einen Brotkorb. »Wir hätten noch Croissants von gestern?«

»Perfekt!«

Marie gießt aus einer Warmhaltekanne Kaffee in einen Humpen, stellt ihn auf den Tisch. Bea setzt sich mir gegenüber und hält die Tasse demonstrativ fest. »Ich bin die Vermieterin, ich entscheide!«

Ich falte die Hände, lege sie in den Schoß. Nicht auf die wenigen Brüste schauen! »Ist hier in der Nähe eine Kirche?«

»Sie besuchen den Gottesdienst?« Marie fummelt Bea die Tasse aus der Hand und schiebt sie mir zu, holt Milch aus dem Kühlschrank. Feli legt ein Croissant auf den Teller.

Ich atme tief ein und aus. »Erst gestern habe ich eine ewig lange Zeit in der Kirche verbracht, es war furchtbar …« Ich seufze und ziehe die Nase hoch. »Ich habe meinen besten Freund verloren.«

Grabesstille.

Marie wischt sich mit den Fingerspitzen die Augenwinkel. Feli zwingt sich dazu, aus dem Fenster zu schauen, und Bea beißt sich auf die Unterlippe. »Wir könnten es ja mal für ein paar Tage ausprobieren. Wenn wir nicht harmonieren, dann packen Sie Ihre Siebensachen wieder«, entscheidet sie.

Probezeit – cool!

Ich lege den Kopf schräg, dankbar lächelnd. Dann beiße ich kraftvoll in das Croissant.

Kopfüber rein ins Leben

Aufatmend schließe ich die Tür. Geschafft! Mein Zimmer ist mit Blick auf den Hinterhof. Unten stehen eine vom Regen verwitterte Holzbank und Müllcontainer. Die Balkone sind mit Efeu berankt, manche mit Geranien oder Tomatenstauden bepflanzt. Eine Nachbarin von gegenüber hat mich sofort im Visier. Sie schiebt die Brille auf die Nase, wohl, um mich besser aufs Korn nehmen zu können. Nach kurzer Fleischbeschau nimmt sie die Brille wieder ab und winkt erfreut. Mir bricht der Schweiß aus – winkt sie mich zu sich rüber? Himmel! Ich liebe Frauen, wirklich, aber ich hoffe doch, ich bin *nicht* das einzige Exemplar Mann, das hier lebt.

Bin ich in ein Paralleluniversum geraten, in dem nur Frauen existieren?

Vielleicht war mein letztes Saufgelage in Bennos Kneipe ein Saufgelage zu viel – und ich bin tot?

Womöglich bin ich im Himmel.

Ich kneife mir in den Hintern. Nicht tot. Mit zweiunddreißig auch viel zu früh. Aber sollte es denn in fünfzig bis sechzig Jahren so weit sein, kann ich sowieso nur im Himmel landen, denn ich bin ein guter Mensch. Ich bin vielleicht nicht perfekt, wer ist das schon, aber alles, was ich anfasse, tue ich mit reinem

Herzen und aus Leidenschaft. Bislang habe ich noch nie etwas Böses angerichtet, mir ist jedenfalls nichts bewusst.

Ein Leben unter Frauen – ist das der Himmel?

Ich überlege eine Weile, komme aber zu keinem schlüssigen Ergebnis.

Das Bett ist gerade lang genug, die Matratze gut, nicht zu weich. Ich habe einen Schrank und einen Tisch, den ich als Arbeitsplatz nehmen werde, um meine Weltreise auszuarbeiten. Aber wer weiß, vielleicht bleibe ich auch hier und ...

Das wird sich alles zeigen. Gestern hätte ich mir auch nicht träumen lassen, mit zwei Frauen zusammenzuleben, mit der dritten Schnecke Wand an Wand. Über den Hof rüber mit einer, die womöglich schon die Bettkissen für mich aufschüttelt und das Negligé bereitlegt. Ich weiß, Männer und ihre Fantasien ...

Na denn, lassen wir das Leben wie eine Welle auf uns zurollen und dann kopfüber rein!

Es klopft an der Tür. »Basti, darf ich reinkommen?«, ruft Feli, die mit vollem Namen Felicia Heller heißt, wir sind inzwischen per Du. Felicia. Felicia. *Felicia.* Je öfter ich den Namen leise ausspreche, umso geschmeidiger wird meine Zunge. Felicia. Allein der Name schon ist pure Sinnlichkeit.

Da steht sie schon neben mir. Sie riecht nach Bodylotion oder Seife. Ein üppiger Duft, schwer wie überreife Früchte. »Wenn du duschen möchtest. Ich zeige dir ...«

»Wo die Wanne ist?«, falle ich ihr ziemlich anzüglich ins Wort. »Möchtest du mich einseifen?«

Felicia starrt mich mit offenem Mund an. »Äh ...«

Oh, verdammt, mit den Mädels flirten ist verboten, ich bin ja schwul!

»Aber ich sag dir gleich, ich bin sehr schüchtern. Und auch wenn ich nicht auf Frauen stehe, ist es mir peinlich, mich nackt vor Frauen zu zeigen. Besonders deswegen«, gackere ich.

Felicia stößt die Luft erleichtert wieder aus, die sie angehalten hat.

»Wir haben einen Schrank, in dem wir Frotteehandtücher aufbewahren, den wollte ich dir zeigen.«

Es klopft erneut. Und Schneewittchen steckt den Kopf herein.

»Wenn du Wäsche waschen möchtest, die Waschmaschine ist im Badezimmer.«

Wäschewaschen! Ich seufze ob meines Schicksals, tippe mit dem Fuß an meinen Schmutzwäschebeutel. »Gern.«

»Komm mit, ich zeige dir, wie die Waschmaschine funktioniert. Aber du kennst dich sicher aus.«

Eigentlich würde ich ihr den Beutel lieber in die Hand drücken, doch ich nicke tapfer und stapfe ihr mit meiner Reisetasche und der Schmutzwäsche hinterher. *Wasch-maschine. Wä-sche waschen. Bü-geln.* Fremdwörter. Nahtlos hat Kathi diese Aufgabe von meiner Mutter übernommen, denn selbst als ich zeitweise eine eigene kleine Bude hatte, waren meine Käsesocken und Unterhosen am Wochenende in Mamas Obhut gewandert.

Aber das Wäschewaschen kann ja nun wirklich kein Hexenwerk sein. Millionen Menschen waschen täglich Wäsche.

Marie erklärt mir trotzdem die Funktionen, weil ich vorgebe, nicht versehentlich ein falsches Programm einstellen zu wollen. Ich beschließe, mich nicht mit Feinwäsche und Buntwäsche abzugeben, die Klamotten eines Kerls brauchen volle Pulle bei 90 Grad und Extraschleudergang!

Aus einem Wäschepuff hängen ein Nylonstrumpfhosenbein und ein Spitzenslip heraus, was sehr sexy aussieht. An kleinen Haken baumeln bunte Frotteehandtücher und eine … sehe ich richtig? Tatsächlich, da hängt eine blonde, lockige Perücke.

»Das ist Felis Fiffi«, erklärt Marie belustigt. »Manchmal geht sie als Blondine aus.« Ja, warum denn nicht?

Dann schaue ich in meinen Wäschebeutel. »Was ist das für ein Schei…?«

Was ist das? Schreiendes Pink und jede Menge Glitzer quillt mir entgegen. Ich quetsche den Beutel zusammen und presse ihn an meinen Bauch. »Ich glaube, das braucht noch nicht in die Wäsche«, sage ich.

Doch Feli kriegt Stielaugen.

»Seid mir nicht böse, aber meine Unterwäsche ist sehr privat«, will ich mich herausreden.

»Ach ja?« Felis Finger wollen am liebsten nach meinem Wäschebeutel grapschen. Neugieriges Ding!

»Lieber würde ich *mich* waschen. 'ne Dusche wäre ganz nett. Wenn man sich nachts auf einer Parkbank herumdrückt, riecht man nicht unbedingt mehr so taufrisch.«

Das zieht, die Mädels haben es plötzlich eilig, aus dem Bad zu kommen.

Ich öffne den Beutel erneut und rupfe Stück für Stück der fremden Klamotten heraus und schmeiße sie auf den Boden: Ein Shirt mit dünnen Trägern und überall Fransen, eines mit Spitzen und funkelnden Pailletten in Kaugummipink, ein Minirock mit Raubtiermuster, eine Art Overall mit kurzen Beinen, eine Bluse mit Glitzer-Flamingo, Shorts mit kleinen Früchten, ein BH in Rot, winzige Tangas und so weiter. Ein Sammelsurium an schlechtem Geschmack. Nach dieser Inventur erkenne ich die Scheußlichkeiten wieder. Vor ein paar Tagen brachte Kathi einen Berg Anziehsachen von Jule, ihrer jüngeren, etwas fülligeren Schwester, vorbei. Kathi verscherbelt Gebrauchtes gelegentlich auf dem Flohmarkt. Was nicht brauchbar sei, sollte in die Altkleidersammlung – diesen Ausschuss halte ich anscheinend gerade in den Händen. Wir hatten noch miteinander über diese Faschingsklamotten gefeixt.

Kathi muss die Tüten verwechselt haben, denn wo sonst ist meine Wäsche abgeblieben?

Ich wühle in meiner Reisetasche bis auf den Grund und kriege bestätigt, dass ich die einzige saubere Unterhose am Leib habe. Wobei *sauber* ein relativer Begriff ist, die Unterhose trage ich nunmehr bereits seit gestern Morgen, meine letzte Dusche liegt auch seit vor der Hochzeit zurück. Verächtlich linse ich zu den Tangas. Jule ist ein kleiner Brummer, und womöglich könnte mir eines dieser pinkfarbenen Dinger passen ...

Ich halte mir das wenige Stück Stoff an den Unterleib.

Da schießt es mir durch den Kopf: Handelt es sich bei dem vertauschten Wäschebeutel um einen perfiden, weiblichen Racheakt? Kathi entzieht mir meine Boxershorts und Lieblingsshirts, um mich zu quälen? Hört man doch oft genug, zu welchen Bösartigkeiten Frauen fähig sein können.

Obwohl ... meine Kathi doch nicht.

Oder doch? Aber wenn sie denkt, sie könnte mich mit dieser Nummer in Verlegenheit bringen, täuscht sie sich. Wenn es sein muss, Kathilein, trage ich eben Stringtangas, und das völlig cool, ohne mit der Wimper zu zucken. Das wirst du sehen! Ich öffne meinen Gürtel und die Anzughose rutscht wie von selbst über meine Hüften auf den Boden. Ich steige aus den Hosenbeinen. Halte den Tanga erneut vor mein edelstes Teil.

Nein, niemals! Lieber ziehe ich die alte noch einmal an. Aber erst mal eine schöne, heiße Dusche. Ich ziehe meine Unterhose runter, schleudere sie mit einem Fuß im Bogen davon, fange sie aus der Luft wie der Hund die Wurst ... und just da klopft es wieder. Scheiße! Mein Blut schießt mir bis zur Stirn hoch. Gleichzeitig fliegt die Tür auf, noch bevor ich »Moment!« rufen kann. Ich springe auf einem Bein durchs Badezimmer, versuche, das andere wieder in die Unterhose zu bekommen.

Feli steht vor mir, hinter ihr Schneewittchen.

In meiner Verzweiflung grapsche ich nach dem nächsten Handtuch, das am Halter hängt, erwische allerdings etwas Haariges. Felis Lockenperücke! Egal! Halte sie mir vor den Schniedel.

»Oh! Oh-oh!«, macht Feli und klatscht sich die Hand vor die Augen.

Marie quiekt entsetzt auf.

»Das Wasser plätscherte noch nicht. Ich dachte, du …« Dann stutzt Feli. Lässt die Hand sinken.

»Deswegen«, stellt sie fest, als sei ihr eben ein Licht aufgegangen. »Deswegen wolltest du den Wäschebeutel nicht zeigen!«

Ich steige mit dem zweiten Bein in die Unterhose und fummle sie nach oben. Ich lasse die Perücke los und reiße die Unterhose so heftig nach oben, dass ich mir schmerzhaft die Eier quetsche. Verflucht, warum ist die so eng? Zu dritt starren wir auf den Tussen-Tanga.

Also, Mädels, da müssen wir unbedingt was ändern. Es ist ja nett, dass ihr euch um mich kümmert, damit ist Nerven aber nicht gemeint!

Ich komme mir vor wie ihr neues Spielzeug oder der neue Wauzi oder noch schlimmer – ihr kleiner Bruder, der bemuttert werden muss.

Ich mache kleine Trippelschritte um den Weiberklamottenberg herum und um ihn hinter mir zu verbergen.

»Du brauchst dich doch nicht wegen deines Modegeschmacks vor uns zu schämen.« Dann seufzt sie von tief unten. »Demnach, was ich hier so sehe, übernimmst du in der Partnerschaft den weiblichen Teil.« Als sei ich dadurch gänzlich für die Frauenwelt verloren.

»Aber du bist kein Transvestit oder so?«

Solange ich hier günstig logieren kann, bin ich so ziemlich alles für euch, Mädels. Aber eine Transe?

»Ne, ne! Und die Klamotten gehören nicht mir, sondern einem Freund.« Ich kneife die Augen zusammen. Quatsch, was rede ich denn? Ich verbessere mich eilig: »Ich meine natürlich, sie gehören der kleinen Schwester meiner … ich meine, einer Freundin.«

Feli und Marie nicken wie einstudiert. Sie glauben mir kein Wort, nach dem Motto: Na klar – einer Freundin …

Beas Kopf taucht nun ebenfalls auf. Sie schenkt sich jeglichen Kommentar, aber ich spüre es nach wie vor, sie traut mir nicht. Es mag daran liegen, dass sie ein paar Jährchen mehr Lebenserfahrung hat oder nicht auf mich steht. Sie wurstelt ihr Haar im Nacken zu einem Knoten. »Jetzt lasst doch den armen Mann in Frieden. Wie soll er sich denn einrichten, wenn ihr ihm dauernd auf die Pelle rückt?«

Und zu mir sagt sie, eigentlich spricht sie eher mit meinem minimal verhüllten, rosa Unterleib, von dem sie sich nicht lösen kann: »Möchtest du Haferkekse, selbst gebacken? Ich habe welche von drüben mitgebracht.« Sie schüttelt eine Blechdose, ihr Inhalt klappert. Energisch befiehlt sie ihren Freundinnen: »Macht ihr mal Kaffee, dann können wir uns beschnuppern.«

Sie spitzt die Lippen. »Wenn ich dir meinen Epilierer leihen soll, sag es ruhig!«

Na, vielleicht ein paar Karöttchen

Mit diesem ganzen Körnerkram habe ich rein gar nichts am Hut, das ist in meinen Augen so ein Frauending, das gentechnisch an uns Männern völlig vorbeizieht. Aber ich knabbere ergeben und lasse mich »beschnuppern«.

Mit Beschnuppern meinen die Mädels, mich auszufragen. Wobei sie vermeiden, mich direkt auf meine Homosexualität anzusprechen. Sehr rücksichtsvoll. Über dieses Thema könnte ich nur spekulieren. Muss ich dringend googeln.

Ich »beschnuppere« die Frauen auch. Meine Augen wandern von einer zur anderen. Wann hat man das schon? Drei völlig unterschiedliche Frauen direkt im Vergleich.

»Wieso bist du denn auf der Straße gelandet?«, Feli schiebt sich einen Keks nach dem anderen zwischen die Zähne. »Sorry, ich hab immer Hunger«, mampft sie. Was ihre weiblichen Kurven erklärt. »Das kommt, weil ich ständig auf Diät bin.«

Auch diese Logik läuft schnurstracks an mir vorbei, aber ich gehe nur auf meine temporäre Obdachlosigkeit ein. »Wir haben uns eine Wohnung geteilt und es kam zu einem Streit.«

»Wir?«

»Hm-hm«, mache ich.

»Sei doch nicht so indiskret«, schimpft Marie mit Feli.

»Wieso? Er kann doch sagen, dass ihn sein Freund rausgeschmissen hat, ist doch so, gell, Sebastian? Und was ist schuld? Bestimmt die Liebe!«

»Sag doch Basti zu mir.«

»Und *was* arbeitest du so?«, will Bea wissen.

»Ich habe gekündigt, um mich selbst zu verwirklichen.« Auch ein Thema, das ich für typisch weiblich halte und ebenfalls im Internet recherchieren werde. Ich tue sowieso, was ich will, was also sollte ich noch mehr verwirklichen? Als ich die Euro-Zeichen in Beas Augen aufblitzen sehe, schicke ich eilfertig hinterher: »Aber ich hab was auf dem Konto, ihr kriegt eure Miete pünktlich!« Mein Kontostand ist zwar lächerlich, aber notfalls putze ich eben doch bei Benno, bis mein Blog einschlägt. Vielleicht sollte ich mich nach ein paar guten Werbepartnern umsehen. Wird schon funktionieren, alles kein Problem.

»Also, wenn du einen Job suchst, da kann ich dir vielleicht helfen. Was hast du denn gelernt?« Bea drückt die Schultern durch und ihre Knochen stehen beängstigend hervor. Sie nascht keine Haferkekse.

»Studiert. Werbeagentur. Callcenter. Logistikunternehmen und zuletzt in der Gastronomie.« Kein schlechter Lebenslauf, finde ich, wenngleich ich alle Stationen nur mehr oder weniger gestreift habe, aber ich bin halt ein Multitalent.

Bea kaut an ihrem Daumennagel. »Schau doch morgen einfach bei mir vorbei, da finden wir was für dich. Ich meine nur, jeder Mensch braucht doch einen Job, selbst verwirklichen kannst du dich doch immer noch.« Sie visiert mich wieder mit diesen riesigen Augen an und mir drängt sich der Verdacht auf, ob Bea nicht vielleicht eine Brille braucht, die sie nur aus Eitelkeit nicht trägt.

»Ich meine, ein Stellenangebot in der Gastronomie hereinbekommen zu haben.« Winzige Querfalten berunzeln ihre Stirn. Sie legt den Zeigefinger vor die Lippen. »Hm-hm, ein Restaurant in der Innenstadt war es … Fällt mir gleich wieder ein.« Ihre Miene hellt sich plötzlich auf. »Nein, noch besser! Ich habe *den* Job für dich!« Sie blüht richtig auf.

Vom süßen Leben leben hält sie anscheinend nicht viel.

»Wieso, was bist *du* denn von Beruf?«

»Ich bin bei der Agentur für Arbeit.«

Beim Arbeitsamt. Da bin ich platt. Sie ist so gar nicht der Bürotyp, wie ich ihn mir vorstelle, rein optisch hätte ich sie mehr auf die kreative Schiene geschoben oder in einen Bioladen gestellt. Sie versauert tatsächlich hinter einem Schreibtisch? Ist sie deswegen so – na ja, verkniffen?

Ja, *verkniffen* trifft es. Alles muss hinterfragt werden, erst einmal misstrauisch sein, nichts glauben, was nicht unterschrieben ist und einen Amtsstempel hat. Und außerdem mag ich es nicht, wenn man mir unbedingt etwas aufs Auge drücken will. Insbesondere einen Job. Da bin ich nämlich eigen. Ich mache doch nicht – irgendwas! Irgendwas, nur um meine Umwelt zufrieden zu stimmen. Dann mit vierzig ein Hörsturz, mit fünfzig der erste Herzkasper, mit sechzig Friedhof – ne, keinen Bock.

»Du kannst doch kochen und putzen, hast du gesagt.« Ihre Fingerspitzen spielen mit einem Haferkeks. Wahrscheinlich würde sie ihn zu gern aufessen, aber dann könnten sich zwei Gramm mehr auf dem mageren Körper ansammeln. Wie mögen sich diese Rippen wohl anfühlen, die vorstehenden Hüftknochen?

»Logisch.« Demonstrativ nehme ich einen Keks und beiße hinein, sodass die Krümel wie kleine Flöhe in die Luft springen.

Mit dem Trockenfutter und dem Reizwort »Kochen« angelockt, springt mein Magen mit seiner Funktion wie ein Motor an und knurrt unanständig.

»Ach, du Ärmster!« Schneewittchen ist untröstlich. »Natürlich hast du auch noch nichts gegessen, wie können wir nur so unsensibel sein! Lasst uns doch zusammen mittagessen. Was magst du denn am liebsten?«

Steaks mit Pommes ploppen vor meinem geistigen Auge auf. Doch: »Na, vielleicht ein paar Karöttchen«, höre ich mich plappern. Bin ich denn doof? Schwule sind nur schwul, deswegen schlemmen und genießen sie trotzdem wie jeder andere auch. Denke ich doch, oder?

»Oh wie süß, wie bescheiden«, schluchzt Feli regelrecht. »Wir machen eine chinesische Gemüsepfanne, was hältst du davon, Marie?«

Ge-müse? Gemüse aus der Pfanne? Ob das der Pfanne gefällt, wenn auch ein Kotelett darin Platz hätte?

Schon schaufeln sie Berge von Karotten (hätte ich bloß die Klappe gehalten), Brokkoli, Paprika, rote Knollen, eine weiße Knolle und anderes Grünzeug aus dem Kühlschrank. Auf die Peking-Ente warte ich vergeblich.

Ich lehne mich auf dem Küchenstuhl entspannt zurück und schiebe die Beine unter den Tisch. Wie fleißige Bienen schnippeln und hacken sie.

Bea hält mir ein Messer hin.

»Da, Zwiebeln schneiden.«

Tapfer kämpfe ich mich durch dieses Mittagessen, nach Ketchup wage ich nicht zu fragen, ich will die Köchinnen ja nicht beleidigen. Die Frauen verfolgen jeden meiner Bissen, nur wenn ich »Hm!« mache oder »Lecker!« äußere, nicken sie zufrieden und schieben sich selbst eine Gabelvoll Gemüsepfanne in den Mund. Keine Frage, sie werden mich als Mitbewohner behalten wollen. Vielleicht verlangen sie für die paar Tage, die ich hier wohnen werde, nicht einmal Geld. Natürlich werde ich sie um die Miete nicht prellen, aber ich habe eindeutig wieder einmal ein Schnäppchen gemacht.

Mein Magen ist beleidigt. Gemüse und Salat sind für ihn kein vollwertiges Essen. Es ist so, als würde er lediglich nach Luft schnappen, wo er doch auf eine fette Fliege hofft. Ein bisschen Fleisch muss einfach dabei sein, die Fliege halt.

Nach dem Schmalhans-Essen gebe ich vor, meine restlichen Klamotten bei einem Freund abzuholen, im Hinterkopf natürlich Bennos Kneipe und seine legendäre Currywurst mit Pommes. Ich habe zu rudern, dass sie sich mir nicht anschließen, um beim Tragen zu helfen.

Benno kippt einen Frittierkorb voll Pommes über die Wurst. Das Bier stürze ich hinunter wie ein Verdurstender in der Wüste.

»Frauen-WG!«, erzähle ich.

Er zapft mir ungefragt noch ein Bier, nickt verstehend.

Ich beschreibe ihre Figuren genießerisch.

»Und da gibt es keinen Stress? Drei Frauen und du?«

Ich zucke mit den Schultern. »Ich reiß mich halt zusammen.«

»Dann darf ich also die Pissoirs wieder selber putzen?«, schlussfolgert Benno.

Blödmann, so schlecht habe ich mich dabei gar nicht geschlagen. Leider bleibt dieser miese Job erneut an mir pappen. Das ist nämlich der einzige Pferdefuß an der bisher so märchenhaften WG-Geschichte. Da mein loses Mundwerk mit den Putzkünsten seines Herrn geprahlt hat, schlugen die Frauen vor, dass ich doch den Putzdienst übernehmen, sprich, auch hier wieder Klobrillen abwischen könnte. Alles andere würden sie erledigen. Aber ich sage euch, Bennos Toiletten waren Kreisliga, denn nun bin ich aufgestiegen in die Bundesliga der Klos und Badezimmer. Fasziniert hatte ich im Vorfeld die Utensilien studiert, die Feli und Marie verwenden, um sich zu stylen. Die kleinere Anzahl an Fläschchen und Tuben, ausschließlich Naturkosmetik, ordne ich Marie zu, das stolze Bataillon an Schönheitsprodukten, das sich über eine Ablage unterhalb des Spiegels zieht und sämtliche Schränke belagert, scheint Felis Eigentum zu sein. So viele Körperteile hat eine Frau doch gar nicht, um sich mit all dem Zeug bestreichen, besprühen und bepudern zu können!

Kathi ist da einfacher gestrickt. Duschbad, Shampoo, Zahnbürste und Zahncreme. Labello und Wimperntusche. Mehr braucht sie nicht. Glaube ich …

Eigentlich hat es mich nie besonders interessiert. Kathi ist hübsch, so, wie sie ist, auch ohne Pampe im Gesicht. Welcher Mann küsst einer Frau schon gern rote, klebrige Schmiere von den Lippen und flutscht auf einer öligen Make-up-Schicht ab?

Kathi hat tolle Lippen, wie gemalt. Ihr Haar fällt ihr dauernd ins Gesicht, weil es nur bis zum Kinn lang ist. Es ist ganz dunkel und passt zu ihren grauen Mandelaugen. Grau? Grün. Grüngrau? Nein, sie sind grau. Irre, die Frau, oder?

»Und? Ist bei den Schnitten etwas Brauchbares dabei?« Dabei strafft Benno die Muskeln.

»Eh, du bist in festen Händen«, ziehe ich ihn auf.

»Für dich.«

Ich schiebe mir ein Bündel Pommes in den Mund. »Ich hab doch die Kathi«, nuschle ich mit vollen Backen.

Benno zieht die linke Augenbraue hoch.

Der hat keine Ahnung. Kathi liebt mich. Dass sie immer noch nicht angerufen hat, wundert mich allerdings allmählich doch.

Benno stellt mir das Bier hin und mustert mich, als hätte ich gegrillte Rattenschwänze bestellt, als ich ihn frage: »Sag mal, könntest du mir eine Unterhose leihen?«

Mit Gurke und der Stehlampe »Marie« kehre ich zurück. Ich bin ein bisschen bei Benno versumpft und rieche nach Kneipe und Fritten. Einen eigenen Haus- und Wohnungsschlüssel habe ich nicht, ich bin ja noch in der Probezeit. Bevor ich auf den Klingelknopf drücken kann, wird mir aufgemacht. Anscheinend die alte Lady von oben. Ich sprinte hoch, ringe nach Luft. Nun will man ja nicht als Schlaffi vor der Damenwelt dastehen, der nach ein paar Treppen in Fetzen hängt wie nach einem Triathlon. Ich warte vor der Wohnungstür ab, bis sich mein Puls und die Atmung wieder beruhigen, da höre ich Felicia just hinter der Tür sagen: »Ja, ein Jammer, dass er für uns nicht zu haben ist, dabei ist er so süüüß, diese verstrubbelten braunen Haare … Er ist zwar schlank, aber kein ausgemergelter Sportler.«

Ich hoffe, sie sprechen über mich.

»Auch kein Muskelprotz«, ergänzt Marie meine Makel oder Vorzüge, wie man will.

»Ne, ein Sixpack hat er wirklich nicht.« Nun Beas Kommentar.

»Aber herrlich blaue Augen«, schwärmt Marie, woraufhin mir ganz warm wird, nicht nur ums Herz.

Ihre Stimmen verschwinden und ich klopfe an der Wohnungstür meiner WG. Nüscht! Klingle.

»Hallo, ich bin es, Basti!« Das blauäugige Flachbrett mit den ungekämmten Locken.

Ich vernehme Getrappel in der Diele und aufgeregtes Stimmengewirr. Wäre ich ein eifersüchtiger Ehemann, würde ich denken, meine Frau versteckt gerade ihren Liebhaber im Kleiderschrank. Anschließend tut sich eine Weile nichts.

Ich klopfe vorsichtshalber noch einmal.

Da öffnet Bea die Tür einen Spalt. Ihr Haar hat sie zu einem wuseligen Dutt auf den Oberkopf gezurrt, ihr Gesicht glänzt, weiße Cremespuren ziehen sich von den Wangenknochen zum Hals entlang.

Sie tritt zurück, mustert den Kaktus und die Lampe.

Feli ruft aus dem Gemeinschaftswohnzimmer: »Komm rein, Basti, wir haben Spaß!« Sie hat anscheinend einen Schwips.

Und tatsächlich steht neben einer halb vollen Flasche Prosecco eine leere auf dem Tisch.

Feli hat nur ein großes Frotteehandtuch umgewickelt, sie hat ihr Haar um bunte, biegsame Gummistangen gewickelt, ihr Gesicht wiederum zieren grüne Cremeschlieren. Bin ich in eine Wellness-Schönheitspflege-Fete geplatzt und es ist ihnen peinlich, wenn ich sie so sehe? Haben sie sich auf die Schnelle abgeschminkt bzw. entcremt und was übergezogen?

Waren sie nackt?

Menschenskind, saugeil!

Marie tupft sich Glibberzeug auf die Lippen, das ich von Kathi kenne und das nach abgestandener Oma schmeckt.

Schneewittchen, das hast du doch nicht nötig!

»Proseccochen?« Feli gießt mir sofort ein Glas ein, anscheinend getreu dem Klischee: *Schwule trinken Prosecco.*

Bully Herbigs »(T)Raumschiff Surprise« lässt grüßen. *Prooosecccooo!* Aber echt, Sekt, Prosecco, Hugo und Spritz sind eindeutig nichts für Männer, auch wenn Frauen das glauben, aber solange das Zeug breit macht, schütten wir uns auch das hinter die Binde.

»Unser Sonntagsritual«, kichert Feli.

Auch mir ist die Blubberbrause unverhofft pfeilgerade in den Kopf gestiegen. Womöglich liegt es jedoch an den drei Bieren bei Benno.

»Wir machen uns die Haare und die Nägel und legen Pflegemasken auf, damit wir schön für unsere Jobs am Montag sind.« Sie saugt verschmitzt die Unterlippe ein. »Machst du das auch?«

Öh …

Ich gehe am Montagmorgen unter die Dusche und rasiere mich.

Ich bleibe Feli die Antwort schuldig, denn sie fährt fort: »Manchmal machen wir auch Modenschau, gucken, welches Outfit für welches Meeting oder Kundengespräch passt.«

»Zum Glück brauche ich so etwas nicht, Kostüme und Hosenanzüge. Obwohl ich auch schon im Büro gearbeitet habe, ich habe sogar eine kaufmännische Ausbildung«, erzählt Marie.

Felicia sitzt an der Service-Hotline eines Klamotten-Onlineshops. Diesen Stressjob macht sie, um die Kohle reinzubringen. Ansonsten, so sagt sie, sei das nicht ihr Ding, denn sie sei ein ausgesprochen spiritueller Mensch.

»An meiner Hotline sehen mich die Kunden auch nicht, trotzdem mache ich mich jeden Morgen schick. Und wenn ich mich in meine neue Jeans quetsche, dann quetsche ich mich für mich hinein, nicht für andere«, mault Feli bestimmt. »Wenn ich mich nicht wohlfühle, ist der ganze Tag gelaufen.«

»Ich würde mich nie in eine Jeans quetschen, so oder so«, meint Bea, die Betonung liegt auf »quetschen«.

Felis spontan bebenden Nüstern nach zu schließen, fühlt sie sich angegriffen.

»Willst du sagen, ich sei zu fett für meine Jeans?!«

Holla, jetzt bin ich aber zwischen die Fronten geraten! Was kommt als Nächstes? Sofakissenschlacht oder Schlammcatchen?

»Entschuldige bitte, dass ich ehrlich bin. Aber in der ein oder anderen Jeans quillt bei dir der Speck am Bund heraus wie ein gebackener Muffin aus dem Kuchenförmchen.«

Feli sticht hoch, fängt gerade noch ihr Handtuch auf. Sie rennt in ihr Zimmer. Wetten, sie wirft sich jetzt aufs Bett und schmollt und heult? Wir lauschen, hören sie rascheln und fluchen. Dann kehrt sie zurück. Sie trägt eine Jeans.

»Ich habe mich objektiv im Spiegel betrachtet. Du hast recht. Ich bin ein fetter Muffin.« Die Schultern hängen.

Ich tue so, als wäre ich gar nicht da. Am liebsten *wäre* ich gar nicht da, denn ich fürchte, gleich kommt das, wovor sich Männer am meisten bei Frauen fürchten. Die Frage …

»Findest du nicht auch, dass ich zu dick bin, Basti?« Genau *die* Frage!

Ihre Jeans sitzt aber auch wirklich, *wirklich* sehr eng. Feli hat sich zur prallen Jeans ein hauchdünnes Blüschen übergeworfen, das mich von ihren überquellenden Muffin-Speckröllchen ablenkt. Was da durchblitzt, ist auch nicht von schlechten Eltern.

»Öh!«, mache ich. »Also, ich finde …« Schweißperlen bilden sich auf meiner Stirn. Doch dann entspanne ich mich.

»Wäre ich ein Mann, also ein Heteromann, würde ich sagen: Deine Formen sind sexy! Wäre ich ein Heteromann, würde ich voll auf deine Kurven abfahren!«

Auch Feli entspannt sich zusehends, zieht den Bauch nicht mehr ein. »Ich bin – sexy?«

Ich kneife kennerisch die Augen zusammen, nicke. Ooh jaaa …

»Ich bin also nur curvy, nicht fett?«

Ich weiß zwar nicht, was curvy ist, aber ich nicke und führe die Fingerspitzen genießerisch an die Lippen.

Feli dreht sich um, dreht Bea eine lange Nase und marschiert arschwackelnd in ihr Zimmer.

Gedankenverloren blättere ich durch die Zeitschriften, die die Frauen neben sich auf dem Sofa liegen haben. Cosmopolitan, InTouch, Grazia, Gala … Zahnarztzeitschriften halt.

»Nimm sie dir ruhig mit auf dein Zimmer«, bietet mir Marie an. »Für den Fall, dass du in dem neuen Bett nicht schlafen kannst.«

Wir hauen uns zeitig in die Koje. Mir fehlt das Kuscheln mit Kathi, es müsste gar nicht mal Sex sein. Ach, könnte sie das hören, Kathi ist nämlich der Meinung, dass man mit Männern in meinem Alter nur poppen kann. Zärtlichkeiten kämen viel zu kurz.

Ob sie vor mir einen älteren Mann gehabt hat? Woher sonst diese Weisheit? Ich knuffe und knautsche das Kopfkissen, das mir Marie mit ihrer Blümchen-Bettwäsche bezogen hat, weil ich natürlich kein eigenes Bettzeug mithabe. Ich zähle Schäfchen. Achtundfünfzig. Ich liege immer noch wach. Mir fehlt Kathis gleichmäßiges Atmen, ihr leichtes Schnarchen, wenn sie erkältet ist. Kathi ist oft erkältet und leidet an Heuschnupfen.

Meine Gedanken galoppieren im Halbschlaf wild durch rosa Schlafzimmer und ein von Feuchtigkeit beschlagenes Badezimmer. Gesichtslose Frauen tragen schwarze Spitze und recken die Arme nach mir. Mein Magen wölbt sich nach innen, ich bin total abgemagert. Meine Beine sind dünn wie Besenstiele. Als ich nackt vor meinen Eltern stehend aufwache, schalte ich das Licht ein und flüchte mich in die Welt des Boulevards. Vielleicht erfahre ich etwas, das ich noch nicht über Frauen weiß, obwohl ich mich für einen ziemlich talentierten Frauenkenner halte.

Die wenigsten Frauen in den Zeitschriften, die allerwenigsten Namen kenne ich. Früher in Omas Königshäuserblättern traf man die Queen und Königin Beatrix. Heute tummeln sich da neben den Mega-Stars hauptsächlich unbekannte B- und C-Promis, die zu wichtigen Persönlichkeiten hochgejubelt werden, die jedoch so unwichtig wie ein Pferdefurz sind. Aber es ist erfreulich, dass in den Weiberklatschzeitschriften auch Jungs der Nationalelf erscheinen, obwohl es mir fast so vorkommt, als seien sie nur Beiwerk zu den »Spielerfrauen«. Spielerfrau scheint ein lukrativer Job zu sein, so explizit wie diese Bezeichnung hervorgehoben wird.

Ich lese einen Artikel über Cellulite auf den Oberschenkeln der Mädels bei »Germany's Next Topmodel«. Keine Ahnung, was eine Cellulite ist und wozu Frauen die brauchen. Ich studiere den Artikel: »Flacher Bauch in 3 Tagen!« Erfahre, wie man »5 Pfund verliert« mit Ananas-Chili-Smoothies und die ultimative Bikinifigur durch die »Wunderpille der Stars« erlangt. Denn zu meinem Bedauern wollen Frauen anscheinend unbedingt mager sein.

So ein – *fuck*!

Und wegen diesem Scheiß und den gefürchteten Jeans-Muffinröllchen muss ich entenlose Gemüsepfanne essen!

Der frühe Vogel

kann mich mal

Ein Engelchen flüstert mir ins Ohr und es riecht so gut.

»Basti, aufstehen!«

Nur noch fünf Minuten, biiitte …!

»Basti«, ganz sanft.

»Mama?« Wenigstens bin ich nicht wieder nackt.

»Nein, ich bin es, Marie.«

Ich versuche, die Puzzleteile in meinem Kopf zu sortieren. Kathi? Oder bin ich bei Benno? Marie? Wer ist Marie …? Marie! Ich schieße hoch, es ist zappenduster im Zimmer. Was ist passiert, brennt es?

Marie zieht geräuschvoll die Jalousien hoch, was nicht viel bringt, denn die Sonne blinzelt eben mal schwach über die Hausdächer. Für einen nachtaktiven Maulwurf wie mich hell genug.

»Bea nimmt dich mit, sie hat gesagt, ich soll dich wecken. Möchtest du Kaffee oder lieber Tee?«

Wie kann ein Mensch nur so hellwach sein um … Mein Handy sagt: fünf Uhr! Spinnt die? Ich lasse mich zurückfallen und presse die Augen zu.

»Wohin will Bea mich mitnehmen?«, murmle ich in mein Kopfkissen, wäre es nicht die sanftmütige Marie, ich würde ihr ein paar passende Sätze oder das Kissen ins Gesicht pfeffern.

»Na, zu Hajos Feinkostladen. Sie hat doch eine Stelle für dich.«

Hä?

So weit kommt es noch! Mitten in der Nacht kann mich der Job mal! Und warum schickt sie Marie vor?

»Sag ihr, sie soll mir die Kontaktdaten der Firma mailen, ich schicke denen dann meine Bewerbungsunterlagen. Ziehst du bitte die Jalousie wieder herunter. Danke.« Demonstrativ wälze ich mich auf die andere Seite. Die Jalousien klackern nach unten. Es wird wieder dunkel. Ich spüre, wie sich die Matratze leicht senkt, Marie hat sich an den Rand gesetzt. Aber hallo! Ich drehe mich wieder um. Diese Zuckerschnecke werde ich garantiert nicht von der Bettkante schubsen. Ob ich sie einfach zärtlich zu mir unter die Decke ziehe und wir machen ein bisschen herum?

Meine Hand nähert sich ihr vorsichtig, die Fingerkuppen berühren ihren Arm.

Marie zieht ihn nicht weg.

Ich könnte sie auf der Stelle vernaschen … Bei mir tut sich nämlich was – tja, Morgenstund hat Gold im Mund!

»Aufstehen! Hopphopp!« Eine Stimme, scharf wie ein Samurai-Schwert, peitscht in diese knisternde Stimmung. Schwups, ist die Palme wieder schlaff. »Raus aus den Federn! Und ab unter die Dusche!«

Die Jalousie wird mit einem Geräusch hochgezogen, das nach Kalaschnikow klingt. »Die rosa Fliege kannst du gern wieder zu deinem Anzug tragen. Ich hoffe, du hast ihn ein wenig zum Lüften auf den Balkon gehängt? Irgendwie hat der gestern nach alter Frittenbude gerochen.«

In Zeitlupe hebe ich meinen Oberkörper, bemühe mich, meine Linsen scharf zu stellen. Die allmählich aufblühende Sonne zaubert einen weichen Lichtschein in mein Zimmer. An sich ein Traum: Marie, süß und weich wie Vanillepudding, in einem Morgenmantel, unter dem ein langes Nachthemd hervorblitzt. Bea in einem dunklen Business-Kostüm, die Haare hochgesteckt. High Heels, die nur schmutzige Fantasien zulassen. In einem Krimi wäre sie eine geile Rechtsanwältin. Von so einer Szene habe ich als pubertierender Jüngling immer geträumt. Aber warum dieser Feldwebel-Tonfall?

»Wo soll ich meine Fliege tragen?« Meine Stimme ist belegt, vielleicht bin ich doch etwas eingeschüchtert. Was, wenn beide gleichzeitig unter meine Decke wollen?

»Wir fahren zu Hajo. Ich habe gestern Nacht noch mit ihm gesprochen. Er sucht dringend einen Mann. Ich meine, hm, also einen Mitarbeiter in seinem Feinkostgeschäft.«

Sie hat gestern Nacht noch mit Hajo gesprochen, wer auch immer das ist?

»Jetzt? Fahren? Hajo hat wohl auch keine, die ihn in seinem Bettchen hält? Hör mal, es ist mitten in der Nacht«, will ich mich retten. Warte gleichzeitig auf diesen dämlichen Satz, den mein Großvater bereits malträtierte, und er kommt prompt: »Der frühe Vogel fängt den Wurm!«

Und logischerweise schiebe ich den Satz nach, der auf diesen Quatsch folgen muss: »Der frühe Vogel kann mich mal!«

»Hajo ist längst im Großmarkt, um frischen Fisch zu kaufen«, erwidert Bea vorwurfsvoll, als ob ich etwas dafürkann, dass der Typ einen Scheißjob hat.

»Miesmuscheln, Austern, Langusten praktisch direkt aus dem Meer. Hajo guckt jeden Fisch genau an, bevor er ihn kauft.«

Ich verstehe noch immer nur Bahnhof, besser gesagt: Fisch. Was labert Bea da?

»Wenn du den Job willst, dann rrrausss aus dem Bett!«

Ich sehne mich irgendwie ein bisschen nach meiner Mami.

»Kümmerst du dich immer persönlich um deine, wie sagt man bei euch beim Arbeitsamt – um deine *Arbeitslosen*? Trommelst du die alle eigenhändig aus dem Bett?«

»Hajo und ich sind befreundet. Oder drücken wir es so aus: Er ist der Feinkosthändler meines Vertrauens. Ich würde also zwei Fliegen mit einer Klappe schlagen.«

»Wieso? Kriegst du für mich eine Provision oder ein Kopfgeld, wenn du mich erfolgreich vermittelst?« Ich kann auch ganz schön zicken, wenn ich will.

»Das ist eine persönliche Sache. Ich bin immer erfolgreich, wenn ich etwas erreichen will. Alles andere würde mich aus dem Gleichgewicht bringen. Und nun: hopphopp!«

Ich rieche schon etwas eigentümlich. Der Textilerfrischer, mit dem Bea meinen Anzug eingesprüht hat, betont auf absonderliche Weise Bennos Kneipenmief, anstatt ihn zu neutralisieren. Diese penetrante Person wollte mir sogar das Haar mit Gel in Form striegeln! Nur mein Einwand, ich würde Cellulite davon bekommen, rettete mich davor.

Ich mache diesen Firlefanz sowieso bloß wegen der WG-Wohnung mit, ich will diesen Job gar nicht. Ich kann Fisch nicht ausstehen, Schuppentiere lasse ich maximal in rechteckiger Form und paniert auf meinem Teller zu. Und was Bea natürlich nicht wissen kann: Wozu sich jetzt noch ein Bein für eine Stelle ausreißen, wo ich ja praktisch auf dem Absprung zu meiner Weltreise bin.

Inzwischen ist die Sonne aufgegangen, es ist kurz vor sechs. Wir fahren aus der Innenstadt raus, mir fallen regelmäßig die Augen zu und sie würden auch bleiben, wo sie sind, aber Beas Mundwerk steht einfach nicht still.

»Natürlich könnte er sich wie viele Feinkosthändler den Fisch und die Meeresfrüchte liefern lassen. Hajo nicht. Das überlässt er keinem anderen. Morgens um vier oder fünf fährt er zum Großmarkt und wählt die besten Fische aus. Knurrhahn, Steinbeißer, Barramundi, Papageifisch, Red Snapper ... Und er liiiebt Austern!« Bea bekommt glasige Augen. Was erzählt sie mir den Schrott denn noch einmal? Wahrscheinlich ist sie verknallt in diesen Typen. Ich sehe Kapitän Iglo vor mir, einen kapitalen Burschen an der Angel, die muskulösen Arme tätowiert ...

»Wann macht dein Hochseefischer denn seinen Laden auf?«, frage ich noch, da dünkt mir Entsetzliches und ich sehe ihn auch schon auftauchen. Das kann doch nicht Beas Ernst sein? Und vor allem – ich im Anzug! Wir fahren zum Großmarkt!

Bea zückt ihr Handy, säuselt rein: »Hallöchen! Wir sind gleich da. Wir kommen rein.«

Nicht rein!!!

Schlagartig bin ich wach. Leute, Leute, hier geht die Post ab. An einem Konvoi an Lastern vorbei, die den Großmarkt bereits wieder verlassen, gelangen wir auf das riesige Gelände. In den Markthallen ist die Hölle los. So weit das Auge reicht Hallen mit Gemüse, mit Früchten, Blumen, Fleisch; gestapelte Holzsteigen bis unter die Decke, hektisches Menschengewusel. Waren werden in Kisten und Steigen verladen. Es wird geprüft, gefeilscht, geschrien, jeder hat es eilig. Wer zuerst kommt, mahlt zuerst. Und es gibt natürlich Fisch. Und Hajo.

»Guten Morgen, ihr Süßen!«, begrüßt uns eine helle Stimme, die zu einem schmächtigen Hemd gehört. Das ist – Hajo? Von wegen Kapitän Iglo. Ich vermute, dass auf seinem zarten, fein getönten Teint niemals ein Bart sprießen wird, auch wenn der Typ womöglich an die vierzig ist. Über einem Ringelshirt trägt er eine indigoblaue Schürze, die mit »Bei Hajo alles supi-lecker!« bedruckt ist.

Er checkt mich ab. Ich hatte es mir gleich gedacht, mit dem Hochzeitsanzug und der rosa Fliege bin ich vollkommen overdressed. Wahrscheinlich denken die Gemüseverkäufer und die Händler, ich sei von der Mafia. Der Feinkostfuzzi reicht mir seine weiche Hand.

Ich »checke« zurück, meine Augen tasten sich förmlich an dem Typen rauf und runter, obwohl von mir aus Männer aussehen können, wie sie wollen. Es sei denn, wir buhlen um dieselbe Frau. Beas Aufmerksamkeit ist sprunghaft von mir zu Flossen-Hajo gewandert, doch so schnell lasse ich mich nicht aus dem Rampenlicht schieben. Moment mal! Ich bin der verwahrloste Arbeits- und Obdachlose, um den sich die Frauen kümmern. Doch sachlich betrachtet (oder mit den Augen einer Frau) muss ich feststellen: Hajo sieht verdammt gut aus. Zumindest für einen Fischhändler. Da ist wirklich null Kapitän Iglo an ihm – kein rauschebärtiger alter Sack! Kein Gramm Bauch, dafür tiefblaue Augen, die mit mir … zu flirten scheinen. (Hilfe, denke ich nach einem Tag in der WG schon in Mädels-Dimensionen?)

»Hallo, ich bin Hajo-Enrico Hansen-Bavarese, aber du kannst Hajo und Du zu mir sagen.«

Doch bevor ich ein Wort herauspressen kann, schaltet sich meine persönliche Jobagentin ein. »Das ist Sebastian Halbritter, und wie ich dir bereits erzählt habe, hat er ausgezeichnete Kenntnisse in der gehobenen Gastronomie. Sebastian ist weltoffen und tolerant, außerdem seid ihr auf der gleichen Wellenlänge.« Bei diesem Schlussakkord zwinkert sie Hajo zu.

Ausgezeichnete Kenntnisse in der gehobenen Gastronomie … Ich will ja mein Licht nicht unter den Scheffel stellen, aber haut sie da nicht ein wenig arg auf den Putz? Noch dazu kennt Bea mich überhaupt nicht. Vielleicht bin ich ein bekloppter Frauenmörder oder bin nach einem Banküberfall auf der Flucht. Und eigentlich dachte ich, sie traut mir nicht ganz. Aber so kann man sich täuschen. Anscheinend ist sie doch scharf auf mich. Was will sie auch mit dem Fisch-Seppl, der ist doch gar nicht ihre Kragenweite.

Hajo hat seine Fleischbeschau noch immer nicht beendet. »Hast du denn auch Kraft?«, will er wissen. »Die Kisten sind teilweise recht schwer.«

Wieso? Ich will sie ja nicht schleppen. Trotzdem spanne ich meine Muskeln an, was ihm sichtlich gefällt.

Er zeigt mir die Auslage seines Delikatessengeschäfts auf dem Smartphone. Schinken, Pasteten, Käse, Salate, Fisch, exotisches Obst. Ich kann die Köstlichkeiten förmlich riechen, lecker, mein Magen knurrt schon wieder. Hier den reichen, verwöhnten Damen Schampus und Luxushäppchen zu verscherbeln, könnte ich mir richtig gut vorstellen. Nur so eine alberne Schürze binde ich mir nicht um!

Okay, Hajo, lass uns mal über die Kohle reden. Ein Vorschuss wäre auch ganz nett, denke ich, doch er macht mich erst mit meinen Aufgaben vertraut.

»Du würdest mich am Morgen auf den Großmarkt begleiten, gemeinsam bestücken wir im Anschluss das Mercato mit den frischen Waren. Du wärst für die Regale und für die Sauberkeit überall zuständig.«

Reden wir Klartext: Ich soll für den Hansel in aller Herrgottsfrühe die schweren Kisten schleppen und mal wieder die Toiletten putzen!

»Ich bezahle sehr gut. Und da du anscheinend derzeit in einem finanziellen Engpass steckst, würde ich dir mit einem großzügigen Vorschuss entgegenkommen.«

Na, schau an, er kann Gedanken lesen. Vorschuss. Großzügig. Und ist ja nur für einen kurzen Zeitraum. Ein bisschen Taschengeld für die Weltreise ansammeln, bis es endlich heißt: *Servus, Deutschland, mach's gut! Ich bin dann mal unter den Palmen!*

Hajo legt seine kühle Hand, zart wie ein Schmetterling, auf meinen Arm. »Du könntest doch Probe arbeiten.«

Erst jetzt fallen mir der Lidstrich und die Puderschicht auf seinen Wangen auf.

Jetzt weiß ich, was Bea mit *gleicher Wellenlänge* meinte.

Hajo ist vom anderen Ufer.

DAS BALZVERHALTEN DER MÄNNCHEN VOR DER BRUTZEIT

Hajo scheint restlos von mir begeistert zu sein. Ich hätte das Muskelspiel vielleicht nicht so übertreiben sollen. Aber er will mir nun unbedingt sein *Mercato Azzurro* vorführen. Zwischendurch färbt er seinen schwäbischen Dialekt mit einem italienischen Akzent, der gewollt und reichlich übertrieben ist. Denn außer dem *Enrico* und dem *Bavarese* und dem Namen seines Feinkostladens ist rein gar nichts Südländisches an dem Typen. Er schwärmt von seinem Mercato (heißt das nicht *Supermarkt?*), als gehöre ihm Schloss Neuschwanstein persönlich. Bea fährt hinter uns her.

Irgendwann rutscht es Hajo heraus, dass Bea ein Auge auf seinen Bruder geworfen habe.

Aha, alles klar, deswegen verschachert sie mich wie sauer Bier an den Austernfresser.

Ich finde ihre Einmischung in mein Privatleben ja schon etwas sehr übergriffig. Da war ja Kathis Leine länger, und die wollte mir schon immer vorschreiben, wo mein Leben langzugehen hätte. Mein Dad und mein Bruder sind von der gleichen Sorte. Aber ich tue das, womit ich schon immer recht gut gefahren bin, ich lasse das hier mal auf mich zurollen. Wenn es mir zu heftig wird, biege ich einfach ab und suche das Weite. In mein Leben lasse ich mir nicht mehr reinreden. Ich bin ein freier Mann! Wir halten vor einem einstöckigen Gebäude, dem Mercato Azzurro.

Das *ist* ein Supermarkt!

Hajo wandelt mit geschwollener Brust mit uns an den Lebensmittelregalen entlang, bis wir an einer Kühltheke ankommen. Stolz, wieder den 1/8-Italiener rauskehrend, verkündet er: »Wir aaben die längste Feinkostthääke därr Stadt! Dahinter, eeh, iste mio Ristorantino.«

Das »Ristorantino« ist ein kleines, äh, Restaurant eben, wo man Cappuccino und Antipasti auf »erhöhtem« Niveau genießen kann.

Und dann darf ich die schweren Boxen mit dem auf Eis liegenden Fisch vom Kleintransporter ins Mercato *s*chleppen. Und den Käse. Das Obst. Das Gemüse.

Hajo und Bea schlürfen einstweilen einen Espresso.

Unterdessen habe ich das Jackett ausgezogen, die Fliege in die Gesäßtasche gesteckt und die Ärmel hochgekrempelt.

Auf der Rückfahrt gebe ich mich betont wortkarg. An den roten Ampeln beginnt Bea, sich für ihren Job zu schminken, privat malt sie sich nicht an. Sie pudert sich die Wangen und trägt Lippenstift auf. Es fasziniert mich, wie selbstverständlich ihre Handgriffe sind, abwechselnd Gang einlegen, beim nächsten Stopp das Farbtöpfchen aus dem Schminkbeutel fischen oder die Wimpern mit einer Mini-Rundbürste tuschen. Aber ich bin trotzdem angefressen und schmolle demonstrativ, eine Strategie, die ich von Kathi abgeschaut habe und jetzt, dank meiner weiblichen Seite, einsetze.

»Was?« Sie schaut zu mir rüber, reibt sich über die Nase. »Zu viel Schminke?«

»Zu viel Einmischung in mein Leben.«

Sie ist ernsthaft überrascht. »Ich dachte, ich tue dir einen Gefallen.«

»Ist es nicht eher umgekehrt? Hajo-Schätzchen hat sich verquatscht. Ich weiß, dass du scharf auf seinen Bruder bist.«

»Blödsinn!«

»Hör zu, die Mädels kriegen ihre Miete. Um einen neuen Job kümmere ich mich selber.«

»Willst du nicht bei Hajo anfangen? Ich dachte, ihr versteht euch?« Sie presst die Lippen ein paarmal rasch aufeinander.

»Bea, er ist schwul!«

Sie fährt sich mit der Zunge über die Zähne. »Ja – und?«

Als ich mich wie eine gefällte Tanne wieder in mein Bett fallen lasse, ist es gerade erst neun. Ich fühle mich, als hätte ich im Hochsommer zwölf Stunden die Autobahn geteert, und es ist noch so viel Tag übrig. Für mein Probearbeiten hat mir Hajo eine Packung Barilla Fusilli n. 98 in die Hand gedrückt, mit der Anmerkung, Probearbeit würde ansonsten ja nicht bezahlt, aber er sei nun mal ein großzügiger Mensch. Da weiß ich, er ist nicht nur ein warmer Bruder, sondern auch ein Geizhals.

Sommerhitze knallt durch die Fensterscheibe, als ich wieder wach werde. Es ist bereits Nachmittag. Gähnend schlurfe ich ins Bad. Ich bin immer noch allein in der Wohnung. Feli und Marie haben mir nun doch einen Wohnungsschlüssel anvertraut und nicht nur den, anscheinend auch ihre Küche.

Marie hat mir eine Notiz am Küchentisch hinterlassen:

Kaffee ist in der Thermoskanne
die Tassen im Buffet
Sonnenblumenbrot im Brotkasten

das Brotmesser links im Schub
Vollkornmüsli im Glas, Chiasamen im Tütchen
Frischkäse und Gouda im Kühlschrank,
Frischmilch auch
Lass es dir gut schmecken!
Hoffe, du hast den Job!!
Wünsch dir einen superschönen Tag!!!
    Gruß Marie :-))

Ihre Ausrufezeichen rühren mich.

Nachdem ich mich bei Beas nächtlicher Aktion mit nur einer Katzenwäsche, also zwei Händen voll Wasser ins Gesicht begnügt hatte, dusche ich nun hingebungsvoll. Mit »Monoï de Tahiti«-Duschöl. Heftiges Zeug! So also riecht die Südsee. Weniger romantisch ausgedrückt, stinke ich nach Bubblegum. Und der süßliche Duft klebt wie Honig an mir. Ich habe noch immer keine saubere Unterwäsche, aber lieber steige ich nackt in die Jeans, als mich an Jules pinken Tangas zu vergreifen.

Meine Unterwäsche und Socken bestelle ich normalerweise online. Doch selbst mit Expressversand erhalte ich sie erst morgen. Aber in die Stadt – wegen Unterhosen? Mich gruselt es, ehrlich gesagt, vor der überfüllten Fußgängerzone. Und dann wieder mit dieser unseligen Straßenbahn oder dem Bus und diesen verworrenen Fahrplänen und Tickets zurück. Vielleicht werde ich mir Bennos Fahrrad pumpen, bis wir Kathis Wagen aus der Werkstatt zurückhaben. Wenn ich finanziell wieder auf den Beinen bin, werde ich natürlich die Kosten übernehmen, immerhin war ich es, der ihren geliebten Polo versehentlich rückwärts mit vollem Karacho gegen eine Mauer gesetzt hat. Hoffentlich hält sich die Rechnung in Grenzen, nicht, dass ich doch noch bei Hajo anheuern muss!

Die Auswahl im Kühlschrank ist für einen Mann, der etwas Anständiges zwischen die Kiemen braucht, erschreckend mager.

Und keinesfalls werde ich den Frauen ihr Vogelfutter wegessen. Also fülle ich den vorhandenen Schnellkochtopf mit Salzwasser und koche die schwer verdiente Packung Spiralnudeln, die ich mit veganem Pesto, ein paar Blättchen von den Küchenkräutern auf der Fensterbank (ich hoffe, es sind Küchenkräuter) und einem ordentlichen Schuss weißen Rums aus der Hausbar veredle.

Nach fast 500 Gramm Nudeln mit besoffener Soße hänge ich mit ausgestreckten Beinen auf dem Küchenstuhl und will an sich sterben, so pappsatt bin ich. Die Haustür wird aufgeschlossen, aber ich rühre mich nicht.

»Hallo, jemand daheim?« Es ist Schneewittchen, ich entspanne mich. Schneewittchen ist nicht so anstrengend wie die anderen zwei.

»Oh«, macht sie. »Hat es nicht geklappt mit deinem Job?«

Ich muss aussehen wie ein geprellter Kuhfladen, ein depressiver geprellter Kuhfladen. Lebensmittelschwanger rapple ich mich hoch. »Doch, doch. Aber ich brauche erst noch ein paar Tage für mich. Weißt du, das geht mir alles zu schnell. Beziehung futsch, Job auch, Wohnung fort. Das ganze Leben umgekrempelt, verstehst du? Da habe ich keinen Kopf für eine neue Arbeitsstelle, noch nicht.«

Natürlich versteht Marie. »Und was hast du den ganzen Tag gemacht?«

»Nudeln«, antworte ich, und mir kommt bei dem Gedanken an meine Fressorgie fast die »Basti-Pastasoße« wieder hoch. Und weil Marie anscheinend darüber nachgrübelt, wie sich ein Mensch den ganzen Tag mit Vollfressen beschäftigen kann, schicke ich hinterher: »Eigentlich wollte ich in die Stadt fahren, um mir Unterwäsche zu kaufen.«

»Da komme ich mit!«, platzt es aus Marie heraus. »Aber nur, wenn du willst. Wir könnten wieder mein Straßenbahnticket nehmen.«

Mit Marie Unterwäsche kaufen. Ich kann mir Scheußlicheres vorstellen.

Marie dreht den Schlüssel mehrfach um. Damit niemand einbrechen kann, erklärt sie. Wir stehen ganz nah nebeneinander, während sie den Wohnungsschlüssel unten in ihrer Strickhandtasche vergräbt. Wegen der Taschendiebe. Wer hat dieses Mädchen so übervorsichtig werden lassen?

»Du riechst gut«, stellt sie fest. »Aber fast ein bisschen too much. Aber ihr Jungs mögt es gern sehr süß, oder?«

Wir Jungs? Ach so, *wir* Jungs.

Da vernehme ich aus den oberen Etagen vertraute Stimmen, wenn ich nur daraufkommen würde, wessen. Sie kommen Treppe für Treppe näher. Und seltsam, mein schlaues Unterbewusstsein schlägt bereits Alarm, da weiß der begriffsstutzige Basti noch immer nicht Bescheid, warum. Doch dann! Ach du Kacke, Kyra und Ken! Neben Marcs Braut meine Lieblingsfeinde. Was wollen die hier?!

»Oder ist das ein Klischee, das ich euch schwulen Männern gegenüber habe? Du musst sagen, wenn ich dich mit irgendwelchen dummen Aussagen diskriminiere. Und ich finde es vollkommen richtig, dass man zu seiner Homosexualität steht. Ich finde es halt nur schade, dass gerade du schwul bist, weil ...«, dann unterbricht sie sich, beschäftigt sich mit etwas geröteten Wangen damit, auch ihren Geldbeutel diebessicher zu verstauen.

Ken starrt mich ausdruckslos an.

Kyra dämmert allmählich, wen sie vor sich hat. Sie streckt den Finger aus. »Das ist doch ...«

»Aber für mich ist das okay, dass du schwul bist«, taucht Marie wieder aus ihrer Handtasche auf.

Ich packe sie etwas unwirsch am Arm und schleife sie die Stufen nach unten. Ich rede einfach auf sie ein.

»Wir sollten auch Socken kaufen, schwarze, männliche Socken. Jede Menge Socken, für jeden Tag ein Paar Socken«, plappere ich, damit sie nicht hört, dass Kyra meinen Namen ruft. Bloß nicht, dass sie vor dem Affen Ken weiter von meiner sexuellen Neigung redet. Null Bock, irgendwelche Erklärungen abgeben zu müssen.

Marie ist es dann doch peinlich, Maß bei mir und meinen Shorts zu nehmen, denn natürlich weiß ich meine Kleidergröße nicht auswendig. Sie besorgt derweilen schwarze Socken, die Größe meiner Füße kenne ich.

Später, als wir fröhlich aus der Stadt zurückkehren und es uns in unserem Gemeinschaftswohnzimmer gemütlich machen, möchte Feli zu gern meine Unterwäsche begutachten, am liebsten wäre ihr eine Unterwäsche-Modenschau. David Beckham sähe auch immer rattenscharf in seinen Designerbuxen aus. Natürlich trommelt sie nur großmotzig, aber in allem steckt ja stets ein Körnchen Wahrheit.

»Habt ihr nichts anderes im Kopf!«, schimpft Bea ihre Freundinnen aus.

Wir essen zu viert Abendbrot. Ach, wenn es doch nur Brot wäre. Marie hat Salat für alle gemacht. Als Nächstes werde ich ihr stecken, dass *dies* einem Klischee entspricht, dass Schwule das gleiche Essverhalten wie Frauen haben und ich mich durchaus diskriminiert fühle, wenn ich an ein paar Salatblättchen knabbern muss.

»Eben«, sage ich, spreize den kleinen Finger ab und pikse eine Cocktailtomate aus meinem Grünfutter. »Oder führt *ihr* mir eure Slips vor?«

Marie und Feli kichern. Man kann es ja mal probieren.

Ich betrachte die Tomate. »Esst ihr nie Schnitzel? Döner? Gulasch?« Ich hoffe bei meinen Mitbewohnerinnen auf eine nur kurzfristige Fleischabstinenz.

»Bis vor Kurzem waren wir richtige fleischfressende Pflanzen«, gesteht Bea, die anscheinend nicht gern allein speist oder nur meinetwegen dauernd in der WG herumkugelt. »Aber dann haben wir beschlossen, unsere Ernährung umzustellen. Mehr Salat und Gemüse, kaum Fleisch, lediglich in Ausnahmefällen.«

Ich bin doch wirklich ein Unglücksrabe. Hätte ich nicht vor ein paar Wochen hier einziehen können? Schnell hätte ich meine Mitbewohnerinnen davon überzeugt, dass sich der Mensch seit Generationen durch den Verzehr von Sauerbraten, Kassler und Steaks nicht ausgerottet hat. Oh Gott, ich glaube, ich würde sogar für eine lumpige Bockwurst morden!

Die Mädels haben kaum die Spülmaschine bestückt, da kriegen wir Besuch. Vielmehr Marie. Ihre beiden ehemaligen Studienkollegen, mit denen sie sich bereits am Sonntag mit Vögeln beschäftigt hatte, rücken mit einem Sixpack an. Immer nur rein mit euch, Jungs – und her mit dem Bier!

Marie steckt in einer krachknackigen Jeans und einer weißen, ziemlich durchsichtigen Bluse mit Spitzen und Schnüren. Das Schneewittchen-Haar hat sie zu einem langen Zopf gebunden, um ihren Hals baumelt eine dünne Kette mit einer kleinen, goldenen Ente, die flügelschlagend aus ihrem Dekolleté aufzusteigen scheint. Ich bilde mir ein, meinetwegen. Aber wie ich die aktuelle Lage so auspendle, hat sie sich für den Blondschopf mit der Nickelbrille (ich verwette meinen Arsch, das ist Fensterglas) aufgebrezelt. Sie schwänzeln und zirpen auffällig umeinander herum.

Jan heißt der Knabe, wie sonst.

Nur ein »Jan« kommt auf die Idee, am sehr frühen Sonntagmorgen durch Wald und Flur zu schleichen, um das Rotkehlchen, die Mönchsgrasmücke und den Zilpzalp zwitschern zu hören. Als Marie behauptet, bei ihrer

Sonntagsexkursion einen Hausrotschwanz entdeckt zu haben, grinse ich Vögler-Jan anzüglich an. Wusste ich es doch, tut das alte Ferkel nur so harmlos.

Die andere Träne heißt Dave, trägt ein Che-Guevara-T-Shirt (wow, was für ein Rebell!) und ist auch ein leidenschaftlicher Vögler. Sorry, aber ich kann die zwei Suppenspucker nicht leiden, Freibier hin oder her. Sechs Biere für drei sind ja nun auch nicht besonders ergiebig.

Ja, Suppenspucker! Gerade mache ich es mir bei den Mädels bequem, tanzen die zwei Lutscher an und spucken mir in die Suppe. Marie liest ihrem Zilpzalper jedes Wort von den Lippen ab, Hauptsache, es hat was mit Schnäbeln und Gefieder zu tun.

Und Feli süffelt mit Rebellen-Dave eine Flasche Baileys nieder, den Marie von Weihnachten in diesen Sommer gerettet hat.

Bea trinkt einen Mix aus Ananassaft und Rum und wundert sich über den stark gesunkenen Pegel. Sie weiß nichts von Bastis Nudelsoßen-Geheimnis. Sie hängt an ihrem Handy. Hajos Bruder?

Und ich? Ich langweile mich. Meine Laune ist mies. Diese Sonntagsvögler sollen sich gefälligst wieder schleichen.

Das nächste Bier öffne ich mit einem Messer, was mir leider nicht auf Anhieb gelingt, aber im Endeffekt doch ziemlich männlich aussieht. Danach fläze ich mich breitbeinig in den Sessel, denn das Gemächt des Mannes braucht nun einmal viel Platz und Luft. Schade, dass ich nicht Bennos Cowboystiefel trage und so einen coolen Spruch wie der letzte Bulle auf den Lippen habe. Euch puste ich doch in die Prärie, ihr Wald- und Wiesenheinis!

Jan starrt mir tatsächlich kurzzeitig in den Schritt, hebt nur leicht die Augenbraue und wendet sich wieder Marie zu.

Allmählich zieht es mir die Schuhe aus. Jan ergießt sich über das *weißbindige Wiesenvögelchen* oder vielleicht sagt er auch *weißbärtig* oder weiß der Geier, und Marie schmilzt dahin. Er beugt sich etwas zu mir vor, schaut über seine alberne Nickelbrille hinweg und doziert: »Das weißbindige Wiesenvögelchen ist übrigens ein Falter und kein Vogel«, und labert weiter. Als ob mich dieses Flatterviehzeug die Bohne interessieren würde. Der denkt doch nicht etwa, dass Marie auf diesen Schmus abfährt! Frauen wollen im Endeffekt doch auch nur das eine … So wie wir Kerle ein Weibchen zur Paarung suchen, halten die Weibchen Ausschau nach einem potenten Typen zwecks späterer Familiengründung.

Hey Mädels, wenn ihr wollt, mache ich euch den David Beckham!

Das ist es!

Als sich Jan über das Balzverhalten der Vögel vor der Brutzeit fast in Ekstase redet (so machen die Intelligenzler das also, wenn sie eine Schnecke angraben), schlage ich zu.

»Was haltet ihr Jungs eigentlich vom Balzverhalten von Männlein und Weiblein?«, provoziere ich. »Bevor ihr gekommen seid, waren wir nämlich gerade dabei, uns gegenseitig die Unterwäsche vorzuführen. Na, wie steht es, habt ihr auch Bock darauf?«

Dir werde ich es zeigen, du Schopfwachtel-Bubi!

Vögler-Jan schiebt seine Nickelbrille nervös ins Haar und Rebellen-Dave klappt der Kinnladen runter.

Ich springe auf und reiße mir den Gürtel auf.

Bea lässt ihr Handy sinken und Feli lehnt sich neugierig zurück.

Lasziv lasse ich meinen Unterleib vor- und zurückrucken. Ziehe langsam den Gürtel aus den Schlaufen, im Hinterkopf habe ich »You can leave your hat on« von Joe Cocker, für mich eines der erotischsten Striptease-Lieder. Parallel läuft der Bolero ab – ah, auch seeehr sinnlich!

Die komplette Mannschaft starrt mir auf die Hose. Da erwache ich wie aus einer Trance. Bin ich noch bei Sinnen?! Vielleicht liegt das an dem mageren Gemüse- und Vogelfutter, dass die Biere so heftig bei mir angeschlagen haben. Das bin doch nicht ich?

Erwartungsvolle Blicke auf die Dinge, die da kommen. Umpf. Eigentlich hatte ich gehofft, dass mich spätestens ab hier jemand aufhält, aber nö ...

Okay, ich war wohl ein bisschen vorschnell. Ich leg doch vor diesen Milchreisbubis keinen Strip hin. Ungelenk lasse ich das Becken kreisen. Nach rechts, dann nach links. Und nun ...?

Vögler-Jan stottert: »Aber-aber, also ... ich ...«

Unverhofft fängt Marie zu kichern an. »Hey, Jungs, keine Panik! Hier zieht niemand blank.« Sie wirft Vögler-Jan einen amüsierten Blick zu. »Und wenn, wäre es auch nicht so schlimm. Keine Gefahr, zumindest nicht für uns Mädels. Basti ist doch schwul.«

Rabatz! Als hätte sie mir ein nasses Handtuch ins Gesicht geklatscht. So schnell kastriert man einen liebestollen Macho.

Was willst du denn mit der Schmalbrust, Schneewittchen?

Schneewittchen, was tust du mir an!

Ich sinke zurück in den Sessel und fummle mir den Gürtel wieder zu.

Die Jungs rutschen ein Stück zurück, als könne meine Neigung auf sie überspringen. Typisch diese Jugend, null Toleranz den Minderheiten gegenüber.

Nach überwundener Schocksekunde teilt Jan uns allen ungefragt mit, dass er sich auch nächstes Wochenende nur mit Vögeln beschäftigen werde und ob Marie denn nicht wieder dabei sein möchte. Er wirft mir einen spöttischen Blick zu.

Der Schweinehund! Das ist mein Kalauer, auf den Marie auch prompt wieder hereinfällt. »Gern!«, haucht sie. Sternchen blitzen in ihren Augenwinkeln.

Was willst du denn mit der Schmalbrust, Schneewittchen? Du brauchst 'nen richtigen Mann. Daumen auf mich. »Haubentaucher!«, knirsche ich zwischen den Zähnen hindurch.

»Ne, leider nicht«, greift Marie meine Bemerkung auf. »Der brütet nur auf Seen und Teichen, da werden wir wohl keinen sehen.«

Die Vögler-Jungs trollen sich zum Glück dennoch bald. Während der Verabschiedungs-Zeremonie, Küsschen rechts, Küsschen links, Kichern, Umarmen, als würden sie in die Wüste Gobi auswandern, verkrümle ich mich aufs Klo. Das Ohr dennoch an der Tür. Muss wissen, wann Schneewittchen sich mit dem Haubentaucher in den Wald begibt.

»Wir rufen uns an, vielleicht komme ich mit, vielleicht …«, verspricht Schneewittchen und mein Herz hüpft vor Freude. Sie hält es vage, kein Date also. So eilig hat sie es mit Nickelbrille also nicht. Kluges Kind!

Dann sind wir endlich wieder unter uns. *Soll ich mich zurückziehen*, frage ich mich, *wollen die Frauen lieber unter sich sein?*

Aber sie winken mich zu sich, als ich in unser Gemeinschaftszimmer zurückkehre.

Bea fragt wie so nebenbei: »Pinkelst du eigentlich im Sitzen oder im Stehen?«

Ich lasse mich langsam auf dem Sofa nieder. Das ist doch nicht ihr Ernst, oder? Ich habe mir die Hände gewaschen, ist doch auch schon was. Im Sitzen pinkeln, hat die sie nicht mehr alle? Penisneid oder was? Als Nächstes will sie wissen, ob ich im Intimbereich rasiert bin. Aber ich bin ja nicht doof, Frauen haben Angst, wir könnten die Wand bepinkeln oder sonst noch was innerhalb unseres Strahlradius' treffen. Es bleibt mir allerdings nichts anderes übrig …

»Beim Pinkeln setze ich mich natürlich«, entgegne ich so entrüstet wie möglich. So nach dem Dreh: *Das ist doch selbstverständlich! Wie kann sie nur fragen?*

Feli findet das irgendwie unmännlich, lenkt aber ein: »Aber na ja, bei dir …«

»Außerdem haben wir vereinbart, dass Basti die Toilette putzt, insofern ist es doch egal, wenn mal was danebengeht«, meint Marie, die immer an allem etwas Gutes findet. Außerdem finde ich, jetzt muss mal gut sein damit.

Sie picken sich aber auch dauernd Punkte heraus, die wären unter Jungs überhaupt kein Thema. Und diese im Frauenkränzchen zu erörtern, tangiert mein Schamempfinden enorm. Ja, auch wir Männer haben ein Schamempfinden!

Doch weil wir schon dabei sind auszupacken: »Hört mal, was ich euch gern sagen möchte. Es ist total super von euch, dass ihr mit meiner, äh, Neigung so offen umgeht. Nur leider ist das für mich … wie soll ich sagen … Es wäre mir recht, ihr würdet es nicht überall und jedem erzählen, dass ich …«

»Dass du schwul bist?«, vollendet Bea meine Lücke.

Marie: »Oh, hast du dich etwa noch nicht geoutet?«

»Äh, ja, doch, klar, logisch. Aber deswegen muss man das doch nicht gleich jedem auf die Nase binden. Nehmt es einfach für selbstverständlich. Man muss doch auch nicht jedem erklären, dass ihr Frauen seid.«

Einhelliges Nicken, aber anscheinend besteht weiterhin Erklärungsbedarf.

»Wann hast du denn gemerkt, dass du ein Homo bist?«, bohrt Bea. »Nicht schon als Bub, hab ich recht?«

Nun ja, wann habe ich das gemerkt?

»Du musst uns das nicht erzählen«, schickt Marie schnell hinterher.

Bea zuckt mit den Schultern, sie lässt ein Schälchen mit Reiscrackern die Runde machen.

Ich muss einen nehmen. Sie will mich partout davon überzeugen, dass man nicht permanent tote Tiere essen muss. Also tue ich ihr den Gefallen. Das Zeug ist absolut geschmacksneutral.

Bea knabbert anscheinend leidenschaftlich gern an Pappkartons. Pappkarton schmeckt im Übrigen besser. Woher ich das weiß? Ach, Schwamm drüber.

»Geht uns auch wirklich nichts an«, nickt sie. »Aber ehrlich, manchmal kommt noch immer der Kerl in dir durch, entschuldige, wenn ich das sage, da lässt du den Macho ganz schön heraushängen.«

Oh, danke für das Kompliment! Der Macho geht mir wie Öl runter, wenn man mich schon beim Pinkeln entmannt hat.

Aber natürlich schlage ich die flache Hand vor die Brust. »Tatsächlich?«, erwidere ich mit piepsiger Stimme. »Das möchte ich natürlich nicht. Aber wenn man beruflich immer unter Männern ist, zuletzt in einer Kneipe, da färbt das wohl negativ ab. Ich ein Macho, also wirklich – nein!«

Bea wirft einen übertriebenen Blick auf ihre Armbanduhr. »Apropos Beruf. Elf Uhr. Du bist sicher, dass du morgen Hajo nicht im Großmarkt helfen möchtest?« Als würde sie sich vergewissern müssen, dass ich tatsächlich die Fünf-Millionen-Erbschaft der Großtante aus Amerika ausschlagen will.

Ich stelle mich tot.

»Wenn, dann solltest du zeitig zu Bett gehen.«

Also, eine Art hat sie manchmal an sich, soll ich *Mama* zu ihr sagen?

»Nur ein gut gemeinter Rat von mir.«

»Das ist kein Rat, du mischst dich ein!«, stelle ich fest. Blickt sie nicht, dass ich für die Fischbranche nicht gebacken bin?

Felicia übt sich in dem hehren Vorhaben, so viele Gläser und Flaschen vom Tisch zu nehmen, wie sie tragen kann, indem sie ihre Finger in die Öffnungen steckt und teilweise unter den Arm klemmt. Dies bedarf mehrerer Versuche.

Bea reicht ihr schlussendlich auch noch das Schälchen mit den Reiscrackern, das Feli sich auf höchst kippelige Weise zwischen Kinn und Brust zwickt. Faszinierend. Sie könnte auch zweimal gehen … Dennoch faszinierend. »Da hat Basti absolut recht«, springt sie mir bei. »Das ist dein primäres Problem, Bea. Indem du die Menschen bevormundest und herumscheuchst, VERscheuchst du sie. Denk mal drüber nach.« Sie bewegt sich vorsichtig wie auf einem Drahtseil in die Küche.

Beas Nasenspitze krümmt sich ein wenig, sie kriegt wieder diese unglaublich großen, stechenden Augen. »Willst du damit andeuten, ich treibe die Männer in die Flucht?«

Aus der Küche dringt ein grässliches Scheppern und Klappern. »Alles gut!«, schreit Feli. Kaum später erscheint ihr Kopf unter der Tür. »Wenn du es so sagst, ja, das tust du.«

»Ich habe Leo doch nicht in die Flucht geschlagen!«

Eigentlich würde es mich interessieren, was es mit diesem Leo auf sich hat, aber die Gelegenheit ist günstig, mich zu verdünnisieren, solange ich nicht Beas Zielscheibe bin.

Ich schmeiße mich mit dem Laptop aufs Bett. Keine Mail von Kathi, seltsam. Hoffentlich ist sie nicht krank. Ich schaue mir die neuesten Meldungen an, auch den Boulevard, dann gebe ich bei Google »Jobs freie Zeiteinteilung« ein. Ich bin weder scharf darauf, bei Benno noch bei Hajo den Putztrampel und Laufburschen zu geben, aber ein paar Mäuse zu verdienen, wäre schon nicht schlecht. Ein Job, der gutes Geld – muss kein Vermögen sein – bringt, der mich aber nicht einschränkt. Ich bin ein viel zu kreativer Mensch, um mich abhängig zu machen.

Gesucht werden Telefontalente, Verkaufspersönlichkeiten, Regalauffüller, Taxifahrer, Personen für medizinische Studien und ein Kinderparty-Betreuer bei McDonald's. Ich klappe den Laptop zu, lösche das Licht.

Ich höre Maries Lachen. Sie telefoniert. Mit wem? Ich halte den Atem an, versuche zu verstehen, was sie und vor allem mit wem sie spricht. Mit Vögler-Jan? Ich konzentriere mich. Feli kichert auch und ich erkenne, sie sind in Maries Zimmer.

Ich entspanne mich, rekle mich in den Kissen. Es ist behaglich wie in einem Vogelnest. Die kleinen Piepmätze zwitschern mich in den Schlaf.

Ob sie sich über mich unterhalten? Schon möglich. Sogar ganz sicher. Hmmm, gutes Gefühl. Oder machen sie sich über mich lustig? Über meinen peinlichen Strip. Unsinn. Ganz sicher tuscheln und kichern sie, weil sie hofften, ich hätte meinen erotischen Tanz bis zum Ende durchgezogen.

Was hätten sie wohl gemacht, wenn ich völlig nackt dagestanden hätte? Spontan fallen mir eine Menge Sachen ein, die wir nackt miteinander machen könnten. Na ja, die Szene gerät etwas ins Stocken. Ich bringe es einfach nicht übers Herz, etwas Versautes mit Schneewittchen anzustellen.

Feli und ich sind da, in meinem Wachtraum, recht locker. Sie ist ziemlich sexy und sicher nicht prüde.

Da drängt sich Bea dazwischen. Irgendwie macht sie mich schon an, aber fast habe ich ein bisschen Angst vor ihr. Frauen, die so selbstbewusst und bestimmend sind, schüchtern mich ein. Wer lässt sich schon gern das Zepter aus der Hand nehmen, kommt natürlich drauf an, von welchem man spricht (*dreckiges Grinsen*). Andererseits ist sie fast so dünn wie ein Knabe. Steil ist das trotzdem und sicher ist sie unglaublich biegsam. Himmel, ich werde doch nicht plötzlich tatsächlich auf Knaben abfahren?

Ich konzentriere mich lieber wieder auf Marie. Ich werde mich besonders um sie bemühen – rein freundschaftlich natürlich. Und wenn ich mich dann als Hetero oute, hat sie sich längst in mich verliebt. Hmmm, süße Marie …

Verdammt, da taucht Kathi auf, die auch mitmischen will! Kathi, ach Mensch.

Ich wollte jetzt nicht mal Sex, ehrlich, mich nur an sie kuscheln, ihr weiches Blütenshampoo-Haar riechen und den Aprikosenduft von ihrer Haut wegschnuppern.

Aber noch viel ehrlicher: Sich so richtig auspowern und dann sofort wegdösen wäre auch schön, auch wenn Kathi beleidigt ist, wenn ich nach dem Sex nicht immer auf Knopfdruck auch noch romantische Gefühle daherzaubern kann.

Ich mache das Licht wieder an.

Wie kriege ich das wieder auf die Reihe? Sie ist anscheinend echt sauer auf mich. Hätte nie damit gerechnet, dass sie die Schmollmaus so lange durchhält. Sie ist die Vernünftigere von uns beiden, und der Klügere gibt doch immer nach. Warum nicht sie?

Will ich das? Ist es nicht schön so, momentan?

So ein kleines Abenteuer. Mit drei Bräuten. Die Story nehmen mir die Kumpels eh nicht ab, sofern ich sie irgendwann in Bennos Kneipe ausbreite. Und später, wenn ich sie den Enkelkindern erzähle, die werden Augen machen. Ja, der Opa war ein ganz wilder Hund.

Enkel, ich?

Mensch, ich Seppl. Das ist die Idee. *Ich* muss mich melden! Sie muss spüren, dass sie mir nicht egal ist. Besser gesagt, sie muss spüren, wie wichtig sie mir ist. Ich nehme mein Handy. Also los …

Liebe Kathi,

Liebe Kathi, liebe Kathi, liebe Kathi, und wie weiter?

Verflucht, so fühlt sich also eine Schreibblockade an. Herr, schick Wörter vom Himmel!

Nochmals entschuldigen? Wie oft denn noch?

Und ich kenne meine Kathi. Wenn sie stur ist, ist sie stur.

Ich muss eine andere Taktik anwenden. Ich muss so tun, als würde mir unser Streit nichts ausmachen. Cool bleiben. Vielleicht kommt sie dann wie eine schnurrende Katze an …

Was soll ich schreiben???

Plötzlich fällt mir ein, warum sie derart abblockt (unter anderem). Es geht um die Kosten für die Reparatur des Autos und die Garagenwand des Nachbarn, die ich beim Rückwärtseinfahren in die Hofeinfahrt touchiert habe. Aus den Verhandlungen mit dem Typen habe ich mich weitgehend herausgehalten, da der was von Haftpflichtversicherung und Beitragserhöhung faselte, von Kosten selbst tragen, also so Dinge, womit ich meinen Kopf noch nie belastet habe. Aber nun kommt das Thema auf den Tisch.

> ~~Liebe~~ Servus Kathi,
> ~~wie geht es dir?~~ was ich noch sagen wollte, logo, ich zahle die Reparaturrechnung fürs Auto und die Garage. Sonst alles tutti bei dir?

Nicht schlecht für den Anfang. Aber …

> ~~Liebe Servus~~ Kathi,
> ~~wie geht es dir? was ich noch sagen wollte, logo, ich zahle die Reparaturrechnung fürs Auto. Sonst alles tutti bei dir?~~

Löschen! Alles Schrott.

> Hallo Kathi,
> sorry, dass ich den Wagen gegen die Mauer gesetzt habe. Ich bezahle natürlich die Rechnungen. Musst mir bloß sagen, wie viel es kostet.
> ~~Ich liebe dich. Ich vermisse dich. Schlaf gut, Zuckerwölkchen.~~
> ~~Schlaf gut,~~ Gruß ~~dein Basti~~ Sebastian

Ich drücke auf »Senden«. Und da bereue ich es bereits. Ein bisschen zärtlicher hätte der Text schon sein können, oder? Aber seit wann sind Rechnungen zärtlich?

Nö, schön sachlich bleiben. Soll sie den Ton anschlagen, wie wir künftig miteinander umgehen wollen. Aber sie wird meinen guten Willen sehen.

Und vielleicht kann ich den Wagen dann ab und zu nehmen. Diese undurchdringliche Welt des öffentlichen Verkehrswesens, diese seltsamen Spalten mit Uhrzeiten, diese Tarife, die keine Sau versteht (und warum man bei diesen Preisen nicht doch lieber Auto fährt), diese siffigen Wartehäuschen, das Umsteigen, diese fremden Körper in den Waggons, die alles Mögliche ausdünsten …

Im Minutentakt schaue ich nach. Allmählich könnte sie antworten. Gut, Kathi ist keine, die dauernd am Handy hängt, aber erzähl mir nicht, dass sie um 23.14 Uhr unter der Woche noch irgendetwas Wichtiges zu tun hat, außer zu pennen.

Scheiße – ich habe sie doch hoffentlich nicht geweckt!

Ba-ba-ba, mecker-mecker, nun heißt es wieder, ich bin rücksichtslos, denke nicht mit, denke nur an mich. Ba-ba-ba.

Oder sie kapiert, wie wichtig es mir ist, meinen kleinen Auto-Lapsus wieder auszubügeln.

Ich trommle mit den Fingern. Nüscht. Keine Antwort.

Vielleicht hat sie ihr Handy in der Handtasche und hört es nicht. Ich greife nach einer der Zeitschriften, in denen die WG-Mädels so gern blättern. Welch wundersame Welt sie doch für Frauen bereithalten, an der wir Männer ahnungslos vorbeilaufen. Wow-Brows. Bad-Hair-Day. Booties in Nude. Turtleneck-Kleid. Anti-Frizz. Candy-Colour-Nails. Begriffe, die ich nur in den ersten fünf Minuten aufgeschnappt habe. Was zum Teufel haben die Mädels gegen den armen Fritz?

Da! Bing. Endlich. Nachricht von Kathi!

Mein Herz klopft tatsächlich. *Ich liebe dich, ich vermisse dich so sehr. Ich bin so einsam ohne dich.* Auf so ein Sätzchen hoffe ich stark. Womöglich landen wir heute noch miteinander in der Kiste. Ob ich gleich meine Reisetasche packen und zu Kathi fahren soll? Das wäre schon ein bisschen hart jetzt, besonders für die WG-Mädels, weil …

Da ist gar keine Nachricht von ihr. Kathi hat kommentarlos die Rechnung der Autowerkstatt geschickt.

Eier mit Speck für 'nen Kerl

Wer zum Teufel ist Kim Kardashian? Die Frau scheint ihren Körper komplett zu vermarkten, hauptsächlich ihren (Himmel, was für ein) Arsch. Ich blättere hektisch. Ich kann so viel unnötiges Wissen aus diesen Zeitschriften in mich reinziehen, wie ich will: Die Rechnung im Anhang liegt mir wie ein verdorbenes Stück Fleisch im Magen.

Diese mir völlig fremden Frauen mit ihren Luxusproblemen lenken mich von meinem Weltschmerz nur mäßig ab. Die Katze hat die Haare schön. Klar habe ich schon von der Katzenberger gehört, aber sie ist so gar nicht mein Typ. Und diese permanente Bombardierung mit Werbung ist doch lästig. Stopp, halt! Ich blättere zurück. Da gibt es ein sehr wirkungsvolles Cellulite-Präparat. Die Frau auf dem Bild trägt ihre Cellulite auf den Oberschenkeln, deutet ein Pfeil an. Aber ehrlich? Brauche ich diese Cellulite? Brauchen Frauen die? Wobei ich immer noch nicht nachgelesen habe, was das große »C« eigentlich ist, auch den Fritz muss ich noch googeln. Vielleicht werfe ich diese Problematik bei unserer nächsten gemütlichen

Prosecco-Zusammenkunft in die Runde. Zunächst mal *werfe* ich die Hefte aus meinem Bett.

Schiebe ich einen Frust.

Ich dämmere in einem milchigen Nebel, ich bin schwerelos im Weltraum. Das Intro zu Star Wars läuft ab, ich höre die Titelmusik ganz deutlich. Im Prinzip bin *ich* Han Solo. Luke Skywalker hat Prinzessin Lea nie verdient. Ich bin Indiana Jones …

Kacke, das ist mein Handy! Erkenne ich in letzter Zeit meinen Klingelton nicht mehr? Oder bin ich langsam zu alt für Star Wars? Mein Mund ist trocken. Mein Blick verschwommen. Wer steht auf dem Display …?

Es ist Bea! Sie wagt es doch tatsächlich, mich anzurufen, um …

»Wie spät ist es eigentlich?«, fahre ich sie an.

»Ich weiß, dass du kein Interesse an dem Job hast, aber so schnell bekommst du keinen frei Haus serviert«, textet sie mich einfach zu. »Probier ihn doch mal aus. Ich hab Hajo gesagt, er soll dir einen Vorschuss geben.«

Das macht mich doch hellhörig. Vorschuss klingt ganz verlockend, sofern er ihn mir nicht in Makkaroni auszahlt. Jetzt, so mit der Autorechnung an der Backe.

»Du stehst aber nicht wieder vor meiner Tür?« Ich ziehe die Bettdecke höher. Bei ihr weiß man nie.

»Quatsch, aber wenn du willst, fahre ich dich zum Großmarkt«, zwitschert sie.

»Ich sag dir Bescheid«, knurre ich und drücke sie weg. Ihre hartnäckige Fürsorge geht mir echt auf den Keks. Wieso will sie mir unbedingt diesen Olivenverkäuferjob anhängen? Ich will mir selbst was suchen, was, was mir Spaß macht, wo ich dahinterstehe. »Noch hundert Gramm Mortadella, bitte«, gehört nicht dazu!

Und dann ihre dreiste Behauptung, ich sei ein Macho. Ein menschliches Bedürfnis treibt mich dann doch auf die Beine. Leise schleiche ich an den Zimmern der Mädels vorbei, um sie nicht zu wecken. Von wegen – Macho! Ein Macho hätte sich einen Dreck um den süßen Schlummer der Mitbewohnerinnen gekümmert, ein Macho hätte nach seinem Frühstück geplärrt.

Natürlich nehme ich das leise Plätschern im Badezimmer wahr, aber mein schlaftrunkenes Hirn schlägt erst Alarm, da stehe ich bereits mittendrin. Feuchter Dunst hüllt mich ein. Schemenhaft erkenne ich in der Duschkabine weibliche Umrisse, sehr schöne. Es ist Marie. Ich will eigentlich rückwärts sofort wieder raus, aber ich MUSS gucken. Sie hat einen ganz flachen Bauch und kleine Brüste. Marie erschrickt.

Ich drehe mich schnell um.

»Bleib«, sagt sie. Ein Männertraum wird wahr? »Und gib mir bitte das Handtuch, wenn du schon da bist.« Klar, der schwule Basti ist sexuell so interessant wie ihr Waschlappen, weniger noch.

»Ich muss bloß pink …« Was sagen Mädchen dazu? Püschern? Wissi machen? Ah, ich hab's. »Ich muss mir nur die Nase pudern.«

Marie lacht sich scheckig. »Das große Hellblaue, und ich bin gleich fertig. Dann kannst du dir … die Nase pudern.«

Ich hocke mich in die Küche, stütze das Kinn auf die Handflächen.

Marie beeilt sich wirklich, denn ziemlich rasch kommt sie herein, in das hellblaue Badetuch gewickelt, ihre nassen, langen Schneewittchen-Haare kleben auf ihrer Schulter, Wasserperlen rinnen ihr an den Armen entlang, sehr sexy.

»Du kannst ins Bad«, sagt sie, weil ich mich nicht bewege. »Magst du auch frühstücken, oder musst du auf deine Linie achten? Ich habe gesehen, dass du dich in den Zeitschriften für die aktuellen Ernährungstrends interessierst.«

Hä? Auf die Linie achten – beim Frühstücken? Ich bin noch nie auf die Idee gekommen, dass Menschen mit einer Diät bereits in aller Herrgottsfrühe anfangen – da ist der Magen doch voll auf Energiesuche.

»Auf die Linie achten, phh!«, gebe ich von mir. »Wie soll ein Organismus denn den Tag durchstehen, wenn ihm schon am Morgen der Hahn abgedreht wird? Und wie soll der Motor zum Verbrennen angeschmissen werden, wenn da nix zum Verbrennen da ist?«, belehre ich sie.

Hinter Marie erscheint Feli, auch noch ziemlich zerzaust. Sie gähnt, reckt sich. »Ehrlich? So habe ich das noch nie gesehen.«

»Fragt mich doch«, grinse ich. »Der Mensch muss was essen, so ist seine Natur. Und wer viel arbeitet, braucht ganz einfach mehr Futter. Dein Auto fährt doch auch nicht ohne Sprit, oder? Stellst du plötzlich die Nahrungsaufnahme ein, kratzt sich dein Körper von überall das zusammen, was er zum Leben braucht, Fett, Vitamine, äh ...« Meine Hypothese stockt kurzzeitig mangels fundierten Backgroundwissens. »Dadurch nimmst du freilich ab, aber sobald du wieder ein Schnitzel einwirfst, schreit dein Körper: ›Juhu, es gibt wieder Happi-Happi! Alles her damit!‹ Er verlangt nach mehr und du hast ständig Hunger. Und für den Fall, dass wieder eine Saure-Gurken-Zeit kommt, legt er sich einen Vorrat an – die Speckpolster.« So stelle ich mir das jedenfalls rein logischerweise vor. Sehen das die Mädels anders, sollen sie mich aufklären.

Aber Feli scheint restlos begeistert von meinem Vortrag zu sein. »Du meinst den gefürchteten Jo-Jo-Effekt!« Sie lässt sich meine Worte sichtlich auf der Zunge zergehen. »Meine ständige dämliche Hungerei bringt gar nichts, meinst du?«

Jo-Jo-Effekt? Keine Ahnung, wovon sie spricht, aber ich nicke bestätigend.

Feli wirkt plötzlich ganz entspannt. Sie gähnt noch einmal kräftig, was mich anmerken lässt: »Warum geistert ihr eigentlich so früh herum?«

»Ich geh mit Jan in den Wald«, erklärt Marie strahlend, und schon wieder keimt diese Eifersucht auf, die mir absolut nicht zusteht.

Feli nutzt die Lücke und huscht ins Bad.

Nach meiner ersten Tasse Kaffee kehrt Feli zurück, sie trägt eine Art Overall mit abgeschnittenen Beinen und einem Gummizug in der Taille. Dieser Riesenstrampler macht mich nicht an. Er erinnert mich an einen Heißluftballon auf Beinen. Aber Tod und Teufel werde ich tun und ihr das sagen.

Oberste Priorität: niemals ehrliche Kommentare zur Figur der Freundin abgeben. Es sei denn, die Figur ist der Hammer.

Niemals Wörter wie *üppig, füllig, weiblich, rundlich, sitzt eng* oder so verwenden. Okay ist: *sitzt super, macht 'ne tolle Figur, affengeil, rattenscharf. Toujours.*

Mädels fragen uns doch nicht umsonst: »Macht mich die Hose fett?«, wenn sie nicht ein Problem mit ihrem Body hätten und nur eines hören wollen: *Du siehst lecker aus!*

Und merken: Hier ist lügen unbedingt erlaubt!

Scheiß drauf, ob die Frauen von uns wollen, dass wir immer ehrlich sind. Beim Gewicht und den Körpermaßen verliert dieser Grundsatz seine Substanz. Oft genug bin ich bei Kathi in diese Falle getappt – und nie schlauer geworden.

»Wie heißt das, was du da trägst?«, frage ich, ohne wirkliches Interesse, und scheine von meinen klugen Sprüchen nichts gelernt zu haben, wirklich auch gar nichts.

»Jumpsuit.« Feli streckt den Busen raus. Und dann kommt natürlich: »Wieso?«

»Steht dir gut.« Unbedingt Themawechsel. »Kann ich dir helfen, Marie? Tassen aus dem Schrank holen?«

103

»Stehen doch schon vor deiner Nase, Dummerchen.«

»Wieso?«, beharrt Feli auf einer Antwort.

»Wieso was?« Man versucht es halt.

Feli steht auf, zippelt an dem *Jumpsuit* herum (muss unbedingt googeln, warum das missratene Teil so heißt). Sie klatscht sich mit beiden Händen auf die Pobacken. »Macht er mich etwa fett?«

Bums! Basti, halt einfach mal die Klappe!

Aber nein: »Shorts wären auch schön.«

Klappe! Klappe! Klappe! Ich reite mich immer weiter rein.

»Ach geh, Basti. Ich und Shorts ...« Sie lauert auf eine Antwort. »Ich mit meinen festen Oberschenkeln ... mit meinem Figurproblem ...«

Okay, jetzt krieg ich die Kurve wieder. »Wo hast *du* denn ein Figurproblem? Ist doch alles im Lot bei dir.« Wie habe ich mich da neulich rausgeredet, verflucht, was habe ich da gesagt? Jedenfalls war Feli total begeistert von meiner Aussage gewesen. Und im Wettlauf um den ersten Platz gewinnt wieder mal das Mundwerk vor dem Hirn: »Bei dir sitzt jedes Pfund zu viel am richtigen Fleck.« Ich strahle, warte ab. War das gut?

Marie schluckt.

Feli klappt der Mund runter. Oh-oh.

Dann lacht sie. Ehrlich. Feli lacht. »Eine Frau dürfte so etwas nicht sagen. Und bei einem Mann wäre ich ganz schön beleidigt. Aber da du es bist, kann ich mich darauf verlassen, dass es ehrlich ist.«

Marie und sie nicken im Einklang. »Das ist das Schöne an dir, du musst uns nicht schmeicheln oder machst uns an. Wenn du was sagst, dann ist es aufrichtig. Und das finde ich sooo toll! Endlich haben wir einen Kerl in unserer Mitte, auf den wir uns verlassen können.«

»Ja«, freut sich auch Marie. »Du bist der ehrlichste Mensch, den ich kenne.«

Mir wird schlecht.

Als ich geduscht und rasiert wieder in der Küche auftauche, hat Marie Frühstück für mich gemacht. Ich werde sie wohl doch heiraten.

»Eier? Speck? Woher?«, hauche ich und sinke auf meinen Stuhl nieder. »Leben wir nicht vegetarisch?«

»Bea hat angerufen, wollte wissen, ob du dich für die Stelle bei Hajo fertig machst. Wenn ja, soll ich dir ein ordentliches Frühstück zubereiten. Sie hat den Bacon aus ihrem Kühlschrank rübergebracht, den sie wohl noch über hatte. Eier haben wir selber.«

Ich knirsche unlustig mit den Zähnen. Bea …!

Marie schaut in ihrem Handy nach und liest weiter vor: »Denn unser Basti muss heute mal richtig arbeiten! Süß, nicht? UNSER Basti. Ich glaub, sie mag dich.«

Ach echt? Mögen sieht bei mir anders aus. Und dann dieses *mal* was arbeiten. Frechheit! Und vor allem – arbeiten … Ich muss noch einmal knirschen.

Wenigstens fährt sie mich. Gehilfenjob mit Chauffeur. Entweder will sie mich kontrollieren oder meint es irgendwie doch gut mit mir.

Mir fallen trotz oder wegen des üppigen Frühstücks fast die Augen zu.

Bea dreht das Autoradio lauter. Elton John. Langsam werde ich paranoid. Ist das tatsächlich ihr Geschmack oder glaubt sie, es sei meiner?

»Morgen musst du wieder mit der Straßenbahn oder dem Bus fahren, Basti. Hast du denn eigentlich kein Auto?«

Immer rein in die Wunde.

»Gehört meinem Ex.«

Bea kaut auf ihrer Unterlippe. Ein Zeichen, das ich unterdessen gut zu deuten weiß. Sie grübelt. Und ich mag es gar nicht, wenn Bea in Bezug auf mich grübelt.

»Ich schau, ob ich eine Fahrgemeinschaft für dich auf die Beine stellen kann. Dann sparst du das Geld für das Fahrticket. Wenn ihr euch das Benzingeld teilt, ist das viel günstiger.«

Scheiße, Bea! Das geht mir echt auf die Eier! Es gibt schon einen Grund, warum man sich von seinen Eltern abnabelt. Damit sie sich nicht mehr in alles einmischen können.

»Hast du das mit deinem Ex auch so gemacht? Diesem Leo?«, belle ich sie an.

Verunsichert blickt sie zu mir rüber. »Was meinst du?«

»Hast du ihn geweckt? Kontrolliert, ob er sich duscht? Ob er ein ›ordentliches‹ Frühstück hat und pünktlich zur Arbeit geht? Hast du? Hast du, ja? Mir jedenfalls gehst du damit auf den Sack. Dabei sind wir ja nicht einmal verheiratet!«

Und sofort tut es mir leid. Aber so leicht wie mit Felis überschüssigen Pfunden kann ich mich hier nicht rausmogeln. Andererseits musste das raus!

»Bin ich … so … schlimm?« Das fragt sie wirklich.

Ich zucke mit den Schultern und nicke gleichzeitig leicht mit dem Kopf. Diese für Männer inkompatible Taktik habe ich von Kathi, und Bea versteht tatsächlich, was ich signalisieren will: *Sorry, ich will dich zwar nicht verletzen, aber es ist so – ja!*

»Aber ich meine es doch nur gut.«

Ich werde ganz sanft. »Gut meinen und gut machen sind zwei Paar Stiefel. Verwöhnen und auf den Arsch gehen auch. Lass den Menschen doch ein bisschen Luft.«

»Ja, aber, also, Leo hat sich nie beschwert.«

»Vielleicht hat er sich nicht getraut. Und irgendwann hat ihn der Rappel gepackt und …«

»… er ist auf und davon.«

Kann doch sein, oder?

Während der restlichen Fahrt grübelt sie wieder, aber dieses Mal geht es nicht um mich. Sie lässt mich am Großmarkt raus. »Danke«, sagt sie und gibt Gas.

IMPOTENZBONUS

»Schön, dass du gekommen bist.« Hajo hat bereits mehrere Steigen mit Gemüse in den Transporter geladen. Den Fisch will er mit mir gemeinsam auswählen, damit ich es lerne. Ist nicht schlecht, so gesehen. Sollte ich mal in einem piekfeinen Restaurant mit einer Schnecke dinieren, kann mir der Kellner nichts vormachen. Dann klatsche ich ihm den Red Snapper und den Knurrhahn so um die Ohren, wie andere sonst nur mit ihrem Zilpzalp brillieren. *»Und ist er auch schön rosig hinter den Kiemen, sonst ist das Schuppentier nämlich nicht frisch!«,* höre ich mich angeben.

Kapitän Iglo buckelt wie irre, schleppt und schleift. Aber bis ich anpacken will, hat er den Sack Kartoffeln schon über die Schultern geschmissen. Nur so im übertragenen Sinn. Hajo hat schnell geschnallt, dass ich für körperlich schwere Arbeiten nicht gerade geschaffen bin, höchstens dafür, sich raffiniert davor zu drücken.

»Woher meinst du, dass ich meine Muskeln habe?« Hajo strafft die Brust, dass sich seine Schürze, die ich mich nach wie vor weigere zu tragen, aufplustert wie die Brust eines balzenden Fasans.

War mir bisher gar nicht aufgefallen. Wie auch? Ich tue alles, um meinem neuen Boss nicht absichtlich auf irgendeinen Körperteil zu glotzen. Was mir jedoch nicht entgangen ist, die Frauen schauen ihm mit diesen genießerisch geschürzten Lippen nach (was für ein leckeres Schnittchen), und er flirtet sogar zurück. Da stinke ich halbes Hemd richtig ab.

»Was ist los? Meinst du, nur weil ich schwul bin, gucken die Frauen nicht?« Er klopft sich vor Lachen auf die Oberschenkel.

Heimlich versuche ich, meine Brustmuskulatur anzuspannen, indem ich die Arme anwinkle und Fäuste mache; ein mageres Ergebnis.

»Lass mal, die Steige mit Rispentomaten übernehme ich«, diene ich mich kumpelhaft an und fühle mich allein dadurch männlicher – und besser.

In Hajos Feinkostladen genehmigen wir uns erst einmal zwei Espressi.

Das Geschäft laufe gut, erklärt mir Hajo. Es würden immer mehr exotische Spezialitäten gewünscht, mehr Qualität als Quantität sei gefragt.

Gut, dass das Geschäft gut läuft, finde ich, traue mich aber dennoch nicht, auf Beas avisierten Vorschuss zu kommen. Aber das Glück scheint mir hold oder eine gute Fee, die ihren Flügel über mich hält. Denn Hajo schüttet mir unverhofft sein Herz aus.

»Manche Menschen sind eben dazu verdonnert, Einzelgänger zu bleiben. Meine Beziehungen liefen bisher alle gleich ab, erst die rosarote Verliebtheit, dann, wenn der Alltag dich auffrisst, kriechen auch alle unschönen Seiten einer Partnerschaft hervor. Eifersucht, Untreue, man kritisiert sich, die Nähe ist einem zu eng oder man fühlt sich einsam. Ich habe alles mitgemacht, aber nun ist Schluss«, Hajo schwenkt seine Espressotasse. »Keine Männer mehr! Schluss damit!« Mit dieser Aussage würde auch er wunderbar in unsere Mädels-WG passen.

»Du hast ebenfalls eine unschöne Trennung hinter dir?«, fragt Hajo. »Bea hat es erwähnt.«

Die Gute scheint meinen Lebenslauf ein wenig gedehnt zu haben.

»Trennung? Kath…, er und ich simsen ab und zu.«

»So war es am Anfang bei uns auch noch. Aber auf einmal hat Alf, mein Ex, einen Anwalt eingeschaltet, weil er angeblich noch Geld von mir bekommt. Dabei hat Alf die Möbel, die wir zu zweit angeschafft haben, aus meiner Wohnung geschleift.« Sein sonst so fröhliches Gesicht ist finster.

»Ha, das kenne ich. Meiner will Geld von mir wegen des Autos.«

Wir nicken uns verstehend zu. »Männer!«

Hajo hat mir wirklich 500 Euro als Vorschuss zugesteckt. Damit ich die Werkstattrechnung begleichen kann. Wir sind nach einem sehr intimen Gespräch sozusagen Verbündete. Ich muss bloß aufpassen, dass Hajo in seiner Wir-sind-neue-beste-Freunde-Euphorie nicht *zu* euphorisch wird. Es gibt Themen aus dem Leben eines Homosexuellen, die will ich gar nicht wissen. Wobei es egal ist, ob schwul oder hetero. Ich will mich mit *keinem* Kerl darüber unterhalten, dass er manchmal keinen Ständer mehr kriegt. Wie Hajo.

Hallo? Ich bin zweiunddreißig. Bei mir funktioniert alles untenherum blendend. Das hab ich Hajo auch mitgeteilt.

»Meine Erektionsschwierigkeiten fingen mit fünfunddreißig an. Da hatte ich kurzzeitig keinen Job und nur Ärger mit den Kerlen, familiär gab es auch Zoff, mein Vermieter kündigte mir die Wohnung wegen Eigenbedarfs. Vor lauter Stress ließ mich mein Ballermann einfach im Stich und bis heute habe ich Probleme.«

Ich schweige mich aus. Doch Hajo spricht aus, was auch in meinem Kopf herumgeistert: »Du meine Güte, unsere Lebensgeschichten ähneln sich aber stark.«

Daraufhin macht er seinen Geldbeutel auf und schiebt mir die Kohle rüber. Diesen Impotenzbonus wollte ich eigentlich nicht auf mir sitzen lassen, aber bin ich blöd und schlage das Geld wegen meines angekratzten Egos aus?

Geld macht nicht glücklich? Ich fühle mich damit ziemlich gut. Dass ich die fünfhundert bei Hajo aber auch abarbeiten muss, stelle ich gedanklich jetzt erst einmal hintenan. Wenn ich mir als Blogger eine Plattform aufgebaut habe, über die ich von meinen Reisen berichte, Werbung für Produkte mache und damit gut verdiene, zahle ich Hajo alles zurück. Ich habe mich schon einmal im Internet wegen meines neuen Projekts schlau gemacht, es soll nicht so einfach sein, wie ich mir das vorstelle. Aber welches neue Projekt ist schon einfach? Man(n) wird sehen.

* * *

Mit dem Moos kaufe ich zunächst einmal richtig gut ein für die WG, einen Kasten Bier, Cola und Dinge, die ein Kühlschrank einfach beinhalten muss, Basics also wie einen Ring Fleischwurst, eine französische Hartsalami, Tiefkühlpizzen, eine Tube Mayo, Ketchup und zwei Dosen Ravioli. An die Mädels habe ich natürlich auch gedacht, auch bei den zwei Pfund Hackfleisch.

Daraus bereite ich Burger mit einem Berg in Öl frittierter Röstzwiebeln zu. Bald zieht ein teuflisches Düftchen durch die Wohnung, wahrscheinlich durch das ganze Mietshaus. »Bastis Burger« kommen ohne den entbehrlichen Salat und die Tomate aus, die Lücken füllen reichlich Mayo und Ketchup.

Nach diesem infernalischen Genuss widme ich mich der Körperpflege. Ich bin gerade beim Zehennägelschneiden, als Bea und Marie eintrudeln. Ich betrachte meinen pflegebedürftigen großen Zeh, knipse eine Ecke vom Nagel ab, der schnalzt wie ein Geschoss Bea genau gegen die Brust.

»He, iiih!«, macht sie.

»Was denn? Die sind gewaschen.«

»Deine Käsesocken und Quarkfüße habe ich auch nicht gemeint, sondern das hier!« Sie streckt einen sehr langen, vorwurfsvollen Zeigefinger aus.

Ich fege die Socken vom Tisch, die zwischen der fettigen Bratpfanne und dem öligen Teller liegen. Erst jetzt registriere ich das Schlachtfeld, das ich in der Küche veranstaltet habe.

»Wie das stinkt! Wie gebratene Leichenteile!«, kritisiert Bea. Dass sie aber auch immer ein Haar in der Suppe findet! Kann sie nicht einfach mal genießen?

Wortlos widme ich mich meinen Fußnägeln, das nächste scharfe Geschoss trifft Bea genau ins Gesicht.

»Hörst du auf, du Ferkel! Wie kannst du dir die Fußnägel am Küchentisch schneiden!«, explodiert sie.

Und bevor sie hier richtig ein Fass aufmacht, nehme ich ihr den Wind aus den Segeln. »Ich habe Burger gemacht, es sind noch welche für euch übrig. Also, schlagt zu!« Meine ernsthafte Begeisterung lässt Beas puterrotes Gesicht zu einer weichen Miene schmelzen. »Denkst du eigentlich immer nur ans Essen?«, fragt sie dennoch, milder gestimmt.

»Wo uns Männern doch nachgesagt wird, wir würden immer nur an das Eine denken – an Sex. Entweder, oder …«, grinse ich sie an.

Bea schmunzelt, fast ein bisschen verlegen. Ich habe sie wieder auf meiner Seite. Aber von den verbrutzelten Fleischfladen will sie dennoch nicht kosten.

Und ich soll gefälligst aufräumen und abspülen, aber pronto!

Bea ist auf ihrem Besen wieder in ihr Hexenhäuschen gerauscht. Ich wollte ihr von meinem ersten Arbeitstag berichten, aber sie hatte bereits mit Hajo telefoniert.

Marie hilft mir beim Abtrocknen.

»Mann, Mann, Mann«, sage ich und reiche Marie das gespülte Besteck. »Kein Wunder, dass ihr Ex auf und davon ist. Bea hat einen ausgeprägten Kontrollzwang. Behandelt sie nur mich wie ihren kleinen Bruder oder macht sie das auch bei euch?«

Marie wiegt den Kopf. »Schon auch, aber bei dir ist es extrem. Sie mag dich halt.«

»Komische Art, das zu zeigen.«

Die Bratpfanne ist wirklich eklig, als ich nach der Scheuerwolle greifen will, schreit Marie: »Nicht, die ist beschichtet.«

In einem unbeobachteten Moment schiebe ich die schmutzige Pfanne in den Backofen. »Wie war eigentlich dein Date mit diesem, wie hieß er doch gleich …? Jan?«

»Das war doch kein Date. Ich war vor der Arbeit mit Jan im Wald. Jan fehlen auf seiner Liste über alle Vögel, die er in diesem Jahr gesehen hat, noch ein paar Exemplare, die vor oder kurz nach dem Sonnenaufgang zwitschern. Er hat auf den Trauerschnäpper, den Baumpieper, die Blaumeise und die Heckenbraunelle gehofft. Wir haben aber nur die Blaumeise gehört.«

Sag mal, die verarscht mich doch? Baumpieper und Trauerschnäpper. Welcher Typ geht denn mit einer steilen Maus wie Marie in den Wald und lauscht, ob ein Vogel im Baum zwitschert. Entweder lachen die sich heimlich schlapp über mich oder Vögler-Jan ist wirklich so ein Depp. »Und was ist mit dem Zilpzalp?« Dieser Begriff hat sich mir von Jans letztem Vortrag ins Gehirn gemeißelt. Und immerhin will man punkten, wo man kann.

»Oh, du kennst dich auch ein bisschen aus?«

»Ne, aber du hast mir davon erzählt, und wenn *du* mir was erzählst, höre ich natürlich zu.« Meine Augen senden Sonnenstrahlen.

Marie sortiert das Geschirr ein. »Du interessierst dich ehrlich für Vögel?«

Nein, meine Süße, nicht die Bohne. Vögel mag ich auf dem Grill. Interessieren tue ich mich nur für dich.

»Und wie!«

»Warum gehst du dann nicht einfach mal mit …«

»Au ja!«, rufe ich.

»… mit Jan und mir in den Wald.«

Ein Dreier? Na, ich kann mich beherrschen. »Sorry, aber ich muss so bald raus, um in Hajos Fischladen zu arbeiten, da wird wohl nichts draus.«

»Aber doch wohl am Sonntag?«

»Öh …« Verdammt, da will ich auspennen. Aber wenn ich dem Vögler beim Angraben von Marie auf die Finger schauen kann, sollte es mir das frühe Aufstehen wert sein.

»Ach entschuldige, ich vergaß, du gehst ja sonntags in die Kirche.« Marie ist ganz geknickt.

Da habe ich es wieder, wenn man einen Scheiß erzählt beziehungsweise lügt, kommt die Strafe postwendend ins Haus geflattert, schneller und gebündelter als die Pizza-Lieferservice-Flyer einer Woche zusammen. Da hilft nur eins: weg vom Thema.

»Der Jan hat wohl ein Auge auf dich geworfen.«

Marie läuft rot an, was mich ärgert. Das hat der Dummzwitscherer doch gar nicht verdient. »Meinst du? Ehrlich?«

Sie macht sich Hoffnung auf den Kerl!

Der Trottel ist ja noch dämlicher. Er muss das doch merken! Da trampelt er mit ihr durch Hain und Forst, anstatt die göttliche Marie schick ins Restaurant oder auf ein Wellness-Wochenende einzuladen – Vollhorst!

Die Haustür wird aufgeschlossen. Raschelnde Gegenstände plumpsen auf den Boden, Schuhe werden von den Füßen geschleudert, eine Jacke fliegt an den Kleiderhaken, fällt aber wieder herunter.

»Ich habe ihn wiedergesehen!«, platzt Feli wie ein unerwünschter Hustenanfall in unser Gespräch. »Er sieht so verdammt gut aus.«

»Wer?«, fragen Marie und ich wie aus einem Munde.

Macht sich jetzt der nächste Schweinehund an eine meiner Frauen ran?

»Na, *er.*«

»Hat ER denn keinen Namen?« Da sagt man immer uns Männern nach, wir würden ungeprüft alles abgrasen, was sich uns bietet. Nach dem Namen frage ich meine Verabredungen allemal. Okay, bei meinen Kontakten im Handy steht schon auch:

Blonde mit Arschgeweih
Blonde aus dem Club
Maus aus der Tanke
Lea Wodka-Wettsaufen
Lea Agentur Papa
Knackarsch von gegenüber
und so.

Aber nur, weil die mir ihre Handynummer sprichwörtlich aufgedrängt haben. Und man will ja auch nicht unhöflich sein.

»Na, Mensch, ich habe es doch erzählt …! Wir haben letzte Woche eine Tasse Kaffee bei Tchibo in der Mittagspause miteinander getrunken«, sagt sie so, als würden wir an nichts anderes denken müssen. Feli steht genauso unter Strom wie Maries Blut in Wallung gerät, wenn Vögler-Jan ins Gespräch kommt.

Bei Tchibo, wow, auch wieder so ein Wahnsinns-Date. Der eine schleift die Angebetete zur Vogelgezwitscher-Belauschung in den Wald, der andere ins Stehcafé.

»Na, jedenfalls habe ich ihn heute in der Fußgängerzone wiedergesehen.« Sie kraust die Stirn, blickt sich um. »Was stinkt denn da so?«

»Meine Füße sind es nicht!« Der Zwiebel- und Fleischgeruch hat sich anscheinend in die Tapete gefressen.

»Ich habe Burger gemacht, wenn du Bock hast, es sind noch welche da.«

Feli verzieht das Gesicht in erschreckende Falten. Was denn? Hab ich was von »Kakerlake Müllerinart« gesagt?

Feli nimmt einen Joghurt, meine weiteren Basics mit Verachtung strafend, aus dem Kühlschrank. »Du weißt doch, Basti, dass ich auf Diät bin.« Da gefriert ihr Gesicht. Bei ihrer moralinsauren Miene kommt mir fatal plötzlich Kathi in den Sinn.

Shit, ich darf nicht vergessen, die Rechnung zu überweisen!

»Fruchtjoghurt! Das hat massig Kalorien!« Sie hält den Becher von sich weg.

Obst – Kalorien? Obst ist gesund.

»Sahne-Fruchtjoghurt!«, steigert sie sich hinein.

Joghurt – Milchprodukt – auch gesund, oder nicht?

Die WG und ich, wir leben essenstechnisch in völlig anderen Welten.

Das stellt auch Feli fest. »Du Glücklicher, dein Essen hat keine Kalorien.«

Feli zeigt mir ein höchst interessantes, aufgedrucktes Kästchen auf der Rückseite der Lebensmittelverpackungen. War das schon immer da? Energie, Fett, Kohlenhydrate, Zucker, Eiweiß und so sind da aufgeführt. Ist ja putzig! Und darauf schauen Frauen?

»Studiert ihr die Inhaltsstoffe auch so gründlich? E 10, E 105, E-Blabla?«, will ich wissen.

Das werde mehr überflogen, müssen Feli und Marie einräumen. Aber wer blickt schon auch durch, was E 322, E 339 und E-Blabla ist?

Faszinierend, die Welt der Frauen, kann ich nur immer wieder sagen. Die Kalorien sind mir nach wie vor wurscht, aber im Handy schaue ich mir ganz genau an, welchen chemischen Dreck ich mir da seit Jahren reinziehe. Nach den ersten Stichproben müssen wir eingestehen, dass womöglich meine gebratenen Leichenteile noch am wenigsten mit irgendwelchen Zusatzstoffen belastet sind. Es lebt sich manchmal leichter, wenn man das Kleingedruckte nicht liest.

»Nun erzähl doch mal weiter von deinem Dschungel-Boy«, fordere ich Felicia auf.

»Tchibo, nicht Dschungel, aber, ach, na ja … mehr gibt es nicht zu erzählen«, behauptet sie, aber ihr Gesichtsausdruck ist merkwürdig, meine Socken haben nichts damit zu tun.

BOMMERLUNDER UND
KARTOFFELGEMETZEL

Marie geht in ihr Zimmer. Feli bleibt beharrlich am Küchentisch sitzen. Ich kenne diese Art von lauerndem Warten von Kathi, sie war eine Meisterin des lauten Schweigens.

Bei ihr habe ich es stur ignoriert. Das war nicht einmal böswillig, aber bequemer. Ich versuche, mich zu bessern.

»Na, erzähl mal, was treiben Tchibo-Boy und du am Wochenen…«

Sie fällt mir sofort ins Wort. »Ich versteh es nicht. Er ruft einfach nicht an.«

Der Kaffee-Seppl?

»Ich denke, ihr habt euch heute gesehen, warum habt ihr nicht gleich ein Date klargemacht?«

»Ich habe ihn ja nur aus der Ferne gesehen.«

»Wie aus der Ferne?«

»In der Fußgängerzone. Er war gut fünfzig Meter entfernt, aber ich habe ihn gleich unter den Menschen entdeckt und gerufen und gewunken. Und er hat auch gewunken, ist dann aber in eine Seitenstraße abgebogen.«

»Das ist nicht dein Ernst?« Ich verkneife mir ein Lachen. Ihr Verhalten erinnert mich an die Zeit, als wir uns im Unterricht Zettelchen zuschoben: Willst du mit mir gehen?

Sie schaut an die Decke. »Na ja, vielleicht hatte er keine Zeit wegen seines Jobs. Er ist Abteilungsleiter in der Kfz-Schadenabteilung bei der *Globalstern*-Versicherung.« Zuckt mit den Schultern. »Wer weiß.«

Den Zusammenhang verstehe ich nicht, Abteilungsleiter sein und sich in der Fußgängerzone vor einer Frau vom Acker zu machen – was anderes hat der Lutscher doch nicht getan. Und fast bin ich dankbar für den Fisch-Job. Versicherung klingt ziemlich nach eingeschlafenem Turnschuh. Um bei Feli nicht wieder in ein Fettnäpfchen zu treten, schlucke ich das jedoch hinunter. »Aber am Feierabend könnte er dich doch anrufen.«

»Er macht unheimlich viele Überstunden.«

»Das hat er dir alles bei einer Tasse Bohnenkaffee verklickert?« Der schickt ja schon im Vorfeld voraus, dass er keine Zeit für sie hat.

»Vielleicht war er auch bei seinen Eltern übers Wochenende.«

»Wo wohnen die? In der Mongolei oder im Bayerischen Wald, wo man schwer ein Netz kriegt?«

»Das habe ich doch nur so geraten, das mit den Eltern.«

»Er hätte dich trotzdem anrufen können«, beharre ich darauf, denn ihre Begriffsstutzigkeit ist unglaublich.

Doch, aha, es ist etwas durchgesickert, denn sie guckt mich misstrauisch an. »Was willst du mir eigentlich sagen?«

»Hör mal, Feli, ich meine es ja nur gut mit dir ...« Jetzt klinge ich schon wie Mama Bea. »Ein Kerl, der scharf auf eine Frau ist, ruft an! Sofort! Ständig! Der lässt nicht locker. Im Gegenteil, je lockerer du lässt, desto mehr will er dich haben. Glaub mir.«

Als ich heiß auf Kathi war, habe ich sie mit Anrufen und Nachrichten nur so bombardiert. Ich bin sogar mit Blumen

118

bei ihr aufgekreuzt, ich hab ihr auf eine Serviette ein Gedicht geschrieben:

Kathi, ich hab dich lieb, so zum Fressen gern.
Mein Herz umkreist dich wie ein elliptischer Stern.

Okay, unschwer zu erraten – ich hatte einen Zacken in der Krone. Mensch, ich hatte mir extra Mut angetrunken, um ihr meine Gefühle zu Füßen zu legen. Für mich Emotions-Amöbe kommt dies einem Heiratsantrag nahe. Kathi hat nur nie gecheckt, dass ich sie sehr wohl liebhabe, mir aber dieses Romantikgesülze einfach nicht liegt. Aber ich glaube, das Servietten-Gedicht hebt sie irgendwo heimlich auf. Auch das Stofftier, das ich bei einer Wohltätigkeitstombola für sie erlost habe, hat sie bis heute auf dem Nachttisch neben dem Bett stehen. Es waren fünfundzwanzig Lose nötig, bis ich den Wackelohr-Elefanten, der ihr so gefallen hat, gezogen hatte. Um mich in ihr Herz zu stehlen, hätte ich, wenn nötig, Steinchen an ihr Schlafzimmerfenster geworfen und mir notfalls einen Zahn ziehen lassen in der Praxis, in der sie als Arzthelferin arbeitet.

So viel dazu, wozu ein Kerl fähig ist, wenn er liebt!

Sogar der unromantische Basti mit seinem hohen Gefühlsschutzfaktor.

Fragende Rehaugen. »Du meinst, er hat gar kein Interesse an mir?«

Ich zucke andeutungsweise mit den Schultern, gepaart mit leichtem Kathi-Kopfnicken. »Wir Mädels müssen doch ehrlich zueinander sein, oder?«

Ja, schon, sagen ihre Augen. »Aber da ist doch auch noch ein bisschen Mann in dir drin, und der meint, *er* will mich nicht?«

Panik überflutet mich. Was, wenn sie nun zu weinen anfängt?

Diese Mädchenheulerei ist absolut nicht mein Ding. Ich bin kein Tröster. Wir können einen miteinander saufen, aber zum Tränentrocknen bin ich nicht geboren.

»Bist du sicher, dass *er* das in der Fußgängerzone war?« Verzweifelte Rettungsaktion.

Sie nickt kläglich.

»Warum ist er dann nicht zu dir gekommen? War wohl nicht so toll, euer erstes Date?«

»Es war kein Date – in diesem Sinne. Eigentlich wollte ich mir nur eine Silikon-Kuchenform in Mintgrün kaufen, da sah ich ihn dort stehen. Er suchte bei den Ringelshirts nach seiner Größe. Wir haben uns angelächelt.«

Ich stehe wieder völlig auf dem Schlauch. Die Menschen shoppen in einer Kaffeerösterei Klamotten und Backformen?

»Wow, was für blaue Augen, dachte ich«, fährt Feli fort. »Ich steh voll auf blaue Augen. Dann hat er sich eine Tasse Kaffee geholt und ich mir auch. Ich habe mir ein Herz genommen und mich neben ihn gestellt. Wir sind sofort ins Gespräch gekommen. Ach, Basti, es war so herrlich, ich konnte mit ihm über alles reden, fast so wie mit dir.«

Sie drückt hoffnungsfroh die Schultern durch. »Vielleicht hat er den Notizzettel mit meinem Namen und der Handynummer verloren?« Große Augen warten auf eine positive Nachricht.

Für mich ist die Sache klar. Der Typ will in der Mittagspause nur in aller Ruhe einen Kaffee trinken (und ein Ringeldingsbums kaufen). Dabei quatscht ihn eine heiße Braut von der Seite an. Er flirtet ein bisschen, ist ja recht anregend in der Pause. Sie drückt ihm ihren halben Lebenslauf aufs Auge; er verrät ihr allerdings nicht einmal seinen Namen. Ich bitte euch! Wahrscheinlich ist der Kerl verheiratet und hat drei Kinder. Und dann noch ein Versicherungsfritze – Mädel, lass die Finger weg!

In stark abgemilderter, aber eindeutiger Form verklickere ich das Feli auch so. »Vergiss ihn, er steht nicht auf dich! Sorry, aber es ist so.«

Felis Mundwinkel sacken nach unten. »Kacke, jetzt kann ich die Kuchenform nicht umtauschen, die Farbe schaut scheiße aus. Auf dem Kassenbon hatte ich meine Handynummer notiert.«

Sie beugt sich zu mir herüber und gibt mir einen Kuss auf die Wange. »Ich bin so froh, dass wir dich haben, Basti. Du bist nicht so ein Schwein wie die anderen Männer.«

Ich schleiche in mein Zimmer und überweise Kathi den Betrag für die Autowerkstatt und das, was ich noch übrig habe, für die angekratzte Nachbarswand. Mein Rundum-schlechtes-Gewissen bleibt. Und ich bin wieder pleite.

Mich zieht es dringend in Bennos Kneipe. Ich schütte meinem Kumpel unverzüglich mein Herz aus. Benno bleibt relativ unbeeindruckt. »Basti, Basti. Ich kann dir nur wieder die Klos anbieten. Maximal kann ich den Job um den Küchendienst erweitern, obwohl wir beide wissen, dass du zwei linke Hände hast.« Benno legt die Unterarme über Kreuz, sodass die Daumen in die verkehrte Richtung weisen.

He, he!

»Kartoffeln schälen und Pommes schneiden?«, hinterfragt er meine gastronomischen Kenntnisse.

»Ich habe heute spitzenmäßige Hamburger gebraten. Die Mädels waren aus dem Häuschen.« So oder so.

»Na, von mir aus, geh nach hinten in die Küche. Heute kümmerst du dich um den Abwasch. Es sind noch ein paar Kartoffeln in der Kühlung, an denen kannst du schon mal trainieren.« Benno hat ein Geschirrtuch über die Schulter geworfen.

Homer hockt neben mir und pennt über seinem Bier ein. Ansonsten steppt in Bennos Kneipe der Bär. Ich würde auch lieber ein paar Biere zischen, ich bin hundemüde, und morgen muss ich zeitig raus. Aber ich brauche die Kohle. Vielleicht gibt er mir ja auch einen Bonus für beratende Tätigkeiten wie den Tipp: »Warum kaufst du sie nicht gefroren bei Aldi?«

»Ich *kaufe* die Pommes normalerweise im Supermarkt! Ich lasse dich die Kartoffeln schälen und schneiden, damit du einen Job hast, Depp! Das ist ein Freundschaftsdienst, kapierst du? Wenn ich wüsste, dass ich irgendwann das Geld von dir wieder zurückbekäme, würde ich es dir ja einfach leihen. Aber ehrlich, Basti, mit Zuverlässigkeit bist du nicht gerade gesegnet.«

Homer schlurft mir in die Küche nach, latscht in den Saum seiner Jeans, die mittlerweile in Fransen hängt. Er trägt ein ungebügeltes, kariertes Altherrenhemd, seine Frisur ist so gesehen schon längst keine mehr. Er bräuchte dringend eine Freundin, vielleicht würde er sich dann nicht so gehen lassen. Eine Schande ist das mit ihm. An sich fahren die Frauen auf ihn ab, früher zumindest. Er ist so ein richtiger Brad-Pitt-Typ gewesen (na ja, so 'ne Schmalzlocke halt), ohne dabei den Finger krummzumachen. Irgendwann zwischen zwei chaotischen Beziehungen ist das wohl auf der Strecke geblieben.

Ich reiche ihm die Spülbürste, er betrachtet sie wie einen ekligen Fremdkörper, gibt sie mir zurück.

»Erzähl mal von deinen Weibern, hast du schon eine flachgelegt?«

Ich könnte ihm jetzt DIE Story hinfahren. Aber das kommt mir mies gegenüber den Mädels vor. »Es ist anders«, erwidere ich nur. Dass ich den warmen Bruder mime, geht ihn nichts an. Geht niemanden etwas an.

»Wie, anders? Sag nicht … eh, Alter. Sag nicht, das sind Lesben?«

»Nein, das verstehst du nicht. Wir sind eine WG …«

»Eben! Und da wird gevögelt auf Teufel komm raus!«

»Sie sind in festen Händen. Die eine hat was mit dem Bruder meines neuen Bosses, die andere ist so gut wie mit einem Versicherungsfritzen zusammen und die dritte geht mit einem … ähem, Waldmeister aus.«

»Na und?!«

»Homer, reg mich nicht auf! Ich bin mit Kathi zusammen.«

Er schiebt sich eine ungewaschene Strähne hinters Ohr. Homer könnte sich wirklich mehr pflegen, das alte Ferkel.

»Ehrlich?«, ächzt er mit diesem Unterton: *Da habe ich aber schon ganz andere Sachen gehört.*

Aber mehr ist aus ihm nicht herauszukriegen. Und schon nagt und bohrt es fies in mir.

Hat Kathi einen anderen?

Muss ich mir Sorgen machen?

Was labere ich eigentlich für einen Stuss? Bei »meinen« Mädels spiele ich den eifersüchtigen Gockel, wenn sich ein Mann ihnen (zu Recht) nähert. Die gleichen Gefühle keimen auf, wenn ich Kathis Liebe zu mir in Gefahr sehe. Liebt sie mich denn überhaupt noch? Und was tue *ich* dafür?

Homer kratzt sich am krautigen Bart. »Oder willst du bloß nicht teilen, dein Drei-Maderl-Haus? Die packst du doch gar nicht allein, du Strolch. Ich komm dich mal besuchen zum Schnecken-Checken.«

Das blanke Entsetzen steht mir im Gesicht – bloß nicht!

Eines steht für mich fest, diesen ungepflegten Holzklotz lassen wir bei uns nicht rein!

Manchmal blitzt da etwas sehr subtil in mir auf, etwas Feminines, das doch früher nicht da war.

Benno schaut in die Plastikschüssel. Ich habe den Eindruck, er möchte sich die Augen reiben. »Was ist das?«, fragt er und rührt mit dem Zeigefinger in meinem vielleicht künstlerisch wertvollen, aber kulinarisch unbrauchbaren Kartoffelgemetzel herum.

»Pommes«, antworte ich.

»Und das Rote?«

Er spendiert mir dennoch ein Bier, Homer mir ein zweites, eine vollbusige Mütterliche, die zu Besuch bei Bennos Ische ist, ein paar Runden Bommerlunder, den ich zwar nicht ausstehen kann, der sich eisgekühlt aber wunderbar hinter die Binde kippen lässt.

Grete, Elvira oder Heidi, ich kann mich nicht so genau an ihren Namen erinnern, könnte auch Gabi sein, begleitet mich zu vorgerückter Stunde zur Bushaltestelle, die näher liegt als meine geliebte Straßenbahn.

Sie hakt sich bei mir unter, und weil so ein lauer Abend ist und mich dieser Bommerlunder so herrlich knülle gemacht hat, latschen wir im Seemannsgang die Hauptstraße entlang. Ich höre mich grölen: »Hou-hou-hou und 'ne Buddel voll Rum!«

Grete-Elvira-Heidi, es könnte auch Gabi sein, sagt zu dem höchst misstrauischen Busfahrer (»Der kotzt mir doch hoffentlich nicht in den Bus!«), er soll mich in der Nähe der Kunigundenstraße rausschmeißen. Sie zahlt sogar die Fahrt für mich, flüstert mir ins Ohr: »Wenn du mal wieder einsam bist, ruf mich an.« Sie steckt mir ihre Telefonnummer auf einem Stück Bierdeckel in die Arschtasche meiner Jeans. Vielleicht macht sie mich auch nur plump an.

Ich höre mich selbst schnarchen, da schreit der Busfahrer: »He, Sie! Aussteigen! Kunigundenstraße.«

Ich gehorche. Taumle aus dem Bus. Stehe auf wackligen Beinen, so fremd alles ringsum.

Keine Ahnung wie, aber ich schaffe es tatsächlich bis zu unserem Haus. Hab ich einen Lack!

Hoffentlich sind sie schon im Bett. Ich kann mich unmöglich so blicken lassen. Ich will ungern mein Saubermann-Image aufgeben: Basti ist kein Säufer, Basti ist ein Lieber.

Ich hole ein paar Mal tief Luft, reiße die Augen auf und peile das Schlüsselloch an, das zu mehreren Bildern verschwimmt. Die Tür wird aufgedrückt. Auf die alte Schachtel von oben ist einfach Verlass.

»Danke!«, schreie ich und stehe plötzlich vor Ken.

So besoffen kann ich gar nicht sein, dass ich den Arsch nicht auf Anhieb erkenne. Der schon wieder!

»Servus«, grummele ich, will mich an ihm vorbeischieben.

»Was hast du hier eigentlich dauernd zu suchen?«, fragt er und hält mich am Ellbogen fest.

Was-geht-den-das-an? Ich kann niemals so besoffen sein, um diesem arroganten Heini meine Lebensgeschichte zu erzählen. Denn wenn ich ihm von der WG berichte, erfährt es postwendend Kyra und die petzt es brühwarm Nicola und der dummen Schlumpf…, Schumpf…, Sumpfkröte gönne ich den Triumph nicht: Ach schau an, die Kathi hat ihn endlich rausgeworfen!

Das einzig Gute wäre, auch Marc bekäme endlich mit, wie sauschlecht es mir geht. Während er sich auf dieser Kukuruz-Insel vergnügt.

»Und du?«, knurre ich zurück, und zwar so aggressiv, dass Ken fast ein wenig kleinlaut antwortet: »Ich wohne hier.«

Ach du dicke Scheiße!

Von nun an muss ich höllisch aufpassen, denn die Mädels dürfen auf keinen Fall von diesem Dödel erfahren, dass ich nicht schwul bin. Aber noch viel dringender gilt es zu vermeiden, dass der Flachwichser meint, ich SEI schwul!

Und bevor er wieder auf meine Wohnsituation zu sprechen kommt, bohre ich weiter: »Und Kyra?« Dabei kann die Trulla verschrumpeln und vermoosen, mir egal.

»Ihr geht es gut. Nicola und Marc übrigens auch.«

»Sind die zurück von ihrer Karaoke-Insel?!« Was? Ein Hoffnungsschimmer blitzt an meinem Verzweiflungshorizont auf. Marc ist wieder da. Aber wieso weiß ich das nicht?

»Die Insel heißt übrigens Curaçao und wir haben telefoniert. Es geht ihnen blendend.« Er rempelt mich kumpelhaft an. »Wahrscheinlich machen die gerade Babys. Nicola redet von nichts anderem mehr, meint Kyra.«

Wie kommt der Depp auf so einen Scheiß? Warum erzählt er mir das? So blöd wird Marc doch nicht sein – auch noch Kinder mit *der* zu zeugen?

Ken strahlt, als er mein entsetztes Gesicht sieht.

»So schnell endet eine Männerfreundschaft«, feixt er.

Prostata erst im Rentenalter

Meine Bommerlunder-Seligkeit ist mit einem Schlag dahin. Im Gegenteil, ich möchte jetzt gern ein wenig stänkern. Doch als ich auf Zehenspitzen in die Wohnung schleiche, höre ich Marie und Feli kichern, und meine blöde Laune löst sich in feinen Sprühregen auf. Soll Marc doch so einen kleinen Windelscheißer in die Welt setzen! Was ich hier habe, ist viel schöner.

Ich atme in die hohle Hand. Bedarf meine Fahne eines Pfefferminzbonbons? Da schiebt sich von hinten Bea mit mir in die Wohnung. »Hat dich ein Freund nach Hause gebracht?«, zwitschert sie.

Bespitzelt die mich?

Schwups ist die Stänkerlaune zurück. »Na, dann hast du sicher auch gehört, über was wir uns unterhalten haben?«

Sie formt einen empörten O-Mund. »Woher denn? Denkst du, ich habe euch belauscht?«

»Haste nicht?« Ich versuche, ein zu der Lage passendes Gesicht zu schneiden, was mehr nach einem Gesichtskrampf aussieht. »Dann will ich es dir verraten: Wir haben uns übers Kindermachen unterhalten!«

Wir sind im Wohnzimmer angekommen. Marie strahlt glückselig. »Ehrlich, Basti? Das ist ja sooo toll! Hast du dich mit deinem Freund wieder versöhnt? Mensch, bring den doch mal mit!«

»Der stand vor unserer Tür und …« Bea schluckt den restlichen Satz hinunter, als sie mein bitterböser Basti-Blick trifft.

Dafür entkorkt sie eine Flasche Weißburgunder und schenkt für uns Mädels ein.

Feli greift süchtig nach ihrem kalt beschlagenen Glas. Alkohol steht anscheinend nicht auf ihrer Kalorientabelle, der Kalorienzähler ist eine ihrer Lieblings-Apps.

»Weil wir gerade bei diesem Thema sind«, Bea hält das Glas gegen das Licht. Schaut sie nach, ob eine Fliege darin ihren Freischwimmer macht? »Wir haben noch einmal beratschlagt, ob dich die Mädels nun in ihrer WG – und in meiner Wohnung – aufnehmen oder nicht.«

Wie? Die sind noch am Beratschlagen? Ich habe mich doch längst etabliert, meine Unterhosen kreisen in der Waschmaschine neben ihren Slips, ich habe meine Fleischwurst in ihrem vegetarischen Kühlschrank geparkt und vor allem – unterdessen teilen wir Freud und Leid miteinander wie ein altes, eingespieltes Ehepaar.

»Und?«, forsche ich ausdruckslos. Rekapituliere aber, ich hätte Bea vorhin nicht so anschnauzen sollen. Habe ich die Toilettenreinigung heute nicht etwas schleifen lassen? Hätte ich Feli mehr Mut in Bezug auf den Tchibo-Boy zusprechen müssen? Und warum mische ich mich in die Beziehung von Marie und Vögler-Jan ein?

Ich will hier nicht ausziehen!

Bea trinkt und kostet den Schluck Wein, eigentlich sieht es so aus, als würde sie mit Mundwasser die Zähne spülen. Ihr Urteil zieht sich quälend hin.

Feli mischt sich lachend ein: »Also echt, Bea. Wir haben doch schon längst entschieden.« Sie tippt sich aufs Herz. »Hier drin. Die anderen Mädels, die sich beworben haben, waren doch echt so richtige Zicken.«

Da sehe ich meine Chance. »Nur um das zu untermauern: *Ich* bin keine Zicke!«

Bea strahlt nun unversehens. »Wissen wir doch, Basti. Und darum haben wir auch beschlossen, dass du bleiben kannst.« Gleich schimmert wieder die argwöhnische Bea durch. »Selbst wenn du ein Mann bist, so oder so.«

Ne, sie traut mir immer noch nicht. Was für ein kluges Kind!

Mein Kater hängt mir wie ein schwarzes fettes Tier mitten im Gesicht. Womöglich hockt ein weiteres Vieh direkt hinter dem Frontallappen meines Gehirns und stemmt sich mit aller Gewalt gegen meine Schädeldecke. Mein Atem stinkt nach Bommerlunder.

Marie hat mich geweckt. Ich stehe regungslos unter der heißen Dusche, bis ich mit dem Kopf gegen die gekachelte Wand stoße. Ich bin krebsrot im Stehen eingeschlafen. Nur mit dem Handtuch um die Lenden tappe ich in die Küche. Beim Geruch der gebratenen Eier und aufgebackenen Burger kommt mir fast der gesamte vergangene Kneipenabend hoch.

Wie kann Marie nur immer, *immer, immer, immer* gut gelaunt sein?

»Du musst mich nicht jeden Morgen wecken«, quäle ich aus meinem sprechunlustigen Mund heraus. Hebe mühselig die Lider wie ein Sterbender.

»Ist doch kein Problem, Basti. Ich wollte sowieso zeitig raus.« Sie schiebt mir ihre Flexi-Fahrkarte über den Küchentisch zu. Ab heute bin ich ein Großer, Bea fährt mich nicht mehr.

Das soll nicht heißen, dass ich plötzlich ihr Vertrauen gewonnen habe. Sie hat einfach keinen Bock, mich weiterhin zu kutschieren.

Marie summt ein Liedchen. Ach, daher weht der Wind. Schneewittchen trifft sich mit Vögler-Jan. Daher diese Hochdruckwetter-Stimmung. Ist es nicht so?

»Lauschst du wieder dem Zilpzalp und der gefiederten Beutelratte?«

»Hm-hm«, macht sie bloß, grinst verklärt an mir vorbei, ohne die gefiederte Beutelratte zu korrigieren. Was sie bloß an dem lahmen Schnäbelheinrich findet?

Die Busfahrt ist ein Desaster. Womöglich ist es derselbe Busfahrer von gestern Nacht, oder ich habe mich bereits unrühmlich in der Busfahrer-Gilde herumgesprochen. Er kann mich jedenfalls auf Anhieb nicht ausstehen. Meine Frage nach dem Großmarkt handelt er mit gemurmelten und halb verschluckten Brocken ab, die wohl Buslinien und Haltestellen beinhalten sollen. Mir helfen sie nicht weiter. Das sollte man mal den städtischen Verkehrsbetrieben melden. Stelle sich nur einer vor, einer unserer vielen japanischen oder amerikanischen Touristen erkundigt sich nach dem Weg und erhält dann dieses patzige Wortgestöpsel. Da stehen wir aber schön unhöflich da, die Germans.

Ich befrage andere Mitreisende, steige aus und um. Fahre wieder zurück. Steige um und ein und aus. Für den Großmarkt ist es unterdessen längst zu spät. Ich schippere direkt zu Hajos Laden.

Er lässt die Ohren hängen, was aber nicht an mir liegt. Denn ich greife direkt wieder bei den Tomatensteigen zu und bringe ihm einen Espresso. Meinen Arbeitseifer quittiert er mit einem dankbaren, aber welttraurigen Lächeln. Hajo hat den totalen Blues.

Er spürt das Alter. Morgens ist er total steif im Kreuz. »War früher woanders«, lacht er bitter. »Bei feuchtkühlem Wetter zieht es in den Knochen, beim Treppensteigen keuche ich wie ein schlachtreifer Gaul, mein Bauch ist schlaff.« Bekanntlich ja nicht nur der. Hajo ist der Gott der Selbstkasteiung.

»Und dann diese Falten, Basti. Wo ich doch immer brav *cräme* und *cräme*.« *Crämen* sagt er, mit Ä.

»Hier guck mal!« Er hält mir sein Gesicht hin. Deutet mit der Fingerspitze da und da und da hin. Ja, gut, da sind Runzeln um die Augen. Quer über die Stirn eine lange. Ich frage mich und die Welt im Allgemeinen: Haben wir Männer Probleme mit Falten? Habe ich Falten?

Aus seiner Hosentasche zieht er einen Handspiegel, überprüft erst noch einmal seine Gesichtsruine, reicht ihn mir dann. Wie albern wird das denn?

Aber um ihm einen Gefallen zu tun, checke ich meine *Krähenfüße*.

Krähenfüße, Trauerschnäpper, Baumpieper und Zilpzalp, jeder hat sein Päckchen zu tragen.

»Du hast freilich noch keine, in deinem Alter.« Hajo nimmt mir das ein bisschen übel, dennoch rät er mir dringend bereits jetzt zur Gesichtskosmetik. Q 10 oder in meinen jungen Jahren Kokosöl. Das absolute Muss derzeit. »Blankes Kokosöl für die Pfanne und für das Gesicht.«

Ich schaue ihn eine Weile ausdruckslos an, dann sortiere ich wortlos die gelieferten Kaffeebohnen ins Regal. Manchmal habe ich den Eindruck, ich lebe in einem ganz anderen Universum, nicht nur als die Frauen, sondern als die restliche Welt.

Kurz vor Feierabend, also bei mir kurz vor Mittag, verspüre ich schlagartig ein schweres Bedürfnis, mit Kathi zu quatschen. Es ist so wie Heimweh, es drückt ganz arg in der Magengegend.

Aber ich rufe sie nicht an. Was habe ich Feli geraten: Wer sich rarmacht, macht sich beliebt.

Vielleicht mischt auch ein wenig Feigheit mit, darum greife ich zu den modernen Medien, denn mit einer SMS bleibt immer noch eine gewisse Distanz zum Gesprächspartner. Leider schlummert kein Rilke oder ein Hölderlin in mir … Und der elliptische Stern funkelt nur ab einer gewissen Promillezahl.

Ich tippe:

Ich habe das Geld überwiesen, ist es angekommen?
Kathi: *Ja, die Rechnung ist bezahlt.*
Ich: *Super. Könnte ich ab und zu den Wagen ausleihen?*
Kathi: *Geht's noch?*
Ich: *Ich hab einen neuen Job, nur deswegen.*
Kathi: *Nimm den Bus!*
Ich: *Mache ich, ist aber doof. Verfahre mich dauernd.*
Kathi: *Bedauer, bedauer. ;-)*

Ich stecke das Handy weg, mir geht es gut.

Wir reden wieder miteinander.

Sie meldet sich sogar noch einmal! Die Karten werden wieder mehr zu meinen Gunsten gemischt, ist es nicht so?

Kathi: *Hast du eine Bleibe gefunden?*

Aber jetzt mag ich mal nicht, schalte auf stur. Schreibe:

Ja, ich bin wo untergekrochen.

Außerdem soll sie nicht auf die Idee kommen, mich besuchen zu wollen. Dann fliege ich ja auf. Wenn sie mich schon nicht bei sich wohnen lässt.

Ich habe das Handy noch in der Hand, da ruft Benno an. René, einer unserer Kneipenkumpels, liegt im Krankenhaus.

Homer und er besuchen ihn am Nachmittag, ob ich mitwill. Dummerweise frage ich nach dessen Gebrechen.

»Prostata-Sache, ich habe vorsichtshalber nicht weiter nachgehakt«, berichtet Benno.

Was mit der Prostata? In Renés Alter? Wie viel älter ist er als wir? Zehn, fünfzehn Jahre? Was kann denn da schon mit der Prostata sein? Nein, ich will es auch nicht wissen. Leiden in der südlichen Region hebe ich mir für später auf, Rentenalter oder so, wenn da unten eh langsam Essig wird oder ganz der Ofen aus ist.

Hätte ich bloß nicht gefragt!

Irmi, die in Bennos Kneipe mehr abhängt als sonst wo und jeden von uns unter den Tisch trinken könnte, ist geschminkt bis zum Abwinken. Sie dürfte Mitte vierzig sein, *don't know*, ihr Alter ist für uns tabu. Da sie sich in jeden Sonnenstreifen, der vom Himmel kommt, knallt, sieht sie aus wie ein zu lange am Spieß gedrehtes Grillhähnchen. Bei ihrem Faltenvorrat würde sich Hajo an ihrer Stelle vom nächsten Hochhaus stürzen. Sie hat die Figur einer Achtzehnjährigen, die sie in enge Jeans und knallige Tops presst, in dessen runzeligen Ausschnitt selbst der hartgesottenste Busen-Glotzer nicht mehr schauen mag. Sie lacht wie eine rostige Ofentür.

Warum sie sich das antut, den Hautkrebs züchten, sich anmalen wie Rosenmontag, qualmen wie ein Schlot, saufen wie ein Loch? Fragen würde sie das keiner von uns, denn Irmi hat ein deftiges Mundwerk. Aber sie ist auch eine echt gute Sau, auf sie ist immer Verlass. Sie kann Autoreifen genauso perfekt wechseln wie Babywindeln, ganze Wohnungen tapezieren und Kohlrouladen kochen, und wenn sie dich mag, schenkt sie dir ihr letztes, glitzerndes Hemd.

Wir warten vor dem Krankenhaus geduldig auf Homer, auf Bennos Geheiß hat er Blumen besorgt. Homer und Blumen … Endlich sehen wir ihn anwalzen, er trägt ein graues Jackett. Aus welcher

Altkleidertonne er das wohl hat? Sein Gang ist federnd, ganz ungewöhnlich für ihn, den Gewohnheitsschlurfer. Sein Haar weht, das Jackett auch, mit dem bunten Gesträuch in der Hand wirkt er wie ein Stenz auf Brautschau. Doch hinter ihm kommt noch jemand.

Scheiße! Mir stockt der Atem! Ich schau noch mal und noch mal. Verdammt, dicht auf seinen Fersen trabt Bea.

Ich spüre, wie mir heiß im Gesicht wird, sogar die Ohren werden rot. Die dürfen einander niemals treffen. Was mache ich?

Jeden Moment wird Bea die Hand hochreißen: Juhu!

Ignoriere ich sie? Tue ich so, als hätte ich sie nicht bemerkt? Galoppiere ich rasch ins Klinikgebäude?

»Schöner Strauß«, findet Irmi. »Nur das rote Herz sollten wir rausnehmen.«

»Bei welcher Hochzeit hast du den denn geklaut?«, lacht Benno, zieht ein Plastikherz am Stiel aus den Rosen und irgendwelchen weißen Blumen und schiebt es mir hinters Ohr.

Die anderen finden das natürlich saukomisch.

Ich bin so mit Beas nahender Ankunft bei meiner Clique beschäftigt, dass ich alles wehrlos über mich ergehen lasse.

Sie ist fast an uns vorbei, da erkennt sie mich erst. Ist Bea etwa kurzsichtig und trägt aus Eitelkeit keine Brille? Ist mir noch nie aufgefallen.

Der Blitz der Erkenntnis trifft sie. Rasch sondiert sie die Gruppe albernder Männer, checkt auch das Herz hinter meinem Ohr, das ich nicht rechtzeitig entfernen kann.

»Oh, hallo, Basti«, grüßt sie verwirrt.

»Ach, hallo, Bea, schön dich auch mal wieder zu sehen«, gebe ich nicht minder verdattert von mir.

Da bläst Benno zum Aufbruch. »Oder brauchst du noch ein bisschen?«

Homer reckt den Hals und fährt sich mit den Fingern durchs Haar.

Bevor ein dummer Spruch von ihm kommt, winke ich Bea einen Abschiedsgruß zu. »Wir müssen rein, ein Freund, die Prostata, du verstehst?«

Schon schiebe ich mich als Truppführer vorneweg durch die gläserne Tür, das Gestichel im Rücken höre ich sehr wohl.

»Hat der Schlingel doch nicht schon wieder die nächste Braut am Rennen?«

»Weiß Kathi davon?«

»Wie heißt sie denn? Hat die auch eine Schwester?«

Nur Irmis Interesse ist anderweitig: »Seit wann stehst du denn auf Magersüchtige? Aber eine schöne Handtasche hat sie.«

René sieht aus wie ausgekotzt. Grinst aber dennoch. Die strähnigen Haare kleben an seiner Stirn. In seinem Handrücken steckt eine Nadel, an seinem Bett baumelt ein gefüllter Urinbeutel. Für mich schon wieder viel zu viele Informationen.

Aber wie bei den meisten Kranken ein starker Drang danach besteht, die unappetitlichen Details ihres Leidens wie einen Wollteppich auszubreiten, legt auch unser Kumpel ungefragt mit der auswendig gelernten Aufzählung der typischen Symptome bei einer Prostata-Erkrankung los. Für den Fall … immerhin seien wir vielleicht auch einmal in der Situation …

Abnehmende Kraft des Harnstrahls, Nachträufeln, Wasserlassen in mehreren Portionen, ständiger Harndrang und häufiges Wasserlassen – unter anderem.

Das brennt sich unlöschbar auf meiner Festplatte ein, und als René von den Untersuchungen (besonders ausführlich) und der Operation zu berichten beginnt, setze ich mein »Basti-Spezial« ein, ich beame mich gedanklich einfach an einen anderen Ort. Das hat mir schon in vielen unangenehmen Situationen das Leben leichter gemacht. Ich bin nicht da, trallala …, seht ihr mich? Wie? Ich kann euch nicht hören!

Das funktioniert natürlich nicht hundertprozentig. Wortfetzen stoßen immer durch die Firewall. Und hartnäckig die ganz fiesen.

»Teilweise hat er gesprüht wie eine Gießkanne.«

Bei »Blasenkatheder setzen« reicht es mir. »Ich verschwinde mal kurz«, erkläre ich, von diesem Krankenhausmief, dieser allgegenwärtigen Mischung aus Desinfektionsmitteln, Schweißfüßen und Fleischhaschee, ist mir schon ganz schlecht. »Ich muss mal dringend pinkeln.«

»So fing es bei mir auch an!«, ruft René mir nach. »Pass mal auf, ob er nachtröpfelt.«

Panisch renne ich durch den Gang. Ich bin in der Blüte meines Lebens – bei mir ist der Schniedel noch topfit! Da tröpfelt nix, Bruder!

Ich stehe vor dem Pissoir – und kann nicht!

Abnehmende Kraft des Harnstrahls – na bitte. Es kommt nicht mal was in Portionen. Bei mir ist der Hahn dicht. Als hätte René, dieses alte Waschweib, mir mit seinem Geschwätz die Pest an mein bestes Stück gehext.

Erst Hajo mit seinem Schlappschwanz, jetzt René mit seiner Gießkanne. Haben wir Männer eigentlich kein anderes Thema? Da lob ich mir die Mädels mit ihrer Modelfigur-Besessenheit oder ihrem Tick, sich ständig die Hände eincremen (*crämen*) zu müssen. Was sehne ich mich nach unserem trauten Heim, das nach Aloe-Vera-Gurke-Gesichtsmaske und Vanille-Duftkerzen riecht. Reiscracker welcome!

Ich verlasse das Krankenhaus, nehme noch eine Nase voll Spitalgeruch und den brennenden Wunsch, mir sofort die Hände desinfizieren zu wollen, mit.

Es ist später Nachmittag unterdessen. Die Frauen sitzen bei einer Tasse frischem Ingwertee, der die Fettverbrennung anregen soll, zusammen. Wortlos gießt Feli mir eine Tasse ein. Ich weigere mich längst nicht mehr, meine Fettverbrennung ankurbeln zu lassen, vielleicht hilft die scharfe Wurzel ja auch gegen einen tropfenden Hahn.

Bea hat schon einen ganz dicken Hals. Endlich spuckt sie es aus. »Ein enger Freund von dir, der im Krankenhaus liegt?«, pirscht sie sich langsam an das heran, was sie eigentlich wissen will. Unterdessen kenne ich sie ein bisschen. Sie tut immer so überlegen, aber sie ist neugierig wie sonst noch was. Ich fürchte, insbesondere, wenn es um mich geht.

»René, ein Kumpel. Er hat sich untenrum operieren lassen.« Ich will es gar nicht weiter ausführen, wenn ich nur daran denke, zieht es mir im Schritt.

»Alles weg?!« Feli reißt beide Hände vor den Mund.

Wie, alles weg? »Äh …«, mache ich.

»Schnipp-schnapp?«, fragt Bea und fährt mit schnippendem Mittel- und Zeigefinger durch die Luft, die typische Handbewegung einer schneidenden Schere.

»Autsch!«, macht Marie. »So einen Mist hast du aber nicht vor?«

Erst jetzt sickert in mein Hirn, auf welchem Holzweg sich die Damen befinden. An sich könnte ich das jetzt ganz schnell aufklären, andererseits, warum gönne ich ihnen keine solch haarsträubende Geschichte? Die lieben wir doch alle, wenn uns wohlig die Haare am Arm hochstehen und wir für Momente froh sind, dass wir doch so sind, wie wir sind.

Ich nicke, tue verschämt, stiere auf den Boden.

»Ne, aber du willst das nicht auch tun, oder, Basti?« Feli fährt hoch wie eine Silvesterrakete, spurtet barfuß auf mich zu und nimmt mich in den Arm. Sie riecht wieder so herrlich, wie warmer Apfelstrudel. Och, das lasse ich mir doch gefallen.

»Quatsch!«, sage ich, was auch die René-Story betreffen könnte, sodass mir niemals jemand aufs Butterbrot schmieren kann, ich hätte sie beschwindelt.

»War bei den Jungs dein Freund, dein Ex dabei?«, tastet sich Bea weiter vor. Da die anderen Frauen nicht nachhaken, gehe ich davon aus, dass sie längst ins Bild gesetzt wurden.

»Nö.«

»Schade, der hätte mich mal interessiert. Zeig uns doch mal ein Foto von ihm, du hast doch sicher eines auf dem Handy.«

»Au ja!«, sind die anderen auch sofort dabei.

Meine echte Betroffenheit – wo soll ich denn ein Bild von meinem Ex herzaubern, und wenn ich ihnen einen präsentiere, muss der schon gut aussehen und darf nicht so ein Schluffi sein – lässt sie schnell verstummen. Marc käme infrage, aber sie werden ihn nach den Flitterwochen kennenlernen, und dann …?

»Alle gelöscht«, piepe ich.

»Sag mal, der blonde Dürre, der so extrem geschminkt war, ist der ein Transvestit?« Bea will es genau wissen. Nur weiß ich nicht, von wem sie redet. Erst nach sekündlicher Zeitverschiebung macht es klick!

Sie spricht von Irmi!

Ich spüre, wie ich mich vor Lachen zerreißen will, Tränen schießen mir in die Augen. Ich will mir auf die Oberschenkel klopfen. Wenn ich das den anderen erzähle! Und Irmi erst – nein, die darf es niemals erfahren.

Irmi, unsere Transe! Ich schmeiß mich weg!

Die Mädels missverstehen meinen plötzlichen Tränenausbruch völlig.

Spontan werfen sie sich mir um den Hals, knuddeln und drücken mich.

»Oh Mann, Basti, sorry. Wir sind solche Trampel!«, ruft Feli.

»Es fällt dir schwer, darüber zu sprechen.« Bea ist total zerknirscht, das hat sie nun von ihrer dusseligen Ausfragerei!

»Armer, armer Basti, ich hab dich lieb.« Marie drückt mich fest an sich. Irgendwann heirate ich sie.

Als wir uns alle wieder beruhigt haben, bemerke ich wie so nebenbei: »Sag mal, Bea, warum setzt du eigentlich deine Brille auf der Straße nicht auf?«

»Ich habe doch keine Brille, wie kommst du denn darauf?« Bea saugt die Wangen ein. »Na ja … ich sehe tatsächlich schlechter in letzter Zeit. Ich habe mir auch eine Brille gekauft, aber ich trage sie ungern … weil …«

»Du hast eine Brille?« Feli ist überrascht. »Hast du nie gesagt.«

»Wieso? Geht auch keinen was an«, pampt Bea. »Aber da sieht man mal wieder, wie aufmerksam Basti ist, der merkt das sofort.« Ihr Blick übergießt mich wie warme Schokolade. Wahrscheinlich wummert noch immer das schlechte Gewissen in ihrer mageren Brust.

Der Tag reicht mir für heute, ehrlich. Sag mal, bin ich die Telefonseelsorge? Die bei mir abgeladenen Männerunterleibs-Leiden und dieses geballte Interesse an meiner »warmen« Vergangenheit schlauchen mich total. Ich möchte die Füße hochlegen, auf dem Sofa lümmelnd die »Simpsons« schauen oder eine Doku über das Weltall, eine alte Folge von »Enterprise«, ihr wisst schon … Ein zischendes Bier, Chips aus der Tüte. Nur in der Unterhose mit T-Shirt, mit Käsesocken und ohne Gerede. Ich muss nicht dauernd unterhalten werden. So schön das kleine Vogelnest ist, so sehr ich mich im Krankenhaus nach Reiscrackern und ihrem Gezwitscher gesehnt habe, hin und wieder brauche ich auch mein altes Basti-Leben.

Ich muss mir nicht neben dem Fernsehen (Seifenoper, englische Liebesschnulze, amerikanische Liebeskomödie, egal welcher deutsche Film – Hauptsache mit Elyas M'Barek, Pathologie-Krimi, »Sex and the City« – Herrschaften, sind die vier Weiber versaut, kein Wunder, dass die Mädels auch nach zwanzig Jahren noch voll auf diese Serie abfahren!) die Fußnägel trimmen, gleichzeitig die Steuererklärung machen und dazu mit der Kollegin den schwierigen Fall aus dem Büro am Telefon diskutieren. Denn ich bin ein Mann – und ich bin NICHT multitaskingfähig.

Männer konzentrieren sich auf eines. Mehr geht nicht.

Feli zum Beispiel. Feli sagt: »Ich wasche mir mal eben die Haare.«

Sie holt aus ihrem Zimmer, nein, kein frisches Handtuch, wie sie vorgehabt hat, nein, sie bringt eine Spitzenbluse mit, an der sie längst einen Knopf annähen wollte. Sagt sie. Dann geht sie in die Küche, um den Knopf zu suchen, der irgendwo in der Obstschale liegen muss. Den Knopf hat sie da aufbewahrt, damit er nicht verloren geht. Plötzlich zischt und rubbelt es in der Diele. Feli putzt mit Glasrein den Ganzkörperspiegel – der auf dem Weg in die Küche an der Wand hängt. Dann fragt sie mich: »Soll ich deine Schuhe auch putzen?« Mit Glasrein?! Nein, natürlich nicht, aber bis ich reagiere, hat sie ein Läppchen in der Hand, mit dem sie ihre Stiefeletten blank poliert, die gewöhnlich neben dem Spiegel stehen.

Nun frage ich: »Wolltest du dir nicht die Haare waschen?«

Sie schaut mich völlig verdutzt an, unterdessen hat sie das Handtuch aus dem Schrank geholt: »Ja, aber … das mache ich doch.«

Das ist typisch Frau.

Basti geht unter die Dusche, wäscht sich die Haare, nimmt irgendein Handtuch und ist fertig.

Spiegel, Schuhe, Knopf sind ihm scheißegal.

Apropos Haare waschen. Gestern war ich mit Feli shoppen, nur kurz um die Ecke im Supermarkt. Feli brauchte ein Duschgel.

»Bringst du mir bitte eines mit?«, sagte ich. Ich bin es nämlich leid, nach grünem Apfel, Erdbeer-Rosmarin oder Buttermilch-Lemon zu riechen. Riecht lecker, aber ich laufe nicht gern als Dessert herum. Hajo kann sich gerade noch beherrschen, nicht an mir zu schnuppern.

»Welches denn?«, fragt sie entsetzt, sie will ja nichts Falsches kaufen.

»Eines für Männer.«

»Schon klar, es gibt Hunderte, welches?« Feli kaut nervös auf der Unterlippe herum.

»Wo ›Sport‹ draufsteht und das blau oder schwarz ist.« Daran orientiere ich mich immer.

Feli wird ganz nervös. »Willst du nicht lieber mitkommen?«, fragt sie völlig verunsichert.

Na meinetwegen, komme ich eben mit. Wir gehen auf das Regal mit den Duschgels im Supermarkt zu. Ich greife mir ein blaues Duschgel, wo »Sport« draufsteht und werfe es in den Einkaufswagen und gucke, was Feli treibt.

Sie steht vor dem Regal, in jeder Hand ein Duschgel. Zwei liegen bereits im Einkaufswagen. Ich beobachte sie mit gerunzelter Stirn. Gibt es da auch wieder ein Schildchen drauf mit Kohlehydraten, Fettanteil, Eiweiß und Kalorien?

»Was ist?«

»Ich hab's gleich«, antwortet Feli.

Sie betrachtet das Bild auf der Flasche. Stellt die Flasche ins Regal zurück, öffnet die andere und schnuppert daran. Stellt diese Flasche zurück, nimmt die andere wieder, schnuppert. Stellt auch die zurück. Nimmt eine Flasche aus dem Einkaufswagen, schaut das Bild an. Ich verstehe den Vorgang nicht.

»Was ist?«

»Ich hab's gleich.«

Sie öffnet die Flasche, schnuppert daran, stellt auch diese ins Regal zurück. Nimmt die Flasche daneben heraus. »Was meinst du, ob ›hautstraffend‹ wirklich was hilft?«

Ich verstehe *überhaupt* nicht, was sie meint.

»Ja«, bestätige ich. Das habe ich gelernt, ein einfaches Ja hilft oft Wunder bei den Mädels.

»Aber Melone-Hawaii riecht besser.«

141

Ja. Kathi-Nicken.

Sie nimmt die erste Flasche wieder aus dem Regal. »Joghurt-Himbeere macht aber die Haut so schön zart.«

»Lecker!«, stimme ich zu.

Feli strahlt dankbar. »Gell, findest du auch.« Stellt Joghurt-Himbeere wieder ins Regal, nimmt Pfefferminz-Keksmichmal und legt die Flasche in den Einkaufswagen. Wir fahren weiter. Ich atme auf, doch: »Ich hab's gleich!« Feli saust zurück zum Duschgel-Regal, bringt Melone-Hawaii mit.

»Was war das?«, wundere ich mich.

»Ich habe ein Duschgel gekauft. Wieso?«

»Du hast ein Problem gemacht.«

»Ich kann mich einfach nie entscheiden«, erklärt sie fröhlich.

Weil der Kauf eines popeligen Duschgels halt auch so ein Riesen-Akt ist!

»Kannst du dich denn immer sofort für etwas entscheiden?«

Meistens, ich weiß ja, was ich will.

»Wie machst du das denn, Basti?«

Ganz einfacher Tipp, meine Süße. »Weißt du, eigentlich ist es ganz easy. Dein Unterbewusstsein hat sich längst für eine Sache entschieden, da grübelst du noch immer über deine Wahl nach. Nimm einfach die Sache, die dir als Erstes ins Auge sticht, die hat dein Hirn schon für dich ausgesucht.«

»Ehrlich?« Feli ist schier baff.

»Probiere es mal aus.«

Wortlos schieben wir die Einkaufswagen nebeneinander her.

Feli geht zu den Flaschen mit den Olivenölen. Guckt. Greift sich eine Flasche, kehrt zurück. »Cool«, ruft sie. Wenn ich auch körperlich spüre, dass sie mit der Wahl des Duschgels noch immer nicht hundertprozentig glücklich ist, da sie das Etikett auf der Flasche selbst an der Kasse weiterhin ausgiebig studiert.

Männliche
Müllentsorgung

Verflixt, Hurensohn, ich glaube, ich werde langsam schleichend zur Frau. Nach dem Badezimmer-Putzen habe ich mich dabei ertappt, wie ich ohne nachzudenken völlig unbewusst (!) Maries Tiegelchen öffnete und mir die Hände *eincrämte*!

Ich muss dringend etwas Männliches tun. Den Müll runterzutragen ist ziemlich männlich, es kommt nur auf die Art und Weise an. Ich federe mit dem Müllsack nach unten in den Hinterhof zu den Mülltonnen, schmeiße den Deckel auf und schleudere den Sack in weitem Bogen hinein. Was danebenfällt, bleibt liegen. Das ist männlich.

Von oben winkt mir wieder die seltsame Hausfrau zu. Gerate unversehens in einen Handlungskonflikt. Winke ich nicht, gelte ich im ganzen Viertel als Stoffel. Winke ich, sieht sie das womöglich als Aufforderung, mich auf ein Käffchen oder Likörchen zu sich in die Wohnung zu lotsen. Ich winke zurück. Und prompt signalisiert sie mir mit ausholenden Handzeichen, als wolle sie mich in eine enge Parklücke einweisen, ich solle zu ihr hoch. Schwer von hier unten zu schätzen, wie alt sie ist, alt halt. Aber vielleicht ist sie einsam? Ich seufze ob meines schweren Schicksals, das die weibliche Seite in mir mit sich bringt – denn seit wann interessiert mich das Privatleben alter Schachteln? Ich werde Marie auf sie ansetzen, die kann so etwas besser – sich um Menschen kümmern.

Ich betrete das Haus, will schmissig die drei Stufen hoch zu den Briefkästen nehmen, da entdecke ich gerade noch rechtzeitig Ken, der seine Post umständlich herausfummelt. Ein Teil der Werbeprospekte rutscht ihm fast auf den Boden. Mein Glück.

Ich ducke mich in die Ecke, in die die Hausbewohner ihre Fahrräder abstellen. Keinen Bock auf den Labersack.

Mann, das dauert, bis der sich endlich trollt. Dann wage ich mich aus meinem Versteck, in dem Moment lässt mich eine helle Stimme zusammenfahren. »Basti, was tust du denn da?«

Beinahe schmeiße ich ein Fahrrad um, das im Dominoeffekt sicher alle anderen zum Kippen gebracht hätte.

Marie steht vor mir, kommt gerade aus dem Keller mit einem Korb voll Mineralwasser.

»Äh.« Ken ist außer Sicht- und hoffentlich auch Hörweite. »Mein Schuhband war offen.«

Wir schauen auf meine Schuhe. Flip-Flops.

»Hast du dich vor dem Mann versteckt? Warum? Der wohnt seit Kurzem hier, kennst du ihn etwa?«

Zu viele Fragen, zu viele.

»Ja«, erwidere ich, aber Marie kann das noch nicht für sich abhaken, auch als ich ihr den Korb abnehme und wieder nach oben gehen will. »Ist das ein Bekannter von dir?«

Ich will schon vehement verneinen, aber dann … Ja, warum denn nicht, das ist er doch, ein Bekannter. Ich nicke also. »Aus der Clique von meinem Ex. Aber wir mochten uns nie. Und ich will auch nicht mit ihm reden, weil dann geht es um meinen Ex. Und er hier«, ich deute nach oben, »ist ein ganz fieser Kerl, der gern in offenen Wunden herumbohrt.«

Marie ist erschüttert. »So einer ist der, wie mies!« Sie geht ein paar Stufen hoch, schaut nach oben, doch Ken ist längst in seiner Wohnung. »Seltsam, ich hätte schwören können, er hat eine Freundin.«

Ich kommentiere nichts. Innerlich grinse ich.

In der WG wird sofort diskutiert, wie wir uns künftig diesem Herrn Dieckerhoff von oben, diesem gemeinen Menschen, gegenüber verhalten werden: keine Pakete entgegennehmen, nicht mehr grüßen, ihn wie Luft behandeln, nicht mehr die Tür aufhalten. Ich schlage einen Kackebeutel vor die Tür und anzünden vor.

Der Job, mein neues Leben, sie laugen mich ganz schön aus. Ich ziehe mich zurück und lasse mich ins Bett plumpsen. Ich will nur noch pennen, der neue Tag kommt schnell genug.

Nach fünf Minuten, einer Stunde oder keine Ahnung klopft es, leise, aber beharrlich. Ich reibe mir die Augen, lausche. Nein, das bilde ich mir nicht ein. Verfluchte Bea, will sie mich schon wieder in die Arme von Kapitän Iglo treiben? »Ich steh heut' nicht auf, ich bleib im Bett«, singt mir spontan Nena ins Ohr. Genau!

Die Tür geht langsam auf, eine Gestalt huscht herein, schließt schnell die Tür und sitzt, schwups, auf meinem Bettrand. Hm, warmer Apfelstrudel.

»Feli?«, flüstere ich.

»Ja, ich bin's, Basti«, flüstert sie.

»Was willst du?« Himmel, passiert mir das wirklich? Und vor allem – frage ich das wirklich? Jungs, ehrlich, genau davon träumt ein Mann doch immer. Doch, Kacke – ich bin ja schwul.

»Schläfst du schon?«

Intelligente Frage. »Nö.« Wäre ich nicht vom anderen Ufer, ich würde wirklich fast meinen, Feli will was von mir. Was will sie sonst mitten in der Nacht bei einem Kerl auf dem Bett und, huaaah, schiebt ihre kalten Füße unter meine warmen Waden.

»Ich krieg kein Auge zu«, flüstert sie.

Allmählich habe ich mich an die Dunkelheit gewöhnt und erkenne, dass Feli ein hauchdünnes Negligé trägt, da ich ihre runden Brüste sehen kann.

»Zuerst dachte ich, da ist eine Spinne in meinem Zimmer ...«

Ah, die gute alte *Da-ist-eine-Spinne-in-meinem-Zimmer-*Nummer. Zieht immer.

»... aber als ich genauer hinschaue, sehe ich, das ist nur ein schwarzer Fleck. Seitdem bin ich hellwach und die Gedanken kreisen.«

»Tchibo-Boy?«

»Ach so, ja, hm-hm, auch.« Sie kriecht ganz unter meine Bettdecke, dann erst: »Darf ich?«

Klaro. Ich kann aber für nichts garantieren. Ihr Nachthemd ist wirklich verdammt dünn. Ich bin ein Mann. Und wir können meinem Körper viel weismachen, aber dass mich Bräute plötzlich nicht mehr heißmachen, nimmt er mir einfach nicht ab.

Ich liege auf dem Rücken wie ein Brett und versuche an Ken, an Hajo, an die Gießkanne von René und Irmis faltige Brust zu denken. Es ist erschreckend, darüber darf ich niemals mit Benno und Homer sprechen. Ich liege nachts mit einer geilen Frau im Bett und denke an die Prostata eines Kumpels. Aber es hilft, untenrum ist tote Hose.

»Hattest du eigentlich noch nie mit einer Frau ... na, du weißt schon – Sex?«

Feli! Mach nicht alles kaputt! »Joa-ne-i«, antworte ich.

»War dein erstes Mal mit einer Frau oder einem Mann? Hast du nie daran gedacht, es mit einer Frau auszuprobieren?« Sie ist aber verdammt wach. Wenn sie jetzt mit ihrer Hand

146

herüber-, vielmehr nach unten kommt, schmeiße ich alle meine Prinzipien über Bord.

Sie lässt die Hand bei sich.

Aber scheiß auf Prinzipien! Ich drehe mich ganz langsam zu ihr.

Aber dann stehe ich wieder ohne Bude da.

Muss bei Benno pennen.

»Niemals!«, beharre ich. »Bei mir gilt grundsätzlich: keine Frauen, Frauen machen nur Ärger.«

Feli rollt sich ein bisschen von mir weg. »Schade, aber du hast ja recht. Aber, ehrlich, ohne Hintergedanken …« Nun krabbelt ihre Hand doch auf meine Brust. »Wenn du es einmal ausprobieren möchtest, irgendwann, ich bin für dich da. Keine Verpflichtungen, einfach nur so zum Ausprobieren.«

»Danke«, presse ich zwischen den Zähnen hindurch. Ich spüre, wie der Schmerz nachlässt, als ich mich nicht mehr in den Oberschenkel kneife.

Feli huscht zur Tür hinaus.

Bin ich eigentlich blöd?

Wer sagt denn, dass sie mich deswegen aus der Wohnung schmeißen? Diesen kleinen »Fehltritt« hätte doch niemand erfahren müssen.

Da legt sich eine Frau zu mir ins Bett und ich mache nicht einmal Anstalten, mit ihr herumzumachen. Wer weiß, wann die nächste Chance kommt, mit einer Frau …

Es klopft wieder leise.

Feli ist aber ein ganz schön hartnäckiges Luder.

Soll ich sie gleich rauswerfen – oder soll ich mich bekehren lassen? Hinterher sagen: Ich wollte ja nicht, aber dank Feli ist mir klar geworden, dass ich vielleicht ein bisschen bi bin.

Die Tür öffnet sich, eine Gestalt wischt herein, die Tür schließt sich.

Jemand setzt sich auf die Bettkante. Kein warmer Apfelstrudel, also nicht Feli. »Darf ich?«

Huaaah! Kalte Füße.

»Wo kommst du denn her, Bea? Bist du nicht drüben bei dir?«

Meine Fragen sind auch nicht intelligenter, aber ich befinde mich in einer Notsituation. Ich lasse das Licht aus, es ist mir peinlich, dass ich so bettverstrubbelt bin.

»Ich war bei Marie und wir haben gequatscht. Dann ist sie eingeschlafen, und ich dachte, ich schau mal nach dir. Ich hab ein bisschen ein schlechtes Gewissen, weil ich so lange mit meinem Ja gezögert habe. Ich hoffe, du bist nicht böse. Du weißt schon, *Ja* für dich, dass du einziehen darfst.«

Das ist wirklich enorm wichtig – mitten in der Nacht!

»Ich wollte nur Marie schützen, sie ist so feinfühlig.«

»Zu gut für diese Welt«, stimme ich ihr zu. Ihr Arm liegt ganz nah an meinem Körper, was sage ich, unterdessen liegt ihr ganzer Körper ganz nah an meinem Körper.

»Feli ist genauso gutmütig und verliebt sich sofort in jeden Kerl, der ein bisschen nett zu ihr ist.«

»Ja, ja«, bestätige ich. Worauf will sie hinaus?

»Und ich bin ein ganz trauriger Fall, wie du schon richtig festgestellt hast. Ich vertreibe mit meinem Kontrollzwang und weil ich immer alles managen und bestimmen muss, alle Kerle.«

Wenn du das sagst …

»Und woran ist deine Beziehung gescheitert, Basti?«

Da muss ich wirklich nachdenken. Und noch erkläre ich sie nicht für gescheitert, sie strauchelt höchstens ein bisschen.

»Er meint, ich sei noch nicht reif für eine Beziehung, er möchte gern was Festes, heiraten, Kinder kriegen und so.«

Bea richtet sich auf, wir feuern ganz schön unter der Bettdecke. »Das finde ich mutig, aber okay. Dir ist das aber auch nicht egal, du möchtest schon auch Kinder, hast du ja gesagt.«

»Jaaa, schooon«, sage ich gedehnt. »Ich kann es mir halt bei mir noch nicht vorstellen, du, ich bin ja selbst gerade noch in dem Alter, wo ich auf den Bolzplatz gehe und mit den Kumpels Party machen will. Plötzlich den Kinderwagen schieben …«

»… und Verantwortung übernehmen«, vollendet Bea.

Genau. Das ist noch nicht mein Ding, sagt Kathi ja auch.

»Wie heißt eigentlich dein Freund?«

»Ka …« Ja, wie heißt er denn? »Karl-Heinz.« Mir fällt gerade nichts anderes ein.

Eine Weile sagen wir gar nichts. Ich starre mit fast angehaltenem Atem an die Decke, aber dann doch wieder Bea: »Reizt es dich denn gar nicht, mal Sex mit einer Frau auszuprobieren? Oder hast du schon einmal?«

Von wegen: Männer wollen immer nur das Eine!

Ich habe das hier nicht angefangen, ich nicht!

Die Antwort sollte dennoch wohlüberlegt sein. Wenn ich jetzt mit Bea poppe, fliege ich unter Garantie hochkant aus der Bude, noch heute Nacht, Schuldfrage hin oder her. Wenn ich ablehne, kriege ich dann jemals wieder die Gelegenheit, eine geile Nummer mit ihr zu schieben?

»Sorry!« Sie raschelt aus meinem Bett. »Wie kann ich dich nur so etwas fragen? Ich bin einfach unmöglich. Du kämpfst mit deinen Gefühlen für Karl-Heinz und ich versuche, dich umzupolen. Verzeih mir, Basti!«

Unter der Tür hält sie noch einmal inne. »Aber wenn du jemals das Bedürfnis hast, es mit einer Frau zu versuchen, bin ich für dich da. Und ich werde ganz vorsichtig und zärtlich sein.« Sie ist draußen.

Och, das muss gar nicht sein, wild und unvorsichtig wäre auch okay.

Ich liege noch sehr lange wach und warte auf Marie.

Marie kommt nicht.

Schade.

Rauschig in der Südsee

Die Frau in der Straßenbahn rückt drei Reihen weiter von mir weg. Ich bilde es mir also nicht ein, dass ich nach Fisch stinke. Unterdessen bin ich relativ fit im Großmarkt, aber am Morgen ist mir im Großmarkt aus einem umgekippten Kübel eine seltsame Brühe über die Schuhe gelaufen, ziemlich fischig, es können auch Zwiebeln im Spiel gewesen sein. Noch immer dreht die Frau sich erzürnt um. Mann, ich kann doch nichts für mein außergewöhnliches Eau de Toilette!

Ich ziehe einen Schuh aus, der, genau wie die Socke, noch immer klitschnass ist. Ich halte meine Nase in den Sneaker, schnuppere und löse damit einen unangenehmen Würgereiz bei mir aus.

Die Frau reißt die Augen auf, völlig empört über meine Laute, die tatsächlich ein bisschen was von Schweinestall haben.

Als sich mein Magen wieder entspannt, dreht sich die Lady erneut um. Sie trägt im Übrigen einen scheußlichen Hut in Form einer schrumpeligen Melone, also hier mal nicht mit Steinen im Glashaus werfen! Ich winke mit meinem Schuh und werfe ihr eine Kusshand über die uns trennenden Sitzreihen zu. Welch brillantes Schauspiel: Ihr Unterkiefer klappt runter, Schnappatmung setzt ein.

An der nächsten Haltestelle steige ich aus.

Vielleicht haue ich die Dinger einfach in die Waschmaschine. Seitdem ich dieses Gerätes mächtig bin, bin ich ein leidenschaftlicher Wäschewascher. Bisher habe ich noch nichts rosa verfärbt, weil Marie mich diesbezüglich eindringlich instruiert hat. BHs gehören nicht in die Kochwäsche. Und ich soll auf die Etiketten in der Kleidung achten. Was also ist so schwer am Wäschewaschen? Steht alles auf den weißen Schildchen drauf, manche Symbole muss ich allerdings im Handy nachlesen. Ich wasche nie zu heiß, ich verwende der Umwelt zuliebe keinen Weichspüler und schleudere Feinwäsche nur im Schongang.

In Gedanken versunken schlendere ich durch die Kunigundenstraße, dann zucke ich unwillkürlich zusammen. Für einen Moment dachte ich doch tatsächlich, vor unserem Haus stünde Kathi.

Linsen scharf stellen. Ich halluziniere nicht.

Das IST Kathi!

Als Erstes setzt mein Fluchtreflex ein. Doch bin ich ein Waschlappen? Das habe ich von meinen Mädels gelernt: Nichts verabscheuen sie mehr als Feiglinge.

Oh, nicht falsch verstehen, du darfst bei »Titanic« und »Jenseits von Afrika« eine Rolle Papiertücher vollheulen – null Problemo. Aber wenn du dich in einer Beziehung vor einer Aussprache drückst, bist du untendurch. Und sie reden halt so gern, die Frauen.

Mein Einwand, man könne auch etwas »zerreden«, regte meine WG-Mitbewohnerinnen allerdings zum Nachdenken an.

Wenn wir Männer fragen: »Willst du Huhn oder Rind?«, wollen wir keine Grundsatzdiskussion anfangen über die Art der Tierhaltung oder den Nährwert. Wir wollen nur wissen, was die Liebste essen möchte. Wir verstehen einfach nicht, warum Frau sich nicht spontan für Geflügel oder Vierbeiner auf dem Teller entscheiden kann. Da kommt wieder das alte

Vorurteil zum Tragen: Wir Männer sind da halt einfacher gestrickt – respektive unsere Mägen. Und wir nehmen es *nicht* persönlich, weil Frau (heute) keinen Burger oder kein Steak mag, wir wollen doch nur wissen, was der Kellner bringen soll, der seit einer Viertelstunde mit scharrenden Hufen auf die Bestellung wartet.

Der Reiz, die Beine unter den Arm zu nehmen, ist stark. Aber ich denke an Bea, sie würde stolz auf mich sein, wenn ich mich der Aussprache stelle wie Luke Skywalker seinem Vater, Darth Vader … Sorry, saublöder Vergleich.

Aber es ist Kathi. Eine womöglich noch immer saure Kathi.

Was tut sie hier?

»Na du?«, begrüße ich sie.

»Hi!«, sagt sie.

»Woher hast du meine Adresse?«

»Von Benno. Ich habe ihn so lange gelöchert, bis er über Ilka die Adresse deiner WG herausgerückt hat.« Sie tritt verlegen von einem Bein aufs andere.

Hallo? Kann es sein, dass ihr das hier unangenehm ist?

»Und warum?« Verlegen spiele ich mit dem Hausschlüssel. Eigentlich müsste ich sie hinaufbitten, aber dann? Wenn ich Glück habe, ist noch niemand da, mittags bin ich meistens allein. Aber bei den Girls weiß man nie, wann sie frei genommen haben und zufällig hereinschneien.

Außerdem wird Kathi sofort feststellen, dass es sich eindeutig um eine Frauenwohnung handelt, was mein Negativkonto enorm belasten würde. Irgendein Slip liegt immer herum – oder ein BH. Im Bad gibt es (bis auf eines) ausschließlich Duschgels mit Früchten und Namen, die *pink* und *soft* enthalten, knallige Lippenstifte, Slipeinlagen und falsche Wimpern. Felis Perücke! Meinen Rasierer verwenden wir mitunter zu dritt (ihren Epilierer an meine Behaarung zu lassen, verweigere ich standhaft). Ansonsten gibt es rein gar nichts für Jungs. Denn den Kicker und die Auto Bild traue ich mich nicht, neben das Klosett zu legen, denn »wir« lesen beim Kacken nicht.

Kathi reicht mir eine Plastiktüte. »Deine Wäsche. Sie war noch bei mir im Wäschepuff. Frisch gewaschen.«

Möchte sie die unmöglichen Bling-Bling-Klamotten ihrer Schwester, insbesondere den peinlichen Tussen-Tanga, zurück?

»Dass du mich mit dem Krempel von Jule vor die Tür gesetzt hast, war das ein Versehen oder Absicht?«

Kathi grinst bloß. Klar, so schusselig ist sie nicht. Kathi ist immer bei klarem Verstand.

»Hast du abgenommen? Du kommst mir so dünn vor«, erwidert sie stattdessen, fast ein bisschen mitleidig.

Von wegen! Wenn sie denkt, dass ich vor Kummer an Appetitlosigkeit leide … dann gebe ich das garantiert nicht zu!

»Ich habe meine Ernährung umgestellt, weißt du«, tue ich so wie nebenbei. »Kaum noch Fleisch, wenig Kohlehydrate, jede Menge Körner.« Ich schiebe die rechte Schulter vor, ziehe den Bauch ein. Winkle das Bein an und lege die Finger ans Kinn. Eine Pose, die ich von Feli gelernt habe, die schlank machen soll. »Und die Wäsche habe ich gar nicht vermisst. Ich trage jetzt ohnehin nur Tangas, wegen des coolen Gefühls. Und ich wasche sie auch selbst.«

Kathi runzelt zweifelnd die Stirn. Fragt sich sicher, welches Kraut ich rauche, sie kennt mich halt zu gut.

Sie blickt nach oben. »Da wohnst du?«

»Ja.«

»Schön.«

»Ja.«

Wir stehen voreinander. *Sag was, Basti*, denke ich, *sie macht einen Versöhnungsschritt auf dich zu.* Doch was soll ich sagen? Ich kriege doch bloß wieder eine Abfuhr.

»Eigentlich habe ich nicht damit gerechnet, dass du da bist. Ich wollte die Tüte einfach vor die Wohnungstür stellen«, erklärt Kathi, nun doch irgendwie angesäuert. Hat sie mehr erwartet? *Sie* hat mich doch wie einen verlausten Köter vor die Tür gesetzt.

Sie seufzt. »Na ja, dann. Mach's gut, Basti.«

SAG WAS!

»Äh, Kathi …«

Sie bleibt stehen.

Da meldet sich »Star Wars« aus meiner Hosentasche. Automatisch greife ich nach meinem Smartphone, nehme das Gespräch entgegen, ich Depp.

Kathi winkt mir kurz zu und geht dann mit sehr großen, schnellen Schritten auf ihr Auto zu, das direkt vor dem Haus steht.

»Ja, Halbritter!«, plärre ich ins Telefon.

Sie steigt ein.

Am Handy ist Marie.

»Kathi, warte doch mal!« Marie plappert fröhlich vor sich hin, ich kann nicht zwei Dinge gleichzeitig machen: zuhören und meine Beziehung retten. Ich bin nicht multitaskingfähig, wisst ihr doch, ich bin ein Mann. »Kathi!«

Sie legt den Gurt um, ich stehe neben dem reparierten Auto. Sie lässt das Fenster herunterfahren.

»Marie, bleib kurz dran.«

Kathis Augen werden groß: »Marie?« Sie legt den Gang ein. »Marie, so ist es nicht«, sage ich zu Kathi, verbessere mich sofort: »Quatsch! *Kathi*, meine ich natürlich.«

Kathi erstarrt.

Ich habe es wieder getan.

Ich habe sie wieder einmal mit dem falschen Namen angesprochen. Sie hasst das wie die Pest! Das verzeiht sie mir nie. Das Fenster fährt wieder hoch.

Ich wummere mit dem Fingerknöchel dagegen. »Es ist nicht so, wie du meinst.«

Kathi fährt weg.

Ich nehme das Handy ans Ohr.

»Bringst du uns eine Packung o.b.-Tampons normal mit? Feli und ich haben unsere Tage.«

Ich bin völlig down.

Das ist der Schlussstrich unter die Beziehung zwischen Kathi und mir.

Und meine WG hat mich definitiv zur Rockträgerin abgestempelt.

Wir haben bisher noch nicht über DIE Nacht gesprochen. Bea und Feli tun so, als sei nichts gewesen. Nicht einmal heimlich gezwinkert wurde, nach dem Motto: *Kein Wort darüber, dass ich in dein Bettchen gekrochen bin!*

Kann so bleiben. Aber um mein Liebesleben machen sie sich dennoch weiterhin leidenschaftlich gern Sorgen.

»Alles okay mit dir, Basti?«, will Feli wissen.

»Ja.« Ich sitze da und denke nach, ob Hajo und ich nicht die Pasteten in der Kühltheke mehr nach vorne in die Auslage rücken sollten.

»Du hast doch was«, fragt Bea.

»Nö.« Hajo meinte nämlich, ich hätte ein Gespür für das werbliche Anrichten der Waren.

»Es ist wegen deines Freundes, nicht wahr?« Nun Marie.

»Nö.«

»Man merkt dir an, dass es dir nicht gut geht. Du kannst jederzeit mit uns reden, gell, Bea, gell, Marie?«

»Danke«, erwidere ich. Ich komme mir vor wie in dem Loriot-Sketch, in dem die Ehefrau den Mann ständig nervt: »Was tust du gerade?«

»Ich tue nichts«, sagt er.

»Man kann doch nicht einfach nichts tun!«

Ge-nau-so löchern sie mich. Aber ich will wirklich nur dasitzen und die Gedanken galoppieren lassen.

»Sollen wir mal was miteinander unternehmen? Au ja, das machen wir!« Marie ist ganz aus dem Häuschen von ihrer Idee.

Ich spende ein zustimmendes Nicken. Solange ich nicht zu nachtschlafender Zeit in den Wald geschleift werde und auf dem Kamm blasend Vogelstimmen imitieren muss, von mir aus.

Unter uns. Logisch habe ich was. Mir liegt Kathi im Magen. Ich hab's versaut. Mal wieder. Wenn sie denn meint, es soll wirklich Schluss sein mit uns, dann doch wenigstens nicht so – auf die voll dumme Art.

Das renkt sich nicht mehr ein.

Kathi und ich sind seit zwei Jahren zusammen. Sie war immer für mich da, sogar mitten in der Nacht, um mich irgendwo angesoffen von der Landstraße aufzugabeln. Sie ist ehrlich und treu, sexy, *so* sexy, sie brachte mich zum Lachen und auf ihr Urteil habe ich viel Wert gelegt. Sogar mit ihren Eltern komme ich klar, das sind doch 100 Punkte für eine Beziehung, wenn einen die zukünftigen Schwiegereltern mögen. Aber das war halt der Knackpunkt für mich: *zukünftige Schwiegereltern* setzt Heirat voraus. Heirat heißt Schluss mit der Freiheit, jede Kneipentour von der Ehefrau abnicken lassen müssen, keine spontanen Spritztouren und Kurzurlaube mehr mit den Jungs. Wo warst du, wo gehst du hin, warum hast du nicht angerufen? Vorwurfsvolle Blicke, ständiges Erklären-Müssen und Gewissensbisse für etwas, wo früher sonst erst gar keine Gewissensbisse entstanden sind.

Aber bevor ich von Hajos Leberpastete und den Fragen der Mädels weiter abschweife: mal ganz ehrlich! Sind die Sauftouren mit den schleichend weniger werdenden Single-Kumpels der Mittelpunkt des Universums? Wird es nicht Zeit für mich, diesen spätpubertären Unfug abzulegen und eine zwar geregelte, aber schöne Zukunft anzupeilen?

»Lass uns doch morgen Abend schick ausgehen. Lass dich überraschen, Basti, du bist eingeladen.« Marie hat plötzlich so einen verklärten Blick.

* * *

Drei vor Freude völlig überdrehte Mädels in Miniröcken und mit sehr langen Beinen schleifen mich ins »Aloha«, eine Südsee-Cocktailbar. Gehüllt in hawaiianische Hula-Musik serviert uns eine Schönheit mit Blumen im Haar exotische Cocktails aus Ananassaft, Grenadine und viel Rum in Gefäßen ähnlich wie halbe Kokosnüsse.

Ich ziehe am Strohhalm, meine Hirnsynapsen laufen augenblicklich Amok. Mein Cocktail nennt sich, wen wundert es, *Zombie*. Und da ich a) an sich auf ein Steakhouse spekuliert hatte und b) von den Gratis-Nüssen nicht satt werde, bin ich c) in Nullkommanichts breit wie eine achtspurige Autobahn.

Wir haben schnell Anschluss gefunden, vielmehr die Mädels. Keine Ahnung, wer die Typen sind, einer von ihnen, Ben, unterhält sich anstandshalber auch mit mir. Bringt mich sogar davon ab, dass ich dumme Sprüche reiße, als Vögler-Jan urplötzlich wie aus dem Boden gestampft neben Marie steht. Diese Location hat der Lumpensohn doch nicht zufällig herausgefunden, das hat ihm doch ein Vögelchen gezwitschert? Marie? Ist das denn nicht *mein* Abend?

Der-den-Basti-auf-andere-Gedanken-bringen-Abend?

»Nimm es gelassen, Kumpel. Die Kleine steht eindeutig auf das Schmalhemd«, stellt Ben fest, der als Autofahrer antialkoholisch bleibt. Ihm entgeht zwar ein tropischer Rausch, aber er schnallt auf Anhieb, was ich die ganze Zeit verleugne. Marie hat sich in den Vogelkundler verknallt. Zu mir ist sie nur nett. Da könnte ich balzen und baggern, bis ich mit hochgestellten Schuhspitzen umfalle, Marie würde nie versuchen, mich zur anderen Uferseite zu bekehren.

Wieder eine Frau weniger von den Traumfrauen dieser Welt. Unerreichbar – für mich, den Loser.

Ich schnorchle an meinem Zombie, bis ich nur noch Luft sauge. Hollereiduliö, was für ein fantastisches Gefühl, ich schwebe in einer euphorischen Wolke, obwohl ich mich krampfhaft auf dem Barhocker festhalte. Alles, was ich denke, quillt auf wie PU-Schaum, läuft über und verliert sich im Nirwana.

Nach dem dritten Zombie müsse Schluss sein, warnt mich der Barkeeper, die meisten fielen danach tot um.

Scherzkeks!

Aber ich kann nicht gegensteuern, plötzlich stehe ich in der Mitte der Bar und schwinge meine Hüften. Nebenbei bemerkt, mir ist sehr wohl bewusst, dass es in diesem Etablissement gar keine Tanzfläche gibt. Dennoch habe ich die volle Aufmerksamkeit. Der aufbrandende Applaus spornt mich zu extravaganten Ausfallschritten an. Ich bediene mich Kopf- und Armbewegungen, die ich Bollywood-Filmen entliehen habe. Nie hätte ich für möglich gehalten, dass ich so beweglich bin.

Meine Hüften hippen und wippen, kreisen und rollen. Meine Mitbewohnerinnen johlen. Sogar Vögler-Jan ist begeistert. Ihn kann in Bezug auf mich nichts mehr schockieren, für ihn bin ich ein Freak. Neu-Kumpel Ben klatscht im Takt mit, wahrscheinlich traut er sich nur nicht einzuspringen.

Plötzlich trifft es mich wie eine Keule. Klonk! Was tue ich eigentlich? Ich schnorre mich bei drei bezaubernden Wesen durch. Ich belüge sie mit jedem Atemzug. Mein Boss ist ein halbseidener Fischhändler, bei dem ich meine Schulden für ein Auto abstottern muss, das ich nicht einmal fahren darf.

Denn meine Ex hat mich auf die Straße gesetzt. Mein Vater hat mich enterbt. Mein Bruder behauptet wahrscheinlich, ich sei im Kongo bei den Bonobo-Affen verschollen. Und ich mache mich mal wieder zum Vollhorst. Wenn ich nur wenigstens tanzen *könnte*, nein, genauso schlecht wie strippen!

Ich bin genau die Sorte Depp, für die ich mich normalerweise fremdschäme und über die ich sage: Früher haben wenigstens nur die gesoffen, die es vertragen haben.

Dann ist mir schlagartig schlecht, es fühlt sich an, wie seekrank zu sein. Kein Wunder, von der ungewohnten Schaukelei sind wohl die Organe durcheinandergeraten. Bei mächtig Seegang gelange ich in den hinteren Bereich der Bar. Mit verschwommenem Blick greife ich nach einem Flyer, der in einem Aufsteller auf dem Weg zu den Toiletten steckt und auf dem ein Flugzeug abgebildet ist. Ich torkle weiter zu »Herren« und halte die Nase aus dem gekippten Fenster. Allmählich beruhigen sich meine Innereien. Ich hocke mich aufs Klo.

Jawoll, meine Herren! Ich setze mich zum Pinkeln aufs Klo!

Mir ist nichts mehr peinlich. Ich bin es gewohnt. So unter uns: Manchmal, wenn ich ganz sicher bin, dass keine der Damen in der Wohnung ist, verrichte ich meine Notdurft im Stehen.

Aber ich tue mich momentan mit dem Stehen etwas schwer … die Zombies, die Seekrankheit und so …

Ich zucke zusammen, als mein Kopf gegen die Kabinenwand stößt. Womöglich habe ich ein kleines Nickerchen gemacht. Ich stiere mit heruntergelassener Hose auf den schwammigen Boden. Nicht fähig, diesen üblen Ort wieder zu verlassen, die Zombies krallen sich hartnäckig an mir fest. Was 'n das? Da liegt ein Flyer. Direkt vor meinen Füßen, als sei es Schicksal. Ach, das ist der Wisch, den ich gerade aus der Hand verloren habe. Ich reibe mir die Augen. Was steht da? Mit der Schuhspitze schiebe ich das Papier näher heran. Die fettgedruckte Überschrift einer Stellenanzeige sticht mir in die eingetrübten Pupillen.

Weltenbummler! Wir suchen dich!
Du verreist gern? Du bist flexibel und ungebunden?
Dann haben wir den Traumjob für dich.

Und eine Online-Adresse. Die meinen mich! Eindeutig. Das ist mein Sprungbrett. Kathi weg. Schneewittchen verliebt. Die Kohle geschmolzen wie Softeis in der Sonne. Austern auf Eis legen und gefüllte Peperoni schichten – das bin ich nicht, nicht fürs ganze Leben.

Ich zücke mein Smartphone. Akku leer! Das passiert mir wirklich selten, so gut wie nie. Akku leer, nicht zu fassen. Nun habe ich es sehr eilig. Ein lichter Tunnel hat sich durch meinen Vollrauschnebel geschlagen. Ich muss sofort nach Hause. Das ist mein Job. Das spüre ich. Ich klatsche mir ein paar Hände voll Wasser ins Gesicht, lese wieder den Flyer. Sie suchen mich, den Weltenbummler. Mein Körper pumpt sich voll Hoffnung. Dabei flüstert mir ein kluges Engelchen ins Ohr: Das *kann* doch nur einen Haken haben. Und hat der Job keinen Haken, dann bewerben sich Hunderte auf die Annonce.

Schnauze, Engel!

Meine Beine eiern meinem rotierenden Gehirn hinterher. Aufgelöst kehre ich an unseren Tisch zurück. Meine Mitbewohnerinnen schauen mich erwartungsvoll an. »Alles okay?«

»Seid mir nicht böse, ich muss los.«

»Aber wieso?« Marie kriegt diesen Trauriges-Girlie-Blick.

Sorry, Schneewittchen, darauf kann ich jetzt keine Rücksicht nehmen.

»Schönen Abend, ne«, sagt Vögler-Jan, sichtlich erleichtert.

»Wieeesooo?« Beas Misstrauensglocke bimmelt schon wieder.

Feli kichert mit Silberblick, sie hat selbst einen Rausch.

»Es. Tut. Mir. Ehrlich. Leid!« Ich schlage die Faust auf meine Brust. Lächle. Senke den Blick. Dann grapsche ich mir eine Handvoll Cashewnüsse aus dem Schälchen auf dem Tisch und rausche schnell wie Harry davon.

»Warte, ich fahre dich«, schreit Ben mir nach.

Ich finde es ausgesprochen angenehm, dass er nüchtern geblieben ist, und noch angenehmer: Ben will nicht wissen, warum ich es so eilig habe. Er quatscht sowieso nicht dauernd. Er ist kein arroganter Schnösel, aber auch nicht langweilig. Egal, ob Fußball oder Weltpolitik, man kann mit ihm reden (vor meinem Zombie-Absturz). Ein Glücksgriff, dass wir ihn kennengelernt haben. Und ich bin überzeugt, meine Mitbewohnerinnen träumen heute Nacht von ihm. Er ist der sanfte Braunhaarige mit den lächelnden Augen. Bei ihm macht es mir nicht einmal was aus, dass er mit ihnen später weiterfeiert. Ich halte ihn für keinen linken Hund, reines Bauchgefühl.

Er hält in der Kunigundenstraße. Bevor ich die Autotür zuschlage, stecke ich den Kopf noch einmal zu Ben in den Wagen: »Sieht man sich mal wieder?«

»Klar, ich tausche die Handynummer nachher mit deinen Freundinnen aus.«

Ich lache dreckig. »Davon gehe ich aus. Du, aber da läuft nichts, wir wohnen nur zusammen«, sage ich, weiß auch nicht, warum.

»Davon gehe ich aus«, lacht Ben noch dreckiger.

Einen guten Freund könnte ich echt gut gebrauchen. Bei Marc bin ich untendurch, Benno hat seine Ische und Homer hängt in letzter Zeit nur durch, bräutetechnisch tut sich einfach nichts bei ihm. Außerdem ist Ben mal *keine* Frau.

Ich vermisse simple Männergespräche. »So auf ein Bier.«

»Klar, gern«, nickt Ben. »Oder Fitnessstudio und Sauna.«

Sport bevorzuge ich vor einem möglichst großen Monitor, darum schlage ich vor: »Gegen Sauna ist nichts einzuwenden. Gemischd?« Ich tue mich doch immer noch etwas schwer, mich vernünftig zu artikulieren.

»Bloß keine Frauen!«, albert Ben.

»Ne, bloß nicht!«

Er wendet und winkt mir zu, als er wieder stadteinwärts fährt. Auf dem Kotflügel hat er einen Aufkleber, der mir zu denken gibt. Ein Regenbogen. Unwillkürlich fällt mir der Christopher Street Day ein.

ZOMBIES IM NACKEN

Wir suchen dich!
Du willst die Welt sehen und bist kommunikativ.
Sprichst fließend Englisch und hast eine gute Schreibe.
Checke für uns die Strände dieser Welt.
Bewirb dich für unser Casting.

Ich stehe völlig unter Strom. Literweise habe ich unterdessen Kaffee und Leitungswasser gesoffen. Würde ich rauchen, wahrscheinlich hätte ich nebenbei eine Packung Sargnägel vernebelt. So motiviert war ich seit Wochen nicht mehr. Die Bewerbungsfrist läuft in wenigen Stunden ab und der Fragebogen ist nicht ohne. Und ich will es nicht verkacken. Ich will diesen Job.

Ein Start-up-Unternehmen sucht reiselustige und kontaktfreudige Leute mit Studium oder Erfahrungen in der Tourismusbranche, mit Fremdsprachenkenntnissen, die die Strände rund um den Erdball für ein Online-Reisemagazin anhand von Bewertungskriterien wie die Beschaffenheit und Sauberkeit des Sandes, Wasserqualität, Sportangebot und Strandbesuchern bewerten sollen. Hotels, Cafés, Restaurants etc. sollen getestet werden.

163

Ich lasse meine Fingerknöchel knacken. Kreise mit dem Kopf. Da zahlt es sich mal wieder aus, dass ich gleich mehrere Studiengänge zumindest beschnuppert habe. In Englisch bin ich topfit und durch meine Mom, eine Halbspanierin, rutscht mir auch Spanisch locker über die Lippen. Französische Brocken kratze ich notfalls noch zusammen und eines steht fest, kontaktfreudig bin ich. Außerdem kann ich ziemlich gut texten, das findet sogar mein Dad. Für den Fall, dass ich meine Beachberichte online stellen muss, kommt mir das zugute. Klar peppe ich meine Hobbys ein wenig auf, poliere hier und feile da an meinem Lebenslauf.

Als die Mädels aus der Hula-Hula-Bar zurückkehren, befinden sie sich ebenfalls auf dem Level »Hüftkreisen« und dem Niveau von »Es gibt kein Bier auf Hawaii«. Ich springe wie Otto Waalkes in jungen Jahren durch die Wohnung und starre sie mit kreisrunden Eulenaugen an. Der volle Koffeinjunkie.

»Bischt du auf Speed?«, lallt Feli.

Meine zittrigen Hände sprechen dafür. Die Zombies habe ich mit einem Fußtritt ins All katapultiert, mein Geist ist hellwach. Ich versuche, meinen Mitbewohnerinnen die Neuigkeit zu erzählen, aber sie brabbeln und kichern über Dinge, die ich nicht verstehe und an die sie sich bestimmt morgen nicht mehr erinnern.

Es dämmert schon, als ich auf »Senden« drücke und meiner Online-Castingbewerbung *toi, toi, toi* hinterherrufe.

Wir schlafen sehr lang. Verdammt guter Kaffeeduft treibt mich schließlich doch aus der Koje. Marie, der Engel, macht mal wieder Frühstück. Sie trägt ein Nachthemd mit kleinen Rosen, das über der Brust geschnürt ist, aber viel Fantasie zulässt. Sie ist barfuß, ihre zarten Füße mit den rosa angemalten Nägeln sind entzückend. Das Schneewittchen-Haar ist strubbelig, fällt ihr über die Schulter. Alles in allem möchte ich im Moment nur eines, sie auf der Stelle zurück in mein Bett ziehen.

Dieses miese, minderwertige Gefühl, das ich seit Tagen wie eine schwere Decke mit mir herumgeschleppt habe, ist weg. Ich bin wieder wer, ich habe ein Ziel. Wenn »TravelLove« mich als reiselustigen Mitarbeiter für sich herauspickt, bin ich vielleicht in ein paar Wochen schon weg.

Fast wehmütig wird mir ums Herz. Marie hat mich verzaubert, seit sie mir wegen dieses sonderbaren Kontrolleurs aus der Patsche geholfen und Gurke sowie die Stehlampe mit ihren großen Kinderaugen gemustert hat.

Erstaunt blickt sie mich an. »Ist was?«

»Nö, nö.« Ich lehne im Türrahmen. »Bin bloß müde.«

Sie lacht verlegen. »War toll gestern, nicht? Ich hatte einen Schwips.«

»Nicht nur du«, erwidere ich. Allerdings kann ich mich an die Zeiten gar nicht mehr erinnern, als meine Räusche noch unter der Kategorie »Schwips« rangierten.

»Wie fandest du Ben?« Seltsamer Unterton in der Stimme, der mir nicht entgeht.

»Netter Kerl.« Ich lege das Besteck, das sie mir reicht, zu den Tellern und Kaffeehumpen. Bei uns hat übrigens jede von uns ihre eigene Tasse, daran wird sich strikt gehalten. »Wo kam denn dieser Jan plötzlich her?«

Mein Magen krümmt sich, denn über Marie geht eine zweite Sonne auf. Diese widerliche »Jan-Sonne«. Sie wickelt eine Strähne um den Finger, was einen Alarm bei mir auslöst.

Eines habe ich als untrügliches Balzverhalten oder einen gezielten Flirt enttarnt: Frauen, die mit ihrem Haar spielen, baggern dich an. Sie tun das völlig unbewusst, doch ihre Absicht ist eindeutig.

Marie zwirbelt nun die Strähne beidhändig. Damit meint sie, logo, nicht mich, ich bin nur der Platzhalter für den Zwitschermann.

Flotter Haarwurf über die Schulter. »Ich habe mir deinen Rat zu Herzen genommen, nicht so zurückhaltend zu sein, und habe Jan angerufen.« Sie strahlt mich an.

Ich? So einen Blödsinn soll ich gefaselt haben? Aber doch nicht in Bezug auf den Jägermeister.

Wenn, dann dachte ich, du öffnest mir dein Herz!

»Du hattest vollkommen recht, Basti«, babbelt sie weiter. »Wenn man etwas wirklich will, dann muss man etwas dafür tun – das Glück kommt nicht von allein.«

Welchem Abreißkalender habe ich denn diese Küchen-philosophie entliehen?

Sie gießt uns Kaffee ein, setzt sich mir gegenüber. Sie stützt das Kinn auf die Faust. »Fies von mir, wo du so leidest.«

Ich winke ab, ach was. »Ich freue mich für dich, ehrlich. Dann habe ich wenigstens auch einmal etwas Gutes getan.« Ich lege eine dramaturgische Pause ein. »Wenigstens etwas, bevor ich aus der WG weg bin.«

Leute – *DAS* ist mies!

Marie schießt hoch wie ein Sektkorken, verschüttet ihren Kaffee auf das Rosen-Nachthemd. »Wie? Wie meinst du das? Du gehst doch nicht weg!«

Ich erzähle ihr von dem Strandtester-Job.

»Aber wann geht der Job denn los? Du bleibst doch noch ein bisschen. Oder, Basti?« Marie ist echt erschüttert und ich hasse mich. Was bin ich für ein Schwein! Habe ich denn noch immer nicht kapiert, wie man mit Frauen umgeht? Wieso bricht bloß wieder die Bitch in mir durch?

Ich wiegle hastig ab, betreibe Schadensbegrenzung. »Nein, nein, keine Panik, so schnell geht es nicht. Außerdem muss ich den Job überhaupt auch erst kriegen, da bewerben sich Hunderte.«

Marie ist um den Tisch gehuscht und schmiegt sich an mich, drückt mich fest an sich. Hmmm, auch wieder schön.

»Wir wollen dich nämlich am liebsten gar nicht wieder hergeben. Mit dir ist es so lustig.«

Lustig. Na, bravo. Genau das will ein Mann hören – die Traumfrau findet ihn wie Ronald McDonald: lustig.

Sie setzt sich wieder auf ihren Stuhl, umklammert ihren Kaffeehumpen. »Strandtester, so etwas gibt es? Und du würdest tatsächlich in der Weltgeschichte herumfliegen und – Strände ausprobieren? Cool.« Sie nimmt einen Schluck und leckt sich mit der Zunge über die Oberlippe. »Wir würden dich natürlich schrecklich vermissen, aber der Job ist vielleicht gut für dich, damit du auf andere Gedanken kommst. Du musst Bilder von jedem Strand schicken, versprichst du es?«

Eine sagenhafte Vorstellung.

»Wer ist am Strand?« Feli schlurft gähnend in die Küche.

»Basti wird Strandtester.«

Ihr Mund klappt geräuschvoll zu. »Ist das ein Job?«

Marie nickt eifrig und berichtet, als sei der Strandchecker auf ihrem Mist gewachsen. »Aber keine Panik, Feli, anfangs ist Basti nur in Europa unterwegs, da wird er uns sicher hin und wieder besuchen. Vielleicht behält er sogar sein Zimmer bei uns, oder, Basti? Und er schickt uns Bilder aus allen Ländern und von allen Stränden, gell?«, sprudelt sie über.

Irgendwie fühle ich mich abgeschoben.

Feli segelt mir um den Hals, dass ich auf dem hölzernen Küchenstuhl ins Wanken gerate. »Du darfst nicht weg, Basti, wir lieben dich!« Der erste enge Hautkontakt, seit sie zu mir ins Bett gekrochen war.

»Ruhig Blut, Mädels, ich weiß ja noch nicht einmal, ob ich den Job bekomme, und wann's losgeht.«

»Du musst mir doch noch helfen mit meinem Tchibo-Boy!«

Ich grinse in mich. Wenigstens hat sie den fragwürdigen Typen nun auch schon auf den Spitznamen zusammengeschrumpft.

Ich trinke vom Kaffee und schaue sie über den Tassenrand scharf an. »Ist der Knabe immer noch aktuell?«

»Eigentlich wollte ich es dir erst später verraten. Ich habe ihn zufällig getroffen, na ja, ich habe ein bisschen nachgeholfen und bin mittags in der Fußgängerzone auf- und abgelaufen. Wie dem auch sei, jetzt haben wir so gut wie ein Date.« Etwas vorwurfsvoll: »Er *hat* Interesse an mir.«

Ich frage mich still, ob »so gut wie« ein Date überhaupt ein Date ist, aber wie gesagt, das frage ich mich still.

Heimlich schiele ich immer wieder unter dem Tisch auf mein Handy, in der stillen Hoffnung, »TravelLove« hätte sich schon gemeldet, was Quatsch ist. Es ist Sonntag, die Einladungen zum Casting gehen erst in ein paar Tagen an die Bewerber heraus.

»Was soll das heißen?«

Mir fällt fast das Smartphone aus der Hand, als Bea plötzlich hinter mir steht.

Sie trägt einen weißen Bademantel und Badeschlappen. Um den Kopf hat sie einen monströsen Handtuch-Turban gewickelt. Wasserperlen rinnen auf den Boden, sie kommt frisch aus der Dusche. »Was?! Du hast einen neuen Job und ziehst bei uns aus?«

Wie?

Marie kichert und hält ihr Handy hoch. »Ich hab sie geschwind informiert.«

»Es ist doch noch gar nicht spruchreif. Ein Online-Reisemagazin sucht Leute, die Strände und auch Hotels bewerten und darüber Berichte für das Magazin schreiben. Klingt nach 'nem Traumjob, wie es denn wirklich ist, das weiß ich nicht. Aber wenn die mich einladen, gehe ich zu dem Bewerbungsgespräch logischerweise hin«, rechtfertige ich mich bereits im Vorfeld, da ich mit Beas vernichtenden Einwänden fest rechne.

Sie schenkt sich einen Kaffee ein, drückt mir überraschend ein Bussi auf die Wange. »Saustark, Basti, ich beneide dich.«

Bah, da bin ich platt.

»Ich habe meinen Job so was von satt! Wenn ich könnte, würde ich jedem einen Job vermitteln, doch wenn keine Stellen da sind …« Sie seufzt. »Manchmal möchte ich alles hinschmeißen und mit dem Rucksack wieder losziehen wie früher.« Ein melancholisches Lächeln umspielt ihre Lippen.

»Bea ist nämlich früher ganz allein mit dem Rucksack bis nach Indien und Kolumbien, und wohin noch alles?« Marie ist heute ausgesprochen aufgekratzt.

Ich deute an, an einem Joint zu ziehen. »Gute Zeit gehabt, was?«

»Blödmann«, grinst sie.

Alles klar. Ts, ts, ts, wer hätte das gedacht, dass die kontrollierte Bea mal ein heiteres Leben hatte. Außerdem hätte ich mit hundert Wenn und Aber von ihr gerechnet: *Strandtester – so eine Schnapsidee!*

»Wann hast du dich beworben?«, will sie wissen.

»Gestern, um Mitternacht ist die Bewerbungsfrist abgelaufen.«

»Ah, daher dein spontaner Aufbruch.« Während sie fragt: »Triffst du Ben wieder?«, zückt sie ihr Handy. »Wie heißt das Unternehmen, bei dem du dich beworben hast?«

»Sorry, für deine Bewerbung ist es leider zu spät.«

»Ach was, ich will doch nur mal gucken.«

»Es ist das Online-Magazin ›TravelLove‹.«

Mit der Tasse in der einen Hand, den Blick auf das Handy in der anderen, verlässt sie die Küche und geht wortlos rüber in ihre Wohnung.

Wir anderen Mädels ziehen bloß die Schultern hoch.

Feli holt eine Flasche Sekt aus dem Kühlschrank. »Findet ihr nicht, wir sollten auf Bastis Erfolg trinken? Ihm Glück wünschen?«

Plötzlich fühle ich die Rache der Zombies wieder im Kopf und lehne dankend ab. In meinem Zimmer ziehe ich die Jalousien runter und träume von endlos langen Puderzuckersandstränden, an denen sich Palmen im linden Wind wiegen und das türkisfarbene Meer bis zum Horizont rauscht.

Likörchen mit Homer

Montag? Muss ich aufstehen? Ins Büro? In den Fischladen? Was spricht das Handy? Erleichterung. Der Sonntag hat noch immer kein Ende gefunden. Schlaftrunken und durstig wie ein Kamel in der Wüste auf der Suche nach einer Oase tappe ich in die Diele, lausche. Aus den Zimmern meiner Mitbewohnerinnen ist Rascheln zu hören. Wie angenehm, ich bin völlig ungestört, aber nicht allein. Dann stelle ich nochmals die Ohren. Habe ich mich doch nicht verhört, es klopft an der Wohnungstür, zaghaft. Zaghaft ist nicht Beas Art, aber wer soll's denn sonst sein als die schöne Nachbarin?

Ich reiße die Tür auf. »Hallo, meine Süße!«, und die Klappe fällt mir runter bis zum Bauchnabel.

Homer!

»Hey, mein Süßer!«, grinst er.

Homer!

»Die alte Schachtel von über euch hat mir die Tür aufgemacht.«

Was will der hier?

»Willst du mich nicht reinlassen?«

Der verrät alles.

»Weißt du eigentlich, dass der Arsch Ken hier wohnt?«

Er darf sich nicht verplappern.

»Hey, Alter, was ist, lässt du mich jetzt rein?«

Von der oberen Etage höre ich Kens und Kyras Stimmen.

Aus ihrem Zimmer ruft Marie: »Basti? Ist da jemand an der Tür? Ich hab nichts an, schaust du mal bitte.«

Ich ziehe Homer in die Wohnung. »Hör mir gut zu!«, zische ich. »Ich bin *schwul*, kapiert? Schwul! Und nichts anderes. Am besten hältst du einfach den Rand, wenn die Mädels dich was fragen.«

»Hä?«, macht er, was zu erwarten war.

Was auch zu erwarten war: Marie schwebt wie ein Federchen aus ihrem Zimmer, schnell ein Sommerkleidchen übergeworfen. Neugierig betrachtet sie unseren Besucher, schiebt sich unter meinen Arm und drückt sich an mich. Seit sie weiß, dass ich vielleicht bald weg bin, ist sie viel kuscheliger. Mann!

»Marie, das ist Homer. Homer, Marie«, leiere ich herunter, atme kurz ihren süßen Schneewittchen-Duft ein, befreie mich dann von ihr. Homer schiebe ich wie ein lästiges Möbelstück aus der Kurve. Bedauere wieder, dass sich keines der Zimmer (einschließlich des Badezimmers) abschließen lässt. Weil wir unter uns sind und damit jede jederzeit zu jeder kann.

Ich bugsiere ihn in mein Gemach. »Verflucht, woher hast du die Adresse, Homer?« Hat Benno ein Rundschreiben in Umlauf gegeben?

Homer lässt sich auf mein Bett sacken. »Du lieber Scholli«, grient er. »Ist in deiner WG noch die Besenkammer frei?« Ich sehe seinen Blick, ich kenne diesen Blick. Dieser Blick ist bei meinen Mädels ein absolutes No-Go!

»Was hast du da eigentlich gefaselt, Alter. Wieso bist du schwul?«

Sachtes Klopfen. Marie steckt den Kopf herein. »Warum kommt ihr nicht ins Wohnzimmer, ihr stört uns nicht.« *Uns?*

Sind sie in Gruppenformation zur Begutachtung »meines Freundes« angerückt?

Homer erhebt sich.

Ich drücke ihn an den Schultern wieder nach unten auf die Matratze.

»Ich mache gerade Kaffee.«

Homer hoch, ich ihn wieder runter.

»Bea hat Kuchen gebacken, sie kommt gleich rüber.«

Homer weicht meinen Händen aus, hakt sich bei Marie unter. »Ich liebe selbst gebackenen Kuchen.«

Er streckt mir über die Schulter die Zunge heraus.

»Schwul!«, forme ich tonlos mit den Lippen. »Schwul!«

Homer pflanzt sich kackfrech zwischen Feli und Marie aufs Sofa. Wenigstens sieht er heute aus wie ein Mensch, sein T-Shirt hat keine Ketchupflecken und keine anzüglichen Sprüche aufgedruckt, die Jeans zieren keine Bremsspuren von fettigen Pommes-Fingern und die Haare fallen ihm frisch gewaschen und seidig über die Augen, was ihm den Touch eines jungen, ungestümen Künstlers gibt. Ständig wirft er sich (wüsste ich es nicht besser, würde ich sagen, absichtlich) die Strähne aus der Stirn.

Feli beobachtet ihn fasziniert. Na, wenn das Tchibo-Boy erfährt!

Homer indes rafft mal wieder gar nichts. Von dem unverhofften Frauenüberhang an einem lumpigen Sonntagnachmittag überrascht, bringt er nichts als flapsige Sprüche über die Lippen. Jedes Mal, wenn die Sprache auf unsere Freundschaft kommt, bricht mir der kalte Schweiß aus.

Die Mädels sind gierig auf seine abgedroschenen Anekdoten, die ich gelegentlich mit einem lauten Räuspern unterbrechen muss. Kurzfristig liebäugle ich mit einer ablenkenden Strip-Showeinlage.

»Ihr kennt euch aus dem Sandkasten?« Wissende Blicke à la: *Beim Sandkuchenbacken fing es also schon an, dass sich die Jungs für dasselbe Geschlecht interessiert haben.*

»Ach, echt?! Du gehst in eine stinknormale Kneipe am Wochenende, Homer?« Im Hinterkopf die Frage: *Nicht in eine Schwulenbar, in der Musik von den Village People gespielt wird?*

»Ach so, in *die* Kneipe, in die Basti auch geht.« *Also doch!*

Und Homer steht nach wie vor auf dem Schlauch. Er frisst eine Schneise in das Blech Karotten-Dinkelkuchen. Und da die Mädels versuchen, uns mit Baileys, Eierlikörchen und Batida de Coco abzufüllen, wird er redselig.

Aussagen wie: »Na, der Basti hat früher auch nichts anbrennen lassen, also bevor er mit Kathi …«, unterbinde ich mit einem kategorischen Wadenkick. Zu den gleichen martialischen Methoden greife ich, sobald seine Nasenspitze tiefer in Felis Dekolleté abdriftet.

Es ist nervenaufreibend und daher lege ich ihm eindringlich in den Mund: »Langsam wird es Zeit, tschüss zu sagen, nicht wahr, Homer?« Ich klopfe auf meine Armbanduhr. »Wollten wir nicht noch zu Benno?«

Homer stößt mit noch einem Likörchen gegen Felis Likörchen. »Piano, piano, Basti. Wir können die netten Damen doch nicht einfach allein lassen.« *Damen*, ein seltenes Wort in dem Jargon dieses Schmalspur-Casanovas.

Feli kichert. »Wieso eigentlich Homer, Steffen? Steffen ist doch viel hübscher als Homer.« *Homer* wie faulige Tomaten. »Bei Homer muss ich an diesen gelben Comic-Glatzkopf denken.«

Ach wirklich, Feli? So ein Zufall!

Als erneut von der Tür Geräusche hereindringen, diesmal klingelt es, sprinte ich in die Diele, bevor sich Bea aus dem Sofa hebeln kam. Wahrscheinlich lauert Ken auf dem Fußabtreter und bringt geschlagene Sahne für den Kuchen mit, denn das Universum steht definitiv nicht auf meiner Seite. Doch es ist Ben.

Ich bin aufrichtig froh, dass die Aufmerksamkeit durch ihn von Homer weggelenkt wird. Aber ich habe meinen Hintern noch nicht einmal annähernd an Maries Seite gequetscht, da bimmelt es erneut. Ich wieder mit einem Hechtsprung in der Diele.

Nein, nicht Ken, es ist fucking Vögler-Jan. Sag mal, Birdman riecht es doch, wenn in unserer WG eine Fete steigt, oder?

Sein Gesichtsausdruck verrät: *Nicht schon wieder diese Lusche, die zwar schwul ist, aber die Pfoten dennoch ständig an meiner Braut hat.*

Durch ihn verliere ich leider meinen anvisierten Platz neben Schneewittchen, die wieder diesen versonnenen Silberblick bekommt, aber mir dennoch ein bedauerndes Schulterzucken schenkt, das ich so deute: *Schade, aber Jan war schneller.*

Ben fährt Bea zum »Aloha«. Dort hat sie in der Nacht das Auto stehen lassen. Selbstredend hat unser neuer Freund die angeschickerten Frauen gestern nach Hause gebracht. Marie und Jan fachsimpeln über Federvieh, und bevor Homer mit seinen Fingern Pirouetten auf Felis saftigem Oberschenkel zieht, der aber auch unverschämt nackig aus einem Kleiderschlitz hervorblitzt, schleife ich ihn aus der Wohnung. Bei Benno pegelt er sich hoffentlich wieder auf normal ein.

Unser Lieblingswirt zapft uns Biere, aber es schmeckt mir nicht. Die Südsee-Nachwehen verderben mir den Spaß. So einen hartnäckigen Kater hatte ich ewig nicht mehr.

»Und warum bist du jetzt schwul, Alter? Das musst du mir mal erklären. Bei diesen Zuckerkirschen im Garten? Oder hängt das mit diesem Ben zusammen?« Er reibt sich den Schaum von der Oberlippe.

»Wieso?«

»Hast du das nicht gesehen? Der Typ ist doch geschminkt.«

»Wie – geschminkt?«

»Der Typ ist ein warmer Bruder.«

Ich schlucke. »Wie – warm?«

Meine Gehirnwindungen laufen Amok. Stecken da die Mädels dahinter? Haben sie ihn etwa für mich als Trostpflaster gegen meinen Liebeskummer organisiert? Fuck, ne …! »Und ich hab eine Verabredung in der Männersauna mit ihm …«

»Alter, Alter!«

Nepomuk Halbritter

Ich vermisse meinen Kumpel. Noch nie habe ich eine einzige Lebenskrise ohne Marc durchstehen müssen.

Versetzung gefährdet. Weisheitszähne ziehen. Liebeskummer. Noch immer kein Sex. Noch immer nicht. Erster Sex. Wir standen Schulter an Schulter. Und nun? Wo ist *er*? Zeugt Babys auf der Kokain-Insel mit einer Frau, die mich wie die Pest hasst.

Dabei brauche ich seelisch-moralische Unterstützung, dringend. Mit Kathi ist Schluss, mein Vater hat mich enterbt, mein Job stinkt nach Fisch, der neue Kumpel, der echt was draufhat und witzig ist, steht auf Männer. Und wenn ich nur noch ein paar Tage länger in der Frauen-WG lebe, trage ich Shapewear und verwende Tampons. Mein neues Umfeld färbt immer mehr auf mich ab.

Ich ertappe mich dabei, wie ich mich im Spiegel betrachte! Aber nicht mich als Gesamtpaket, zum Beispiel ob der Anzug sitzt, das würde mich nicht derart beunruhigen. Nein, ich habe mich gerade dabei ertappt, dass ich überprüft habe, ob mein Arsch knackig in der Jeans ausschaut.

Dementsprechend zucke ich auch zusammen, als ich im Spiegelbild Marie entdecke.

»Was tust du?«, will sie wissen und kommt näher.

Ich nehme sie in den Arm, rein schwesterlich. Sie trägt ein weißes Kleid mit kleinen, roten Äpfeln, in die ich auf der Stelle beißen würde. Ihre Schultern sind zart, fast zerbrechlich, und wenn ich mit dem Blick ihrem Hals folge, bleibt er an ihren Brüsten hängen. Sie trägt einen Spitzen-BH, den ich sehen kann, da das Oberteil ihres Kleides etwas zu weit ist.

»Ich schlage die Zeit tot.«

»Komm doch mit in die Stadt, ich muss zum Arzt. Es dauert nicht lange, danach könnten wir ein Eis essen gehen.«

Alles, Schneewittchen, alles. Vielleicht hilft das gegen meinen Frust. Unwillkürlich betrachten wir uns im Spiegel, wir wären ein hübsches Paar. Plötzlich verschwimmt ihr Bild und ich halte Kathi im Arm. Wir seien ein Traumpaar … Hat man immer gesagt …

»Was denn?«, fragt Marie.

»Och, ich habe geprüft, ob ich einen Bauch kriege.«

Sie kneift die Augen zusammen, als müsse sie sich erst davon überzeugen. »Nee, an dir ist kein Gramm zu viel.«

Ich schiebe meine Plauze absichtlich nach vorne. »Ich finde schon. Vielleicht das Körnerfutter. Die kleinen Scheißerchen haben immerhin eine Menge Kalorien. Hab ich hinten auf der Verpackung nachgelesen.«

Marie steigt voll darauf ein, bis sie spannt, dass ich sie verarsche. Sie haut mir auf den Oberarm. »Ach, du!«

Ich boxe ganz leicht zurück.

Marie zieht mich wieder auf, ich kriege ihren Arm zu fassen, ziehe sie unwillkürlich an mich. Und als ich einen Sekundenbruchteil lang hadere, ob ich sie küsse, drückt Marie ihre weichen Lippen auf meine.

Ein Moment wie Himbeer-Mousse.

Keine Ahnung, wer mehr über diesen Kuss erschrickt.

Schneewittchen löst sich von mir.

»Treffen wir uns um drei? Nur, wenn du Lust hast, Basti. Wegen Arzt und so?« Sie huscht in ihr Zimmer und ich schmecke sie noch immer.

Wir schuckeln mit dem Bus durch die City und vermeiden es, auf den Kuss zu sprechen zu kommen.

Marie sucht mit verzweifelter Intensität nach einem Foto-Mäppchen in ihrer Handtasche. Sie will mir ein Bild von sich zeigen, auf dem sie im zarten Alter von sieben verewigt ist. Vermutlich will sie nur nicht mit mir reden und mir in die Augen schauen. Der Kuss ist ihr peinlich, mich hat er überrascht.

Das unschuldige Schneewittchen, das sein Herz bereits an den Vögelbruder gehängt hat, hat mich lieb – oder mehr? Wäre ich ein Schwein, in Nullkommanichts hätte ich sie im Bett. Marie, du hast mich bekehrt!

Aber dazu ist mir Marie zu wertvoll.

Hoffentlich kriege ich den Strandtester-Job, dann bin ich raus aus dem Schlamassel. Ja, ja, ich ziehe wieder den Schwanz ein und mach mich dünn, wenn die Luft dick wird. Aber wie sonst soll ich da rauskommen? Ich kriege jetzt schon Magen-Darm-Koliken, wenn ich an den Tag denke, an dem ich mein fieses Geheimnis beichten muss.

Die Einkäufe im Supermarkt sind erledigt. Marie müsste unterdessen fertig sein beim Doc. Nun stehe ich vor der Praxis Dr. Gruber-Schlenk, suche die Klingeltafel mit dem Zeigefinger ab und werde fündig. Ich ziehe den Finger zurück, als hätte ich mich verbrannt. Dr. Gruber-Schlenk ist eine Gynäkologin – eine Frauenärztin!

Das geht gar nicht. Ein Frauenarzt ist weibliches Terrain. Da geht Basti nicht hin! Ich setze mich doch nicht zwischen all die Frauen, die dann kichern und tuscheln: Was will der denn hier? Eine uralte Angst steigt in mir hoch. Ich hasse es, der Außenseiter zu sein.

»Entschuldigung!« Ein absolut heißes Gerät mit blonden Haaren bis zum Po schiebt sich an mir vorbei. »Wollen Sie mit?«

Wie hypnotisiert folge ich ihr ins Haus, und bis ich mich umsehe, stehe ich doch in der Praxis von Dr. Gruber-Schlenk. Die Blonde will mich am Empfang vorlassen, ja, was soll denn das?

Ich winke mit beiden Händen vehement ab, was ich dabei sagen will: Das ist ein Irrtum, bei mir ist alles paletti. Ich gehöre hier gar nicht hin, wissen Sie, ich bin nämlich ein Kerl. Also habe ich mit dem ganzen Unterleibskram nichts zu schaffen.

»Ich will mich nicht vordrängeln«, stammele ich. »Vielmehr habe ich nicht einmal einen Termin, weil ich ja, äh, Dings, ja … keine Frau bin. Ich bin noch nicht einmal krank.«

»Kein Problem«, beschwichtigt mich die Dame hinter dem Tresen.

Für mich schon!

»Sie können gern im Wartezimmer auf Ihre Frau oder Freundin warten«, bietet die Empfangsdame an. Ach so, *warten.* Auch eine Möglichkeit.

Bei der Flucht aus diesem riskanten Bereich renne ich fast die Blondine über den Haufen. Ich öffne die Tür zum Wartezimmer. Was zu erwarten war, logisch, nur Frauen. Kein einziger Mann. Keine guckt auf. Sie beschäftigen sich mit ihrem Smartphone, blättern in Zeitschriften oder sind in sich versunken. Ich nehme vorsichtig Platz, doch das Sitzkissen aus Kunststoff macht ein unanständiges Pups-Geräusch.

Leises Kichern, also doch, nur eine hebt den Kopf – und lächelt mich an. »Das passiert jedem, die Kissen sind doof.«

Nun werden auch die anderen auf mich aufmerksam. Aber es ist überhaupt nicht unangenehm. Sie fühlen sich durch mich nicht irgendwie belästigt in ihrem Territorium. Das lässt mich mutig werden. Vielleicht weil ich fasziniert von ihrer hoch-schwangeren Stuhlnachbarin bin, die einen Bauch groß wie eine Trommel hat. Sagenhaft, dass da ein kleiner Mensch drin ist.

»Ich begleite eine Freundin.« Aus welchen Gründen auch immer, reibe ich mir den Magen.

»Ich wünschte, *mein* Freund käme auch einmal mit zur Untersuchung«, seufzt eine mit braunem Lockenkopf versonnen, die anderen nicken.

Ich bin echt überrascht. Frauen wollen, dass wir *hierbei* dabei sind?

»Ist schließlich auch sein Kind«, pflichtet die Schwangere ihr bei.

Plötzlich schleicht sich ein seltsames Gefühl bei mir ein, so ein »Das-will-ich-auch-haben«, ein Gefühl, das bislang einen weiten Bogen um mich gemacht hat. Ein Sekundentraum ploppt auf: Marie kommt aus dem Sprechzimmer zurück, hat die Hand auf der Babykugel, wie schwangere Mütter es gern tun, und strahlt: »Es wird ein Junge.« Und wir küssen uns.

»Im Wievielten seid ihr denn?«, fragt der Lockenkopf, und ich antworte ihr wie besoffen: »Es wird ein Junge.«

Woraufhin die Mädels, auch die ohne Babybauch, verzückt jauchzen: »Oh, wie süß. Glückwunsch. Und so ein stolzer Papa!«

Buff – Wolke zerplatzt.

Aber ich korrigiere den allgemeinen Irrtum nicht, die Stimmung unter uns ist viel zu gut.

»Bei uns wird es auch ein Junge, Nepomuk soll er heißen. Und eurer?«

Der Nepomuk macht mich völlig sprachlos. Ich habe jetzt schon Mitleid mit dem Knirps. Da ist Mobbing doch vorprogrammiert. Obwohl – Nepomuk Halbritter. Das hat was.

Da kommt Marie ins Wartezimmer, strahlt tatsächlich. Ein Schock fährt mir durch die Glieder. Himmel, sie wird doch nicht wirklich schwanger sein – doch nicht von diesem Vogelhuber!

»Bin fertig.«

Was natürlich völlig dusselig ist, aber ich tue es aus einem Reflex, ich gehe auf sie zu und küsse sie auf die Wange.

»Euch alles Gute und viel Glück!«, ruft die Mama von Nepomuk uns nach.

Marie zuckt mit den Schultern und ich kläre sie auf dem Nachhauseweg auf, was die dünne Eisschicht zwischen uns zum Schmelzen bringt.

»Du und ich – ein Baby. Ist ja völlig ausgeschlossen«, seufzt Marie.

Feli sitzt mit überlegenem Grinsen in der Küche und nippt an einem Smoothie. Diese Gemüse-Obst-Pampe ist bei uns total in, nur ich konnte mich noch nicht dazu überwinden, ES zu kosten. Allein schon, wenn meine Lippen mit dieser breiigen Substanz in Berührung kommen, die nach dem Gemüse riecht, das ich bereits als kleiner Junge verweigert habe, stellen sich mir sämtliche Haare zu Berge.

Feli zieht eine Augenbraue hoch.

Marie, die gerade von unserem »unglaublichen« Erlebnis beim Frauenarzt berichten will, verstummt.

»Wir haben ein Date. Er ist nicht *so*, wie du gedacht hast, Basti.«

Okay, meinetwegen, wenn sie mit dem Tchibo-Seppl auf die Schnauze fliegen will, ich habe sie gewarnt. Ich habe da einfach kein gutes Gefühl bei. Ich meine, hey, ich *bin* ein Mann. Ich weiß, wie wir ticken. Aber klar, Mann ist nicht gleich Mann. Tchibo-Boy ist vielleicht schüchtern und braucht deshalb ein paar Anläufe. »Gratuliere, er hat dich also endlich angerufen?«

»Nee …« Feli schüttelt den Kopf in der Art: Wie kommst du bloß auf so eine blöde Idee? »Ich habe bei der

Globalstern-Versicherung angerufen und den Abteilungsleiter der Kfz-Schadenabteilung verlangt. Die verrieten mir dann auch seinen Namen. Torben heißt er, schön, nicht? Als ich Torben an der Strippe hatte, habe ich ihm gesagt, dass ich Bock darauf hätte, mit ihm auszugehen. Ob es ihm heute Abend passen würde.«

Marie und ich sind sprachlos.

Ihre spontane Courage lässt Feli anscheinend im Nachhinein doch zweifeln. »Das klingt hoffentlich nicht so, dass ich gleich mit ihm ins Bett will, oder?«

Ich sage nichts dazu, oh nein.

»Basti, sag was! Klingt das danach, dass ich Sex mit ihm haben will?«

Jetzt, jetzt, wo das Kind in den Brunnen gefallen ist, jetzt fragt sie mich nach meiner Meinung, die ich ihr weiß Gott oft genug bereits kundgetan habe. Natürlich klingt es danach. Wenn mich eine Frau so penetrant in meiner Mittagspause belagert, mich sogar am Arbeitsplatz anruft, rechne ich freilich mit Sex.

»Das hätte ich nicht gemacht, den Mann anrufen und fragen, ob er mit mir ausgehen will. Ich bin immer noch für die altmodischen Spielregeln, das ist viel romantischer«, mischt sich Marie ein.

»Ja – duuu …«

Der Haussegen hängt schief.

Marie verschwindet wortlos in ihr Zimmer.

Feli verdreht die Augen an die Decke. »Jetzt ist sie wieder eingeschnappt. Aber du verstehst mich doch, oder, Basti? DU hast gesagt, wenn man etwas will …«

»Ja, ja, ja, habe ich. Angeblich. Und das sollte man auch. Wenn man dann ein gutes, warmes Gefühl dabei im Bauch hat, war die Entscheidung richtig. Wenn sie einem aber wie ein Stein im Magen liegt, stimmt was nicht. Glaube mir!«

Während ich so meine Lebensweisheit in die Welt blase, erscheinen meine »Steine« wie riesengroße Anklagen vor mir in den Raum geschrieben.

Es war kein Fehler, den Job bei meinem Vater hinzuschmeißen, aber ihn derart vor den Kopf zu stoßen, ist so ein Stein!
Auch mit meinem Bruder hätte ich mich nicht so verkrachen sollen – er ist mein Bruder!
Bei Marc muss ich mich für mein Verhalten entschuldigen!
Kathi … Wie konnte ich mich nur so mies Kathi gegenüber verhalten!
Und die WG!!!
Ich bin ein Egoist! Ich denke immer nur an mich!

»Basti?«, fragt Feli. »Alles okay?«

Nein. Ich bin down.

»Ach, übrigens, da ist ein Brief für dich gekommen.« Sie lässt sich mit dem Küchenstuhl nach hinten kippen und angelt einen Briefumschlag hervor, der halb unter dem Obstkorb steckt.

Eine Mahnung der Autowerkstatt? Ein Strafzettel für zu schnelles Busfahren? Ich schaue auf den Absender und mein Puls schnellt nach oben. Der Brief ist von »TravelLove«!

Ich bin zum Casting eingeladen! Mir geht es super. Ich fühle mich wie der King. Yes, yes, yes!

Feli pirscht sich von hinten an mich heran, lehnt ihren Kopf an meine Schulter. »Du-hu …«

»Ja-ha?«

»Du-hu, solange du noch da bist … Würdest du mir einen klitzekleinen Gefallen tun …?«

Es geht nicht immer nur um Sex

Niemals sofort zustimmen, wenn dich eine Frau um einen »klitzekleinen« Gefallen bittet. Besonders bei »klitzeklein« ist kurze Bedenkzeit angesagt. Aber ich war in so blendender Stimmung, ich hätte mir wahrscheinlich sogar den Schamhaarbereich waxen lassen.

Felicia und ich haben ein Date im französischen Restaurant »Maison Michel«, ich muss mich korrigieren, nur Feli hat ein Date – mit Torben. Ich sitze einen Tisch weiter, wo ich den Kaffeeschlürfer genau im Blick habe und jedes Wort verstehe.

Feli möchte mein Urteil, bevor sie sich auf ihn einlässt. Taugt Tchibo-Boy was? Oder will er nur eine Bettgeschichte? Und falls er auf einen Quickie aus ist, soll ich eingreifen.

Ich hoffe nur, dass unsere Posse nicht auffliegt und der Versicherungsheini mir daraufhin anhand eines rechten Hakens beweist, wie wichtig eine Zahnzusatzversicherung ist.

Tchibo-Boy betritt den Raum, das erkenne ich an Felis nervösem Getrippel unter dem Tisch, außerdem macht sie ständig »Sssst, sssst, sssst« zu mir rüber.

Torben ist geschätzt 1,80 m groß, schlank, trägt einen unspektakulären mausgrauen Anzug, sein Haar hängt ihm schlampig über die Ohren, kein Hingucker, kein Schnuckel also, wenn ich das aus Frauensicht beurteilen darf. Mir persönlich würde der Typ in der Fußgängerzone nicht ins Auge stechen, selbst wenn ich auf Kerle stünde. Vor schwingenden dicken Fäusten muss ich mich nicht fürchten: Tchibo-Boy strahlt den Elan einer Scheibe Knäckebrot aus.

Und der soll Felis Herzblatt sein?

Der mit Schnauzbart und Baskenmütze auf Franzose getrimmte Ober kommt, den rechten Arm am Rücken, an meinen Tisch.

Überfordert klammere ich mich an die Speisekarte. Ich traue den Froschfressern nicht. Die mit eleganten Beschreibungen beschönigten und von den Gourmets angepriesenen Delikatessen, zu allem Überfluss in einem Französisch, das so nie in meinen Vokabelheften stand, stammen meist von Lebewesen, die ich lebendig schon eklig finde, oder von einem tierischen Körperteil, der meiner Meinung nach in eine Dose Hundefutter gehört.

»Wos doaf isch Ihnen bringen, Monsieur?« Ich fasse es nicht, er sächselt. Bloß keine Schnecken, Kutteln oder Austern, betet mein Gehirn wie ein Mantra. Und weil mein Augenpaar gleichzeitig auch das langweilige Knäckebrot im Visier behalten muss, ordere ich: »Ein stilles Wasser und einen Salat mit Joghurt-Dressing, bitte.« Denn a) schlägt meine weibliche Seite erneut durch, b) können dir die Schneckenschlachter beim Salat kaum eine fiese Sauerei unterjubeln und c) hauptsächlich deswegen, weil Feli die Zeche für mich zahlt.

»Säähr wöhl, Monsieur«, erwidert der Aushilfsfranzose ohne mit der Wimper zu zucken, reißt mir die Speisekarte aber denn doch einen Tick zu heftig aus der Hand.

Tchibo-Boy bestellt mit affigem Gehabe. Von meinem Horchposten aus entgeht mir nicht, dass Feli einen »Loup de Mer« an gequirltem Artischockenbeet (oder so ähnlich) verlangt. Fisch! Mein Stichwort! Wie »Jack in the Box«, der Schachtelteufel, springe ich hoch.

Der noch immer wegen meiner Verschmähung der französischen Küche angepisste Ober weicht einen Schritt zurück.

»Ist das Schuppentier denn auch frisch?«, doziere ich. »Bitten Sie doch den Koch, er möge hinter die Kiemen des Fisches schauen. Das Tier ist nur frisch, wenn es hinter den Kiemen noch rosig ist.«

Der Ober zieht ein Gesicht, das ausdrückt: *Klugscheißer!*

Doch ich fahre fort, wenn mein Wissen schon ausnahmsweise mal nicht aus Wikipedia stammt. »Und er soll auf die Augen achten. Nicht auf seine oder Ihre, sondern auf die des Fisches.«

Der Ober öffnet den Mund, doch ich habe noch nicht fertig. »Und! Ein Fisch darf nie nach Fisch riechen! So, und jetzt husch, husch ab in die Cuisine!« An Tchibo-Boy wende ich mich kumpelhaft. »Wir wollen doch nicht, dass ihr Süßen mit einer Lebensmittelvergiftung in der Notaufnahme landet, gelle?«

Der Ober ringt um Luft. »Nodürlisch! Wir hoben nuoar frischen Füsch!«

Feli hingegen signalisiert mir mit schockweiten Augen, als habe der weiße Hai Tchibo-Boy soeben den Unterleib abgebissen: *Hast du sie noch alle! Mach dich vom Acker! Aber pronto!*

Und der Versicherungsfuzzi knurrt mich an: »Ich kann schon selbst entscheiden, was die Dame zu speisen wünscht!« Seine Augen senden Zeichen: *Ich hau dir gleich eine in die Fresse!*

Auf eine Schlägerei will ich es nicht ankommen lassen, ein blaues Auge bei meinem Bewerbungsgespräch will ich dann doch nicht riskieren, dezent ziehe ich mich zurück.

Das liegt zwanzig Minuten zurück, aber die schlechten Wellen von schräg gegenüber sind nach wie vor körperlich spürbar. Mit spitzen Lippen schlürfe ich vom Edel-Quellwasser. Tchibo-Boy nuschelt und säuselt, sodass ich kaum ein Wort verstehe. Das, *was* ich verstehe, ist so banal, dass mir vor Langeweile fast die Füße unter dem Tisch einschlafen. Feli indes kichert zu viel. Und er schaut ihr dauernd in die Untiefen ihres üppigen Ausschnitts.

Ich kann es ihm nicht einmal verdenken. Ihr Fummel trägt eindeutig das Prädikat: Ich bin leicht zu haben!

Ohne Mühe habe ich von meinem Platz aus freien Einblick bis zu ihrer Blinddarmnarbe, selbst der sächselnde Ober kommt aus dem Konzept. Aber sie ignoriert ja meine Ratschläge, wo sie kann!

Nach einer Weile werde ich misstrauisch, recke den Hals. Was treibt der Kerl denn bloß? Mister Knäcke fummelt mit seiner Gabel in Felis Teller herum, reicht ihm seine Portion nicht? Ach so, Entwarnung – er entfernt die Gräten aus Felis Fisch.

Bei meiner investigativen Tätigkeit muss ich äußerst vorsichtig vorgehen, dennoch entdecke ich ihn. Den goldenen Ring an seiner rechten Hand. Der Kerl ist verheiratet! Und zuppelt Gräten aus Felis Fischfilet und wer weiß, wo er unter dem Tisch sonst noch herumzuppelt!

Ich blinzle und zwinkere zu Feli so intensiv rüber, sobald Tchibo-Boy den Kopf über sein »Boeuf bourguignon« neigt, dass sie tatsächlich reagiert. Wir Mädels wissen, was diese Faxen sagen wollen: Toilettengang!

Wir treffen uns vor den WCs. »Und? Und? Wie findest du ihn?« Sie ist völlig aus dem Häuschen wegen des Suppenkaspers. »Halt mal eben.« Sie drückt mir ihren Taschenspiegel in die Hand und malt sich die Oberlippe an.

»Der Arsch ist verheiratet.«

Feli lässt den Lippenstift sinken.

»Ja, hast du denn nicht auf seinen Ringfinger geschaut? Von wem habe ich das denn gelernt: Immer nach dem Ehering schauen? Wer hat denn das verfilmte Lehrbuch für die Single-Frau, ›Sex and the City‹, verinnerlicht wie manch einer die Bibel?« Ich fasse es nicht! »Carrie und Samantha wäre das nicht passiert!«

»Ich geh wieder rein und sehe nach«, beschließt sie leicht angesäuert.

Ich tippe auf meine Lippen. »Du musst den Rest noch nachziehen.«

Als ich, eine halbe Minute nach Feli, in den Gastraum zurückkehre, hat Torben, die Kröte, den Ring doch tatsächlich abgenommen. Das ist ja noch widerlicher, als wenn er ihn angelassen hätte. Mensch, da kann er sich doch eine Story einfallen lassen, die Story, die alle verheirateten Männer von sich geben: Unsere Ehe ist schon längst vorbei, sie steht nur noch auf dem Papier, quak, quak, quak.

Männer, diese Schweine!

Ich stelle die Lauschlöffel auf. Spricht Feli ihn tatsächlich darauf an? Alle Achtung, das gefällt mir. Aber der Molch redet so leise, ich verstehe seine Antwort nicht. Ich rücke mit meinem Stuhl unauffällig etwas näher an ihn heran, aber keine Chance, null.

»Sssst, sssst, sssst«, mache ich leise.

Feli hört nicht.

Also stehe ich auf. »So, dann geh ich mal für kleine Königstiger.« Ich ziehe die Hose am Bund hoch.

Und tatsächlich, nach drei Minuten erscheint auch Feli.

»Auffälliger geht's wohl nicht? Du kannst mich doch nicht anssssten!«

»Er ist verheiratet und hat den Ring abgenommen!«, empöre ich mich.

189

»Ich habe es gesehen, Basti. Seine Hände sind braun gebrannt, aber der weiße Strich am Ringfinger ist eindeutig.« Wir seufzen einträchtig. »Aber! Seine Ehe läuft schon lange nicht mehr gut. Sie steht praktisch nur noch auf dem Papier.«

»Sag mal! Tickst du nicht ganz richtig!« Mir platzt gleich der Kragen.

»Pst! Man kann dich ja bis ins Lokal hören.«

»Der Schuft!«

»Ja-ha. Ganz blöd bin ich auch nicht«, grinst sie mich an.

»Und warum lässt du ihn dann nicht einfach sitzen?«

»Ich habe noch nicht aufgegessen und der Fisch ist absolut lecker.«

Ich verziehe den Mund. »Du lässt dich doch hoffentlich nicht von dem Typen abschleppen?«

»Ach was, ich genieße es einfach noch ein bisschen, mit einem tollen Mann auszugehen.« Sie trippelt davon, ich verweile noch.

Toller Mann! Der Hänfling mit dem Topfschnitt?

Dieses Affentheater. Ich habe die Schnauze voll. Was tue ich hier eigentlich? Feli weiß ohnehin alles besser. Ich werde zahlen und gehen.

Ich bin noch nicht an meinem Tisch angelangt, da sehe ich, wie Tchibo-Boy Feli in die Jacke hilft. Der Bursche hat unterdessen gezahlt. Die wollen das Lokal verlassen!

Feli tut so, als sei ich gar nicht anwesend. Die lässt sich doch nicht etwa von ihm heimbringen? Wer weiß, was sich in seinem Wagen alles noch abspielt, und ich kann nicht mit, um den Aufpasser zu spielen. Halt, langsam, langsam! Ich bin doch der amtlich bestellte Quickie-Verhüter!

Feli stöckelt voraus; die Knäcke-Kröte kehrt noch einmal um. Geht schnurstracks auf mich zu.

In Erwartung eines Schwingers ziehe ich den Kopf ein.

»Wenn Sie nichts dagegen haben«, sagt Tchibo-Boy, »machen Felicia und ich noch eine kleine Spitztour in den Wald. Und höchstwahrscheinlich werden wir auch Sex haben.«

Damit lässt er mich stehen. Der Sack hat uns durchschaut! Nach der ersten Schrecksekunde will ich ihm hinterher, aber der sächsische Franzose stellt sich mir breitbeinig in den Weg. »Homse nüscht wos vergessen?« Er reibt Zeigefinger und Daumen.

Mann, ey! »Der haut gerade mit meiner Freundin ab!«, verteidige ich meine misslungene Zechprellerei. Doch es nützt alles nichts. Bei Geld hört die Gastfreundschaft auf.

Lange liege ich wach. Es ist nicht allein wegen der Sorge um Felis Verbleib, die immer wieder gleichen Fragen lassen mich einfach nicht zur Ruhe kommen. Will ich wirklich auf Weltreise gehen? Oder habe ich nicht doch Sehnsucht nach Beständigkeit und einem kuscheligen Nest mit einer Frau, die ich wahrhaft liebe? Liebe. Diese verdammte Liebe!

Liebe ich Marie? Oder liebe ich Kathi, und zwar mehr als Marie? Liebe ich Feli – oder begehre ich sie? Was ist mit Bea, ist sie vielleicht meine heimliche Favoritin mit ihren kühlen Reizen?

Dann endlich höre ich Feli an der Wohnungstür. Sie steckt den Kopf zu mir herein. »Wir waren nur noch einen Cocktail schlürfen.«

»Ohne Sex?«

»Ja, Mama, ohne Sex. Und wir treffen uns auch nicht wieder.«

»Dann ist ja gut.«

Sie macht die Tür noch einmal auf und ein Lichtschein fällt auf mein Bett. »Es geht nicht immer nur um Sex.«

»Bei Männern geht es *immer* nur um Sex«, murmele ich. Vielleicht habe ich es auch bereits geträumt.

191

HERRENSAUNA

Hajo ist stolz auf mich, als ich von meinem Auftritt im »Maison Michel« berichte. Ich nenne ihn einen guten Lehrmeister, was seine ihn stetig einhüllende leicht depressive Aura ein wenig erhellt.

»Dann wird dein Wissen heute um eine weitere Lektion erweitert«, freut er sich. Wir bekommen nämlich eine große Weinlieferung. Das Schleppen der Kartons ins Feinkostgeschäft überlässt Hajo niemals den in seinen Augen unsensiblen Fahrern der Spedition, sondern dieses Mal ausschließlich mir, ebenso das Auspacken und das Einsortieren der kostbaren Flaschen in die Regale. Eine Sauarbeit! Ich bin nach einer Stunde tot.

Eigentlich kommt mir von daher die Verabredung mit Ben gelegen. Sauna, Kneipe, Männergespräche … na ja. Aber worüber unterhalten sich schwule Männer, besonders wenn einer von ihnen ein falscher Fuffziger ist? Haben Schwule die gleichen Themen wie wir Heteros? Und reden sie dann – über Männer? Reden sie über bestimmte hervorstechende männliche Körperteile, so wie wir über pralle Titten? Oder unterhalten sich Schwule über Fummel und Tischdekos?

Vielleicht geht es ja doch? Eine Freundschaft zwischen uns. Aber womöglich kündigt Ben mir die sowieso, wenn er herausbekommt, dass ich hetero bin. Aber vielleicht ist er auch so cool und steht darüber, dass ich anders bin als er.

Ich warte vor Bens Fitnessclub, ich wäre lieber in Timbuktu.

Ganz gleich, welche Ausrede ich mir hätte einfallen lassen, sie wäre unglaubwürdig gewesen. Doch eines steht fest, ich werde das Handtuch nicht ablegen. Keinesfalls! Nicht, dass ich mich nicht sehen lassen könnte – also *er* sich. Aber angestarrt werden wollen wir nicht, womöglich auf Länge und Größe geschätzt werden. Tun (wir) Männer das? Heteros wie Homos? Andere Überlegung: Machen Frauen das? Unterhalten sie sich über *ihn*? Vielleicht frage ich später meine Mädels, wenn ich zurück bin aus der Schwulensauna. Oder ich frage sie besser nicht.

Jedenfalls mag ich nicht, dass mein bestes Stück abgecheckt wird, egal von wem.

Ich bin kein regelmäßiger Saunierer, darum haut mich die Hitze fast um, als wir in diese feurige Holzbude mit den Liegen gehen. Keiner hat ein Handtuch um. Okay … aber wehe …

Ich gucke. Keiner guckt. Ich entspanne mich.

Ben und ich unterhalten uns übers Tauchen. Ben ist ein leidenschaftlicher Taucher. Er kennt die Meere vor Ägypten, der Karibik, er war auf den Seychellen, auf den Bermudas und weiß der Geier wo.

»Wo verdient man denn so gut, dass man die halbe Welt bereisen kann?«, will ich wissen.

»Ich bin selbstständig und diesbezüglich beruflich viel unterwegs.«

Gern würde ich mehr über diesen Traumjob erfahren, aber dann muss ich zwangsläufig auch über meine missratene Karriere berichten und das ist mir ehrlich peinlich. Also lenke ich das Thema wieder aufs Tauchen.

»Ich bewundere dich. Ist es nicht problematisch, mit mehreren Frauen zusammenzuleben?«, will Ben unverhofft wissen.

Und schon schlittern wir ins nächste Thema, über das ich nicht sprechen möchte. Denn Ben, sofern die Mädels ihn speziell für mich aufgegabelt haben, geht davon aus, dass ich ebenfalls andersherum bin, und explizit darauf herumkauen möchte ich nicht. Schon schade, mit Ben verstehe ich mich echt super, es ist fast ein bisschen so wie mit Marc. Aber unsere unterschiedlichen sexuellen Neigungen lassen sich nicht vereinbaren. Hand aufs Herz – die meisten Männer haben da einfach ein Problem. Frauen mögen mit der gleichgeschlechtlichen Liebe leichter umgehen, toleranter sein. Und von mir aus kann ja auch jeder mit jedem, aber nicht mit mir.

Fuck, jetzt passiert es doch, ich wusste es. Der Schweinehund mir gegenüber stiert mich seit Minuten an, er blinzelt nicht einmal. Entweder ist er mit offenen Augen eingeschlafen, an Hitzschlag gestorben oder er starrt unverblümt rüber.

Sauerei das! Egal, ob ich die Stirn krause oder die Lippen wütend verziehe, er glotzt. Ich verknote die Beine und überkreuze kämpferisch die Arme vor der Brust, denke an Timbuktu.

So eine Sau! Jetzt grinst er auch noch schräg, so in etwa: *Na, Kleiner, wie wäre es mit uns beiden?*

Wie kann er es nur wagen, mich so plump anzubaggern? Habe ich ihm irgendein Zeichen gegeben, dass ich das will? Ich habe doch bloß freundlich in die Runde genickt beim Betreten der Sauna. Das heißt doch nicht gleich, dass man angemacht werden will, oder? Darf man denn als Mann nicht einfach nur freundlich sein, ohne dass die Kerle gleich denken, man will was von ihnen? Geht es denn ständig ausschließlich um Sex bei den Typen?

Ich fühle mich echt scheiße. Jetzt weiß ich endlich, was Feli, Bea und Marie meinen, wenn sie sagen, sie fühlen sich belästigt, wo die Kerle noch von Flirten reden.

Sind wir wirklich manchmal so unsensible Trampeltiere?

»Ist irgendetwas?«, erkundigt sich Ben.

Ich mache ein vielsagendes Gesicht. Merkt er denn nicht, was los ist?

Unter der Dusche bin ich schnell fertig, und erst, als ich wieder Jeans und T-Shirt trage, gelange ich zu meinem Selbstbewusstsein zurück.

»Stört es dich denn gar nicht, wenn dich Männer anglotzen?«, frage ich Ben. Wir sind doch kein Freiwild für irgendwelche Kerle.

»Wer hat mich denn angeglotzt? Oder etwa dich?«

Ich nicke, mir ist das peinlich. »Der feiste Kerl uns gegenüber, dem sind fast die Augen aus dem Kopf gefallen.«

Ben kriegt sich kaum mehr ein vor Lachen. »Wir sehen zwar gut aus, Basti, aber ich glaube, der Kerl hat uns gar nicht beachtet. Hinter uns das heiße Fahrgestell mit den schwarzen langen Haaren, die hat er mit den Augen aufgefressen. Sag nur, die ist dir entgangen?«

Äh – *heißes Fahrgestell*? Wie redet der denn daher?

»Ich dachte, das sei eine Männersauna?«

»Männersauna?« Ben ist echt überrascht. »Gibt es so etwas? Meine Bekannten und ich nennen sie nur so, weil dienstags immer Bauch-Beine-Po mit dem schärfsten Trainer des Fitnessstudios ist, weswegen um die Uhrzeit meist keine Frau in der Sauna ist. Außer heute die Schwarzhaarige.«

»Ach so«, nicke ich. Doch ich bin mir nicht sicher, dass nicht doch ich gemeint war. Und nach der heutigen Erfahrung wünsche ich so manchem Mann, er wäre mal ein paar Tage lang eine Frau.

»Unangenehm, als Mann belästigt zu werden. Für dich nicht?«, frage ich Ben erneut. Wir starren uns ausdruckslos an.

Ben schüttelt sich, als sei er aus einer Starre erwacht. »Sag mal, Basti, hältst du mich eigentlich für schwul?«

Och … na ja … »Bist du?«

»Ich nicht.« Er hält seine Hand hoch und zeigt mir seinen Verlobungsring.

Ich schlage mir gedanklich gegen die Stirn. Wie lautet der Leitspruch beim ersten Date?

Immer auf den Ringfinger achten!

»Und du, Basti? Ich hab kein Problem damit ... Bist du?«

Ich wende die Kathi-Kopfrührtechnik an, die sowohl Ja als auch Nein ausschließt, und sage stattdessen: »Die hatte ganz schön pralle Möpse, Alter, Alter!« Was meiner Meinung nach als Antwort genügt.

Homer werde ich so was von eins auf die Schnauze geben! Depp!

Im Prinzip ärgere ich mich über mich. Ben wäre es egal, wie herum ich bin, nur ich mache so einen Affentanz. Und auch weiterhin umschiffe ich das Verhältnis zu meinen Mitbewohnerinnen, ebenso wie meine zweifelhafte berufliche Laufbahn. Ben und ich finden genug anderes zu bequatschen. Auch er rückt mit irgendetwas nicht richtig raus, das merke sogar ich. Da ist etwas, das er mir verschweigt, was er aber lieber loswerden würde. Ach, vielleicht rede ich mir das auch nur ein. Nicht jeder spielt seiner Umwelt ein Theater vor – so wie ich!

Als ich später nach einer ordentlichen Bierbetankung zurück in der WG bin, ruft Marc an. Es kommt mir vor, als wären wir seit einem halben Jahr getrennt gewesen. Er ist bereits seit über einer Woche zurück, fand bisher aber keine Zeit, sich zu melden ... »Früher« hätten wir in der Zeit die halbe Stadt auf den Kopf gestellt. Aber ich mag das nicht unbedingt auf Nicolas einnehmendes Wesen schieben, irgendwie war auch ich ständig abgelenkt.

»Servus, du alter Hurensohn!«, begrüße ich ihn. »Zurück aus den Flitterwochen?«

»Klar, du alter Affenpinscher! Wie geht's?«

Es tut so gut, mit einem normalen Menschen zu sprechen.

VERPISS DICH, MANN!

Mit einem Strauß an guten Wünschen für das Casting bei »TravelLove«, dem Versprechen von fest gedrückten Daumen, in Jeans, einem gebügelten Hemd und Jackett verlasse ich die Wohnung, die Krawatte steckt zusammengerollt in der Jackentasche. Jetzt geht's um die Wurst!

Ich ziehe die Tür ins Schloss und pralle mit Ken zusammen. Diese Flachzange schon wieder! Die Hoffnung, dass er es bei einem schlichten »Guten Morgen« bewenden lässt, gebe ich auf. Ken muss immer quatschen, das ist schon zwanghaft. Er ist aufgeputzt, als ginge er zu seiner Hochzeit, sein Rasierwasser stinkt nach billigem Russenpuff.

Labersack – geh mir aus der Sonne!

Da er meinen stillen Wunsch nicht hört, will ich einen Bogen um ihn schlagen, aber er stellt sich mir regelrecht in den Weg.

Es ist die Art, *wie* er sich mir in den Weg stellt, die mir signalisiert: Vorsicht, böser Feind!

Ich lege die Ohren an, mache einen Buckel, fletsche die Zähne.

»Ich weiß, was du da drin treibst!« Sein Kopf nickt Richtung Mädels-WG.

Ich drücke die Schultern durch, das macht mich etwas größer. »Ach ja, was denn?« *Du Schlaumeier*, schicke ich gedanklich rotzig noch hinterher.

»Ich beobachte dich seit Tagen ganz genau. Du kommst nicht nur zu Besuch, du bist dort eingezogen.«

Erste Schweißperlen bilden sich.

»Sagt wer?«

»Ich!«, frohlockt Ken.

»Geht dich doch 'nen feuchten Furz an, oder?« Oder?

»Da hast du völlig recht.«

Na also!

»Aber wissen die Frauen auch, dass du gar nicht schwul bist?«

Eine Schweißperle kullert mir die Wirbelsäule entlang.

»Sagt wer?« Ich stelle mich auf die Schuhspitzen, jetzt sind wir auf Augenhöhe.

Ken macht ein gequältes Gesicht. »Äh, was jetzt? Dass sie es wissen oder dass du nicht schwul bist?«

Ich bin selbst etwas verwirrt, aber egal, was ich jetzt antworte, Ken dreht mir einen Strick draus. Und da wir sowieso schon fast Nasenspitze an Nasenspitze parken, der Aggressionspegel ganz oben in der Skala schwappt und als Nächstes nur noch die Fäuste sprechen können, erwidere ich lapidar: »Eben.«

»Eben!«, schreit Ken nachdrücklich. Wir entspannen uns wieder, weil wir auf männliche, sehr reife Weise ausdiskutiert haben, was zu sagen war.

Aber die Hackfresse muss natürlich das letzte Wort haben. Als er vor mir die Treppe heruntergeht, ruft er mir über die Schulter noch zu: »Ich weiß, dass du ein ganz linkes Spiel treibst! Ich komme schon noch dahinter! Kein Mann behauptet, schwul zu sein, wenn er es nicht ist!«

Nun bricht mir aber wirklich der Schweiß in Bahnen aus.

Plärr halt noch lauter durchs Treppenhaus, du Gockel! Am besten machst du gleich einen Aushang ans schwarze Brett, dann wissen es auch wirklich alle.

Was für eine aberwitzige Annahme! Wie konnte ich mir nur Hoffnungen auf diesen Job machen? Das sind gefühlt locker fünfzig Bewerber. Attraktive, sportliche, vor Selbstbewusstsein strotzende Männer und Frauen, die mit ihren Erfahrungen in der Tourismusbranche und mit ihren Fremdsprachenkenntnissen um das Siegerpodest im Jobrennen wetteifern. Der Konferenzraum des Hotels quillt über. Einer der drei Geschäftsführer, Björn Richter, stellt uns »TravelLove« vor, dann sollen wir einen kurzen Text verfassen, den wir im Reisemagazin veröffentlichen würden. Schließlich geht es zu den Einzelgesprächen, die sich die drei Geschäftsführer teilen. Ich bin Björn Richter zugeteilt, ein offener, energetischer Mensch Mitte dreißig. Der Typ ist mir auf Anhieb sympathisch und ich schlage mich nicht schlecht. Teilweise sprechen wir Englisch, was ich gelassen hinnehme. Bei den persönlichen Fragen nach dem Warum und Weshalb, wieso dieser Job und dem anschließenden Test, ob ich auch tatsächlich heiß genug auf diesen Job bin, meine ich, dass ich mich auch recht gut mache. Größer ins Stottern gerate ich nie – denn: Ich BIN heiß auf diesen Job! Richter lobt mein Bewerbungsschreiben, das ihm in seiner lockeren und gefälligen Art gut gefallen hat. Ich möchte fast meinen, diese Runde habe ich gewonnen. Uns steht noch eine weitere Runde bevor – ein psychologisches Gespräch.

»Innerhalb einer Woche bekommen Sie Bescheid, ob wir uns für Sie entschieden haben.«

Hoffnungsfroh will ich in den mit blaugrauem Teppichboden ausgelegten Flur treten – da treffe ich auf den nächsten Bewerber: Ken!!!

»Du?!«, bellen wir.

Fassungslos starren wir uns an. Da verarscht uns doch wer? 'ne höhere Macht oder das Universum! *Wiesooo*, hallt es in meinem Kopf. Verzweifelt: *Wiesooo?*

Ich baue mich breitbeinig im Türrahmen auf, die Arme vor der Brust verschränkt wie ein türkischer Türsteher.

»Verpiss dich, Mann!«, zischt Ken.

Ich zeige ihm den Stinkefinger. »Verpiss du dich doch!«

Schon klar, das ist wirklich nicht gerade das reifste und klügste Verhalten, schon in Anbetracht dessen, dass unser möglicher zukünftiger Chef unterdessen Ohren so groß wie Blumenkohl hat und uns nicht aus den Augen lässt.

Ken macht einen langen Hals, blickt über meine Schulter und ich fürchte schon, Ken plärrt gleich heulend los: »Herr Richter, Herr Richter, der doofe Basti lässt mich nicht durch!« Also weiche ich aus, wenn auch nur zentimeterweise.

»Versager!«, »Loser!«, raunen wir uns zu.

Ken quetscht sich an mir vorbei.

Das Schicksal ist wirklich eine hundsgemeine, hinterhältige Bitch. Wenn Ken sich schon ebenfalls um einen Job bei »TravelLove« bewerben muss, warum kann das nicht wenigstens so geschehen, dass ich davon nichts erfahre? Nun ist mir die Lust so gut wie ziemlich vergangen. Und was, wenn er Björn Richter steckt, dass ich mich als Schwuler in eine Mädels-WG reingemogelt habe? Wirft kein besonders gutes Bild auf mich. Andererseits ... Etwas Sonne fällt wieder auf meine Seele – vielleicht gelte ich dann als besonders clever?

Was soll's, ich kann es nicht beeinflussen. Wenn die Chefs von »TravelLove« nicht schnallen, dass Ken eine linke Bazille ist, dann haben sie mich als Mitarbeiter nicht verdient. In dem Fall will ich dort gar nicht erst arbeiten. Dann kehre ich eben reumütig zu Hajo und seinen Schuppen- und Krustentieren zurück.

Wir Kandidaten sitzen in Grüppchen im Konferenzraum und warten, wie es weitergeht. Ken taucht irgendwann auf, er sieht aus wie durch den Fleischwolf gedreht. Seine einst penibel geföhnte Frisur steht quer, als sei Richter mit beiden Händen durchgefahren. Ken zieht sein Jackett aus, er trägt natürlich einen Anzug, die großen Schweißflecken zeugen von einer schweren Geburt während des Vorstellungsgespräches.

Ich schöpfe Mut. So selbstverständlich scheint Mr Perfect auch nicht alles in den Schoß zu fallen.

Eine junge Brünette erscheint mit einem Klemmbrett und liest paarweise Namen vor, die in der letzten Runde miteinander respektive gegeneinander antreten sollen. Ich mag diese psychologischen Sperenzien gar nicht. Wer weiß, was von einem erwartet wird?

»Sebastian Halbritter und Ken Dieckerhoff, Raum 3 zu Herrn Hansen und Frau König-Bärmann«, dröhnt es in meinen Ohren – das Leben ist wirklich zum Kotzen.

Wir stelzen den Flur entlang zu Raum 3, werden immer schneller. Jeder versucht, einen Schritt weiter als der andere zu sein.

»Die König-Bärmann ist die Psychologin und ein knallhartes Biest. Habe ich vorhin von einem der Jungs gehört, dessen Kumpel vor einem halben Jahr schon einmal diesen Test gemacht hat. Die Frau schnallt sofort, wenn du was auf dem Kerbholz hast – oder eine linke Tour drehst«, tönt Ken, wieder voll der Arroganzler, allerdings ziemlich außer Atem.

»Ich an deiner Stelle würde das Jackett lieber nicht ausziehen, bei den Schweißflecken, die du überall hast. Igitt, unter den Armen und am Rücken!«, hechle ich.

Ken krabbelt regelrecht in seine Jacke.

Doch ich kneife mit den Fingern die Nase zu. »Puh, zieh es lieber wieder aus. Puh, wie das müffelt! Hast du denn nicht geduscht?«

Während wir Raum 3 betreten, schnuppert Ken abwechselnd an seinem Jackett und unter seine Achsel, stolpert vor lauter Panik – ach, wie ich das genieße.

Dann stehe ich vor Ben.

ACH, WÄR'S DOCH NUR EIN SCHWEIGEKLOSTER GEWESEN

Im ersten Moment glaube ich noch, Ben sei ebenfalls einer von den Bewerbern.

»Hey, alte Dampfsocke!«, begrüße ich ihn, erkenne gerade noch rechtzeitig das konsternierte Gesicht der Frau im grauen Hosenanzug neben ihm, wohl die Psychologin. Erblicke ihr Namensschild an der Brust: *König-Bärmann*.

Und das von Ben: *Ben Hansen*.

Ich versuche, die Situation mit einem lauten Hustenanfall zu retten, während Ken noch immer verschiedene Körperteile an sich beschnüffelt. Diese Runde beschert uns beiden garantiert 100 Punkte auf dem Loser-Konto!

Hansen und König-Bärmann stellen sich vor. Ben ist einer der drei Geschäftsführer von »TravelLove«.

Ben verzieht dabei keine Miene, auch nicht, als er mich siezt. Ich verstehe, er will nicht, dass es nach Kumpanei aussieht. Eines steht jedoch für mich fest, als wir uns in der Sauna getroffen haben, muss er gewusst haben, dass ich mich bei »TravelLove« beworben habe. Das hatte ich im Gespür.

Anscheinend will man nun herausfiltern, wer besser für den Job geeignet ist. Ausgerechnet Ken gegen mich.

Die Psychologin presst gerade mal ihren Nachnamen heraus. Ihre Augen springen zwischen Ken und mir hin und her, als müsse sie sich äußere Unterschiede und Ähnlichkeiten für eine spätere Zeugenaussage einprägen.

»Welche Länder haben Sie denn schon bereist?«, fragt Ben, ohne einen von uns besonders anzusprechen.

Siedend heiß fällt mir ein, dass ich bei diesem Punkt in der Bewerbung recht großspurig über Trekkingtouren in Südostasien und in der Mongolei fantasiert habe; ja, Mensch, die Südsee-Zombies … Doch da mein letzter Urlaub in Wahrheit leider Lichtjahre zurückliegt, muss ich improvisieren. Und wie ich so reflektiere, grüble und zu dem traurigen Ergebnis komme, dass ich gegenwärtig nur mit Busstrecken auf Kosten von Maries Flexi-Ticket von der Kunigundenstraße zum Großmarkt aufwarten kann, fährt Ken mir in die Parade: »New York, also die Staaten, Dom. Rep., Türkei, Ägypten natürlich, Réunion, Dubai – unter anderem. Nicht zu vergessen: Shanghai. Selbstverständlich sind meine Freundin und ich nur in First-Class-Hotels abgestiegen, versteht sich.« Das saugt der Lutscher sich doch aus den Fingern!

Die König-Bärmann steckt ihr leuchtend aprikosenfarbenes, kinnlanges Haar rechts und links hinter die Ohren und notiert.

Bens Gesichtsausdruck bleibt unverändert sachlich.

»Und Sie, Herr Halbritter?«, will er wissen.

Ken streckt den kleinen Finger weg und macht, leise genug, dass Ben es nicht hört: »Ta-ti-ta-ta!« Aber ich höre es!

Plötzlich taucht mein Vater mit erhobenem Finger vor meinem inneren Auge auf. Mein Dad, ein treuer Fan des Alpenländchens, hockt in meiner Gedankenwolke und sagt: *»Na, Bub, kannst du dich denn nicht mehr erinnern?«*

Ich schiebe diesen Zustand jetzt mal auf den Stress.

»Äh, Österreich«, rutscht es mir heraus. Freilich hätte ich auch lieber mit Mauritius oder Namibia geprahlt, aber die kenne ich nur aus Fernseh-Dokus. Ken hat mich total aus der Spur mit seiner Aufschneiderei und seinem Gehabe gebracht – und dann die Erscheinung meines Vaters! Für unpassende Auftritte hat er wirklich ein Händchen …

Ken grunzt vor Lachen.

»Malle mit Marc!«, schicke ich verzweifelt noch nach. Das animiert die Psychologin wenigstens kurz zum Grinsen, dann streicht sie Wörter mit einer fast wütenden Dynamik durch, was mich noch mehr aus dem Konzept bringt.

Bei Ben stelle ich ein Schmunzeln fest. Oder ist das Zucken in den Mundwinkeln ein Zeichen, dass er vor lauter Fremdschämen gleich in Tränen ausbricht? Rasch hat er sich wieder im Griff.

»Nun möchte ich, meine Herren, dass Sie sich gegenseitig einschätzen. Nur Mut, wer fängt an?«

Ken analysiert sofort drauflos: »Herr Halbritter scheint nicht sehr weltgewandt und wenig vom Touristikwesen beleckt zu sein.« Dabei fuchtelt er theatralisch mit den Armen durch die Luft, als würde er die Neunte von Beethoven dirigieren.

Die König-Bärmann geht vorsichtshalber hinter ihrem Notizblock in Deckung.

»Achtung, Schweißalarm!«, zische ich aus schrägem Mund.

Ken fährt eilig die Flossen ein.

Doch den Rand hält er noch immer nicht. »Ich hingegen bin ein Kosmopolit!« Er beugt sich ein wenig nach vorne, was uns alle gespannt lauschen lässt. »Nichtsdestotrotz ziehe ich mich zwecks Meditation und Selbstfindung gelegentlich in ein Kloster zurück.« Wartet er auf Applaus?

»Ach, wär's doch nur ein Schweigekloster gewesen«, seufze ich aus ehrlichem Herzen, dies bringt die stumme Psychologin erneut zum Kichern.

Ich werde, erstaunlicherweise und zum Glück, nicht mehr nach der Einschätzung meines Kontrahenten befragt. Oder war der Einwurf mit dem Schweigekloster Aussage genug?

»Bei unserem heutigen Kennenlernen ging es meinen Partnern und mir darum, etwas über die Grundeinstellung der Kandidaten zu erfahren und ihre fachliche Eignung zu überprüfen. Persönliche Vorstellungen und Qualifikationen sind nicht immer deckungsgleich mit den geforderten Profilen. Außerdem wollten wir herausfinden, welche Teilnehmer sich als kollegiale Paare eignen. Denn Sie werden als Beachtester immer wieder in Stresssituationen geraten, die Sie gemeinsam meistern müssen«, erklärt Ben.

Wer wird denn auf das schmale Brett kommen und den Schnösel und mich zusammen an einen einsamen Strand schicken? Kontraproduktiv, Leute, das kann ich euch versichern!

Ben lächelt geheimnisvoll. Und wieder gerate ich aus dem Tritt. Glücklich habe ich jetzt meinen Erzeuger aus dem Kopf gedrängt, da martert mich nun die Frage: *Sieht er mich gerade beim Bauchtanz im Vollrausch vor sich? Und wie wirkt sich dies auf meine Bewerbung aus? Vielleicht reicht es wenigstens noch für die Stelle als Animateur.*

»Unsere Gespräche und psychologischen Tests sollen uns nicht nur Ihre Motivation und Kommunikationsstärke aufzeigen. Wir wollten feststellen, ob Sie teamfähig sind. Gibt es einen Macher, ein Leittier? Ordnet sich einer ständig unter? Können Sie fair und effektiv zusammenarbeiten? Wobei ich betonen möchte, dass es gewiss nicht von hoher sozialer Kompetenz zeugt, den anderen nicht ausreden zu lassen oder sich über ihn lustig zu machen.«

Mit gestutzten Flügeln verlassen wir das Hotel. Abwechselnd seufzen wir. Nie waren wir uns so einig. Wir haben versagt.

Ken bietet mir in seinem Frust sogar an, mich im Auto mitzunehmen, wir haben ja denselben Weg.

Er fährt einen gebrauchten, silbergrauen BMW.

Ich lege den Gurt an. Wir schweigen uns an, bis es aus Ken herausbricht: »Bitte! Ich brauche den Job. Ich bin ein Loser, ein Nichts. Ich kann reden, scheißklug daherreden, aber menschlich tauge ich nichts. Sogar vor Kyra habe ich an Ansehen verloren.«

Wir stehen an einer roten Ampel. Ken trommelt nervös mit dem Daumen gegen das Lenkrad. »Sie verlässt mich, hat sie gedroht. Wenn ich nicht bald einen Job vorweisen kann, der vor unseren Freunden nicht wenigstens halbwegs nach etwas klingt, ist Schluss mit uns. Bitte, ich brauche den Job!«

Wir schweigen wieder. Doch jedes seiner Worte lasse ich in meinem Kopf zergehen.

WIR SIND NICHT LESBISCH!

Der Tag hat sein garstiges Antlitz allerdings noch nicht vollends entblößt. Reichlich gefühlsduselig – um ein Haar hätte ich Ken auf einen Drink in die WG eingeladen, so war mir sein Geständnis an die Nieren gegangen – torkle ich in unsere Wohnung. Ich sehne mich nach literweise Hochprozentigem, dieses süße Mädelsgeschlabber, das ohne Kokos nicht existieren kann, macht mich auf Dauer depressiv.

Kinder, Kinder, ich bin wirklich auf dem Hund. Ich bilde mir tatsächlich ein, die Stimme meines Vaters im Gespräch mit Marie zu hören. Erst seine Erscheinung beim Casting, nun dies.

Ich werde doch keinen nostalgischen Anfall haben? Ich denke derzeit nämlich auffällig oft an meine glückliche und behütete Kindheit zurück, wo Mama immer da war mit einem Trostpflaster. Das könnte ich gut gebrauchen.

Neugierig blinzle ich in unser gemeinsames Wohnzimmer, wen Marie zu Besuch hat.

Meinen Vater!!!

»Schau nur, Basti, dein Papa ist da!«, ruft Marie, das gute Kind, aus und nimmt mich in den Arm. Kommt es nur mir so vor oder drückt mich Schneewittchen in letzter Zeit häufiger und bei jeder sich ihr bietenden Gelegenheit? Nicht, dass ich etwas dagegen hätte, aber was soll ich davon halten? Will sie doch was von mir?

»Hi«, grüße ich.

Mein Dad steht vom Sofa auf, Marie hat ihm anscheinend eine Tasse Pfefferminztee gemacht, der Teebeutel hängt noch drin. Plötzlich entsteht zwischen meinem Vater und mir eine seltsame Spannung: Wir stehen kurz davor, uns förmlich die Hand zu geben. Dann sagt mein Vater, auch das nicht sonderlich herzlich: »Guten Tag, Sebastian.«

Marie guckt etwas unglücklich zwischen uns hin und her, würde gern vermitteln, uns versöhnen. Ich habe ihr erzählt, dass es zwischen uns kriselt. Nein, objektiv betrachtet, zoffen wir uns seit meiner Pubertät.

»Ich lasse euch mal allein«, erklärt sie, weil sie ganz einfach eine sehr feine Antenne hat, und huscht aus dem Zimmer, macht die Tür zu. Dabei weiß ich doch, dass sie lauschen wird.

Wo zum Kuckuck hat der Alte bloß meine Adresse her? Doch nicht von Benno. Mein Vater hält nichts von meinen Kumpels, außer von Marc. Ganz klar, Marc ist der Freund, der das Bild ausfüllt, das mein Vater gern von mir hätte. Und er ist auch der absolute Schwiegermutterliebling. Marc hat es einfach drauf.

Dann dünkt es mir, womöglich haben Kathi und er Kontakt.

»Denkst du nicht, es ist Zeit, wieder heimzukommen?«, platzt er in meine Überlegungen.

Das macht mich nun aber doch sprachlos. Mein Vater … mein Vater bemüht sich extra hierher, um mich – heimzuholen? Das haut mich um. Ist er sterbenskrank? Ist ihm langweilig? Hat er keinen, den er schikanieren kann?

»Hast du überhaupt noch Geld?« Wir bleiben eisern voreinander stehen. Der Erste, der sich setzt, ist der Verlierer, auf den von oben herabgeblickt wird.

»Ich habe einen Job angenommen.«

Kein besonders rühmlicher, aber ein ehrlicher und einer, wo man richtig anpacken muss. Aber mein Vater würde es nicht verstehen. *Mit Lachs belegte Cracker und Antipasti verkaufen, ist doch kein Job für einen Mann. Verdient man denn da was? Kann man damit Karriere machen, eine Familie ernähren?* Ich kenne seine Sprüche genau. »Woher weißt du, wo ich wohne?«

»Von Kathi. Sie ist nicht glücklich.«

»*Sie* hat mich rausgeworfen.« Gell, das will ich bloß noch einmal gesagt haben! Das ist wieder typisch, wie mich das fuchst. Für alle ist Kathi die Arme, die Verlassene, die, die im Recht ist.

Mein Vater schaut mich bloß an, im Gesicht das große »Ach?«. Und nun?

Wir setzen uns doch, gleichzeitig.

»Ich will dir nur sagen, wenn du deinen alten Job wiederhaben möchtest, du bist jederzeit willkommen.«

Das wäre einfach. Zu einfach. Aber ich will doch etwas Neues. Endlich leben. Selbst entscheiden. Nicht nach Vaters Pfeife tanzen. »Danke«, nicke ich trotzdem.

Mein Vater blickt sich um. »Du wohnst hier also mit drei Frauen?« Beeindruckt? Er hat es ja nicht einmal mit einer Frau, mit meiner Mutter, geschafft. Er schmunzelt sogar: »Geht das gut?«

»Ich habe mit keiner was, ehrlich. Unser Verhältnis ist rein freundschaftlich.«

»Und das kannst – *du*?«

»Logisch.« Bin ich vielleicht eine Bitch?

»Es gab noch nicht einmal einen Kuss«, berichte ich, dann besinne ich mich. Sollte Marie lauschen, möchte ich nicht, dass sie glaubt, ihr süßer Kuss sei mir nichts wert.

»Okay, einen Kuss gab es. Marie, sie ist ganz wunderbar, sie hat mich neulich geküsst.« Und wie ich das so sage, fühle ich, wie es mir ganz warm wird im Magen.

Plötzlich bricht auf der Diele ein Tohuwabohu aus. Stimmen, die lauter werden. Höher. Die zurückgenommen werden. Wieder lauter werden.

Mist, die Mädels hängen zu dritt an der Tür, und nun kriegt Marie ihre Schelte ab, weil sie mich geküsst hat. Aber: hehe! Die anderen sollen sich an ihre eigene Nase fassen. Immerhin sind sie zu mir unter die Bettdecke gerutscht.

Mein Vater zieht die Augenbrauen hoch. »Langweilig wird es dir bestimmt nicht.«

Ich blase die Backen auf.

»Ich hoffe, du hilfst im Haushalt mit!« Dad fährt mit einem imaginären Bügeleisen über seinen Jackenärmel.

Ich tue es ihm gleich, fahre damit über meine Brust. »Ich bügle sogar meine Hemden. Und ich wasche Wäsche und hab noch nichts verfärbt oder einlaufen lassen. Und! Ich koche.«

»Deine Auszeit von uns bekommt dir ganz gut, wie?«

»Wenn wir bei ›Auszeit‹ sind … was von Mama gehört?« Wie lange sie wohl noch nach sich selbst sucht?

»Ich glaube, sie kommt bald zurück. Sie hat keinen Bock mehr auf die Kanaren.«

Was nicht zwangsweise bedeutet, dass sie Bock auf ihren Mann hat. Aber da halte ich mich raus.

Mein Vater versucht, mich weiter auszuhorchen, vom Casting bei »TravelLove« erzähle ich ihm nichts. Strandtester ist in seinen Augen kein Beruf, das ist Freizeitvergnügen für Faulenzer, die behaupten, sie hätten einen Job. Madigmachen lassen möchte ich mir »TravelLove« nicht. Wir betreiben noch ein wenig Smalltalk, bis der immer dünner wird.

»Wie gesagt, komm wieder zurück, wenn du möchtest.« Nun reicht er mir doch die Hand, drückt mich sogar ein wenig an sich. »Und schau, dass sich das mit Kathi wieder einrenkt. Sie ist ein anständiges Mädchen.«

211

Mir wird plötzlich gewahr, dass womöglich zumindest eine von meinen Mitbewohnerinnen den Lauschangriff an der Tür fortsetzt. Es wird Zeit, dass ich meinen Vater aus der Wohnung kriege … Doch …

»Diese Marie …?«

Was will er von mir wissen, ob Marie *auch* ein anständiges Mädchen ist? Das ist sie, Papa.

»Was meinte sie damit, da warst du noch nicht da, sie fände es fabelhaft, wie modern ich sei. Nicht jeder Vater käme mit der Neigung seiner Kinder so selbstverständlich klar? Sie hat sich fast ein wenig erschrocken darüber, weil ich nicht kapiert habe, worauf sie hinauswollte. Sie sagte dann eilig, sie habe das nicht so gemeint.« Er hebt fragend die Hände.

»Ist doch hoffentlich nichts Politisches? Du wirst doch kein Anhänger von dieser braunen Brut geworden sein?«, begehrt er auf.

»Um Himmels willen, nein! Lieber werde ich schwul!«

Mein Vater entspannt sich wieder. »Okay, na, dann bin ich ja beruhigt.«

Das Sofa ist noch warm von meinem Vater, da brechen sie wie die biblischen Plagen ins Wohnzimmer, plappern, hecheln, sticheln, zicken, gackern. Es geht um mich, auch wenn meine Anwesenheit völlig nebensächlich ist. Sie beachten mich gar nicht. Es geht zwar um mich, aber eigentlich geht es um *sie*.

Anscheinend ist die Bombe geplatzt und nun wissen sie, dass jede von ihnen versucht hat, mich zurück vom anderen Ufer zu holen.

Aber deswegen brauchen sie doch keinen so großen Zirkus zu machen. Das war doch ganz harmlos. Um mich umzupolen, hätten sie sich um einiges mehr ins Zeug legen müssen. Andererseits … wenn ich so – mit Wonne – daran zurückdenke … Ich musste mich schon gewaltig ablenken, um meine Männlichkeit im Zaum zu halten. Horrorbilder habe ich herbeirufen müssen: Renés Gießkanne und Irmis faltige Brust!

Trotzdem … Macht doch nicht so ein Theater meinetwegen!

»Hallo! Hallo!« Ich schnippe mit den Fingern und hüpfe um das streitende Knäuel herum. »Mädels, cool down. Es ist doch alles in Butter!«

Noch hacken sie aufeinander ein.

»Aus jetzt! Ich bin immer noch schwul!«

Mädels, was guckt ihr denn so?

»Schwul?« Mein Vater blickt mir auf die Hose, als sei es dort abzulesen. Ich hatte gar nicht gemerkt, dass mein Erzeuger noch mal auf den Lokus war, bevor er gehen wollte.

Die Frauen sind schlagartig still. Betreten blicken sie auf ihre Schuhspitzen. Sie haben mich verraten, ans Messer geliefert.

So weit zu meinem Outing.

Einem Zwangsouting.

»Äh?«, mache ich. Und wäge ab. Was ist schlimmer, meine Lüge vor den Mädels auffliegen zu lassen oder Dad die Schwuchtel vorzuspielen? Klar, auf *die* plumpe Art kann ich Bea, Marie und Feli nicht die Wahrheit mitteilen. Das muss feinfühliger geschehen, irgendwann, wenn der Zeitpunkt passt. Jetzt passt er nicht.

»I wo, Papa, so schlimm ist es gar nicht.«

Mal schauen, wie tolerant er ist.

»Schwul? Nicht schlimm?« Er kratzt sich am Kinn. »Na ja, so schlimm ist es nicht, aaaber … Wann hast du denn gemerkt, dass etwas nicht stimmt bei dir?«

Noch schweigen meine Frauen, aber ich merke, wie es anhaltend brodelt. Etwas nicht stimmt … Wie kann er so unsensibel sein? Der Sohn ist homosexuell, nicht plemplem.

Mein Vater bemerkt seinen verbalen Fehltritt. »Ich hab's nicht so gemeint, entschuldige. Wollen wir darüber reden?«

Die Mädels nicken – drüber reden ist immer gut.

»Nee!«, entfährt es mir genervt. »Vom Reden werde ich auch nicht wieder hetero.«

»Ja, und? Hast du einen Freund?«

Die Mädels wackeln mit den Köpfen. Sie kommen mir vor wie meine Background-Sängerinnen, die an den passenden Stellen die Stimmung untermalen.

»Was ist denn mit Kathi?« Dad ist entsetzt. »Weiß sie es schon?« Er schlägt sich mit der Hand vor die Stirn. »Jetzt verstehe ich, *deswegen* hat sie mit dir Schluss gemacht.«

Bea, Feli und Marie horchen auf. Von einer Kathi haben sie noch nie gehört, wo sie doch dachten, sie wüssten alles über mich. Danke, Papa, das macht mir das Leben garantiert nicht einfacher. Wieder diese Erklärungsnöte.

»Kathi?«, fragt prompt Bea, die ihr Misstrauen mir gegenüber einfach nicht wegstecken kann.

Na ja, zu Recht.

»Weiß es dein Bruder?« Mein Vater lenkt sie ab.

Oh, pfui Teufel, an den habe ich noch gar nicht gedacht. Die alte Schlumpfsocke darf das niemals erfahren!

»Hast du es deiner Mutter gesagt?«

»Nein, Papa, niemand weiß es. Doch, mein Chef weiß es.«

»Und der ist auch schwul«, souffliert Feli.

Mein Vater zieht ein Taschentuch aus seiner Hosentasche und fährt sich über die Stirn. »Und sie?« Mit dem ausgestreckten Zeigefinger kreiselt er in Richtung Mädels. »Aaah sooo«, macht er dann verstehend. »So eine WG seid ihr! Deshalb läuft da nichts zwischen euch. Ihr steht nicht auf Kerle.« Und bevor es klick bei ihnen macht, drückt mich mein Vater noch einmal kurz an seine Brust, sagt: »Ich muss los, ist ja auch alles eure Sache. Sehen wir uns morgen?« Er klopft mir sacht auf die Schulter. »Aber dass ich das nicht gemerkt habe …? Eigentlich dachte ich immer, du seist mehr so ein Hallodri, der nichts anbrennen lässt.«

Im Hinausgehen wiederholt er unentwegt wie ein Mantra: »Dass ich das nicht gemerkt habe …«

»Wir sind NICHT lesbisch!«, ruft Bea ihm hinterher. »Herr Halbritter, hören Sie, wir sind NICHT lesbisch!«

Im nächsten Leben komme ich als Mormone auf die Welt

Marie cremt sich die Hände und Füße ein. Feli hat Wattepads zwischen den Zehen, die sie sich dunkelbraun lackiert hat. Bea hat das Gesicht mit einer dicken Quarkschicht bedeckt. Ich feile mir die Nägel. Wir Mädels sind endlich wieder unter uns.

»Es tut mir sooo leid. Dein Outing hast du dir sicher anders vorgestellt.«

Ganz bestimmt, Schneewittchen.

»Und? Fängst du wieder bei deinem Vater an?« Bea mustert mich scharf.

»Habe ich nicht vor.«

»Es ist halt so«, sinniert sie, »Väter machen sich immer Sorgen, dass aus ihren Kindern nichts Anständiges wird und ob es ihnen gut geht. Ob sie eine gute Frau finden, Familie gründen. Denn das ist ihre ureigene Aufgabe, dafür zu sorgen, dass die Familie weiterexistiert. Er meint es nur gut, Basti. Manchmal ist die Art und Weise, wie unsere Eltern es uns zeigen, halt seltsam.«

Wie wahr!

»Und wer ist eigentlich Kathi?«, fährt Bea fort, ohne Luft zu holen. Ihr erschreckendes Quark-Gesicht kann ich nicht anschauen, ohne grinsen zu müssen.

War ja logisch, dass sie Kathi noch einmal aus dem Sumpf ziehen müssen. Und wie rede ich mich nun da wieder raus? Wenn ich diese Story glimpflich hinter mich gebracht habe, ohne dass ich meine Mitbewohnerinnen auf ewig beleidigt habe, werde ich nie mehr lügen. Lügen ist so verdammt anstrengend. Das Lügen an sich nicht, aber der Rattenschwanz, den das Lügen nach sich zieht. Immer wieder neue Lügen erfinden und anbauen, das bedarf einer ganzen Menge an Kreativität.

Aber das ist gar nicht der Punkt!!!

Ich werde nie mehr lügen, weil ich nie wieder Menschen verletzen möchte, besonders die, die mir am Herzen liegen.

»Meine, äh, Schwester. Halbschwester. Oder beschreiben wir sie so, sie ist so was wie eine Schwester für mich.« Wieder eine Lüge mehr! Dafür schmore ich in der Hölle!

»Und ihr hattet mal was?«, fährt sie hoch. Die Quarkmaske wirft Blasen.

»Wir? Nee.«

»Aber dein Vater hat doch gesagt, sie hat Schluss mit dir gemacht«, gibt nun auch noch Feli ihren Senf dazu.

»Schluss gemacht, ja, im übertragenen Sinn. Sie will nichts mehr mit mir zu tun haben, weil ich, äh, Männer liebe. Das hat sie nicht verdingst, äh, verstanden.« Welpenblick.

Marie springt hoch und drückt ihr Apfel-Shampoo-Haar an meine Brust. Die cremigen Hände hält sie zur Seite. »Oh, armer Basti! Wie gemein von ihr!«

»Nun hör aber auf!«, giftet Bea. »Du suchst doch jede Gelegenheit, um dich bei Basti anzuwanzen.«

Marie, völlig entgegen ihrem sonstigen Naturell, reißt sich von mir los, wirft das Haar wütend in den Nacken. »Ach ja?!

Bin ich zu Basti ins Bett gekrochen oder du! Das ist ja wohl die schäbigste Nummer, die es gibt!« Sie funkelt Bea zornig an. So leidenschaftlich zornig habe ich Schneewittchen noch nie erlebt.

»Ich war ja nicht die Einzige! Also reite nicht ständig bei mir darauf herum. Ich bin ja bloß zu Basti ins Bett gekrochen, weil es mir kalt war.«

»Ha, kalt!«, lacht Feli nun bösartig. »Wenn wir alle ständig zu Basti ins Bett kriechen würden, weil uns kalt ist, käme der Ärmste überhaupt nicht zum Schlafen.«

Was für eine Wahnsinns-Vorstellung!

»Ihr beiden seid schamlos! Bei mir war es wenigstens lediglich ein Bussi.«

Lediglich ein Bussi, na ja, das ist ein bisschen untertrieben. Zwar nicht mit Zunge, aber doch schon ganz schön heiß!

»Ein Bussi! Dass ich nicht lache!«, ätzt Bea folglich. »Unser Fräulein Rührmichnichtan lässt den Vogelkundler nicht an ihre Wäsche, obwohl der sie anschmachtet wie ein Stück Sahnetorte, aber unseren homosexuellen Mitbewohner knutscht sie ab, bravo! Und wir sind schamlos!«

Marie greift nach dem Sofakissen und pfeffert es Bea ins Gesicht. Volltreffer! Pflatsch!

Bea sieht aus wie eine verunglückte Quarkspeise mit violetten Wollflusen. Sie schreit hysterisch auf und schnappt sich die Tüte mit den Wattepads. Damit drischt sie auf Schneewittchen ein. Fasziniert verfolge ich das Schauspiel. Schlammcatchen für Anfänger.

Feli kreischt: »Jawoll, gib's ihr!« Offen bleibt, für wen sie Partei ergreift.

Ich kann mich gut daran erinnern, ich war fünfzehn, im Stimmbruch, alles Mögliche wuchs in meinem Gesicht, nur kein Bart. Ich war abwechselnd in Maxi und Lisa verknallt. Sie wollten von mir nichts wissen. Ich hätte beide Arme dafür hergegeben, hätte sich nur annähernd so eine Szene abgespielt wie gerade eben. Nicht einmal meine Träume hätten sich an so ein heißes Eisen getraut.

»Nun ist aber gut«, versuche ich zu schlichten. »Ich habe euch doch alle lieb! Nicht streiten, bitte!«

Marie reicht Bea eine Packung Kleenex.

»Und im nächsten Leben komme ich als Mormone auf die Welt und heirate euch drei.«

Wir lachen erleichtert und beruhigen uns allmählich.

Jetzt! Jetzt, Basti, ist *der* Zeitpunkt.

Jetzt solltest du es ihnen sagen.

Jetzt *musst* du es ihnen sagen.

Wenn nicht jetzt, dann nie mehr.

Oder meine Lüge fliegt genau dann auf, wenn es am wenigsten passt. Ich hole Luft, gaaanz tief.

»Hört mir mal zu. Ich muss euch etwas beichten«, fange ich mutig an, die Augen geschlossen. Der Magen grummelt.

»Ich habe mich verliebt«, platzt Bea aufgewühlt in mein Geständnis.

»Ich auch!«, schreit Feli.

»Ich auch«, höre ich das wieder zaghafte Schneewittchen.

Boah, ey! Ich werde ein bisschen verlegen. Na, gibt's denn so was? Wie wird man eigentlich Mormone?

In diesem feierlichen Moment schellt und klopft es wie wild an der Wohnungstür. Ich verliere den Faden. Jemand ruft laut um Hilfe. Ken? Wieso der?

Wir rennen raus und öffnen ihm die Tür.

»Da liegt eine alte Frau im Treppenhaus. Sie atmet nicht mehr. Es ist die Alte von oben, die immer die Tür aufdrückt«, berichtet er atemlos, völlig von der Situation überfordert.

So etwas hätte »TravelLove« mal in die Persönlichkeitstest-Runde einbauen sollen: Wie belastbar sind die Kandidaten?

Würden sie den Reisepartner am Strand von Waikiki verbluten lassen?

Wir stürzen ins Treppenhaus. Ich knie mich neben die Schmitz von oben und fühle ihr den Puls. Da ist noch Leben drin. »Schnell, ruft einen Notarzt!«

Ich streichle ihr die Wange. »Na, altes Mädchen, was machste denn für Sachen? Bringt mir mal ein Glas Wasser!«, gebe ich an, fühle mich wie Dr. Brinkmann aus der »Schwarzwaldklinik« bei seiner ersten Treppenhaus-Notentbindung. Dieses hochdramatische *Tupfer-Schere-ein-Handtuch-eine-Schüssel-Wasser-bitte*-Ding.

Marie läuft in die Küche. Während ich den Kopf der alten Frau behutsam in meinen Schoß bette und ihr Flüssigkeit eintrichtere, stehen meine Mitbewohnerinnen da und kriegen Softeis-Augen.

»Wahnsinn!«, haucht Feli.

Ich sehe es auf mich zurollen. Wir werden ein mächtiges Problem kriegen, denn mit drei Frauen gleichzeitig ein Liebesverhältnis zu haben, das packe ich vielleicht nicht.

Ken lehnt käsebleich an der Wand, er schafft es dennoch, seine Missbilligung herüberwachsen zu lassen. Sein Henkersblick erzeugt bei mir eine Gänsehaut.

Kreislaufkollaps. Wahrscheinlich wegen der Hitze und zu wenig getrunken, stellt der Notarzt fest. Sie nehmen die »olle Schmitz von oben« mit.

Sie blinzelt mir zu.

Als sie von zwei Sanitätern auf einer Trage aus dem Haus gebracht wird, werfe ich ihr eine Kusshand nach.

»Schlingel!« Sie lächelt.

Meine Mitbewohnerinnen kommen nicht mehr auf ihre Liebeserklärungen zurück und ich wage nicht, danach zu fragen. Ich hole für Bea und mich zwei Biere, Feli trinkt Kokoswasser und Marie Pfefferminztee. Genüsslich fläze ich mich auf dem Zweiersofa, die nackten Füße auf die Lehne gelegt.

»Wieso heißt die Jogginghose eigentlich Jogginghose, wenn man damit die meiste Zeit auf der Couch verbringt«, bringe ich einen alten Kalauer an und betrachte meine behosten Beine.

»Du vielleicht«, lacht Bea.

Marie holt sich aus ihrem Zimmer eine Wolldecke und schlüpft darunter. Sie trägt flauschige Socken.

»Sag nicht, dir ist kalt?« Ich habe vor, demnächst einen Ventilator für die WG zu besorgen.

»Es ist doch aber auch nicht warm. Und wenn die Balkontür offen steht, kommt ein kühler Wind herein«, verteidigt Marie ihren winterlichen Aufzug.

Ich spüre nichts, nicht den leisesten Windhauch.

Aber das ist auch so eine krasse Männer-Frauen-Differenz. Das unterschiedliche Kälte-und Wärme-Empfinden. Marie bringt es durchaus fertig, sich morgens einen dicken Schal mehrmals um den Hals zu wickeln, trägt aber Shorts und Flip-Flops dazu. Ins Bett geht sie in einem Hauch von Nachthemd, trägt aber generell dazu Socken. Haben Frauen unterschiedliche Klimazonen am Körper?

Diese Schals hätten so gut wie nichts mit der Kälte zu tun, erklären mir die WG-Mädels. Diese Schals seien ein rein modisches Accessoire. Dass sie zusätzlich auch noch den Nacken warm hielten, sei ein wunderbarer Nebeneffekt.

»Typisch Frau«, entfährt es mir, als sich Marie mit beiden Händen auch noch an die heiße Teetasse klammert. Dummer Fehler, dummer Fehler. Doch immer wieder rutscht er mir heraus.

»Von wegen!« Und nun geht wieder unsere beliebte »Mann versus Frau«-Schlacht los.

»Typisch Mann ist, nie die T-Shirts umgedreht in die Waschmaschine zu werfen! Und die Socken überall auf dem

Fußboden zu verteilen! Kein Wunder, dass immer eine fehlt«, beginnt Feli.

»Dafür habt ihr Frauen einen Handtaschenwühlfimmel. Ihr würdet euren Krimskrams leichter finden, wären eure Handtaschen nicht so riesig.« Aber auch hier wurde ich bereits mehrfach aufgeklärt. Große Handtaschen, aber wirklich große, sind einfach trendy. Dass sie sich schlussendlich bis zum Platzen füllen, geschieht praktisch ohne großes Zutun der Taschenträgerin.

Es fängt mit der Grundausstattung an, die in die Handtasche muss, nämlich Handy, Schminkzeug, Geldbeutel, Schlüssel, dann mehrt sich der Inhalt nach und nach: Labello, Pfefferminzdrops, Ersatzstrumpfhose, Mini-Taschenlampe, Nagellackentfernerpads, Blasenpflaster und Feile (für die schnelle Nagelpflege im Büro), Nähetui, Sommerfrotteeschuhsohlen, Kuscheltier, Wimpernzange (eine ganze Weile war ich mir nicht sicher, wofür frau das nimmt, und bin leicht errötet), ein Gymnastikgummiband … ich könnte hier endlos fortsetzen.

Unser Battle geht weiter. »Ihr Männer könnt immer nur eine Sache tun und dabei darf man euch um Gottes willen nicht stören!« Bea verdreht die Augen.

Das stimmt. Wenn ich den Föhn repariere, dann repariere ich den Föhn. Da kann ein Mann nicht beantworten, ob er Sellerieschnitzel zum Abendbrot möchte und ob die cremefarbene Bluse dick macht. Ein Mann macht eines und das gut. Frauen hingegen übertreiben es derart mit ihrem Multitasking, dass sie zwar fünf bis siebzehn Baustellen anfangen, aber im Endeffekt nur sieben leidlich zu Ende bringen, dabei aber in mindestens drei Baugruben fallen. Der Rest war dann halt nicht so wichtig …

»Und quatscht uns nicht in den Satz, niemals! Wir Jungs verlieren komplett den Faden. Der ist fort, futschikato«, begehre ich auf. Mir ist das ernst, aber sie lachen.

Als sie sich wieder eingekriegt haben, fragt Marie: »Was hat dich denn bei deinem Ex gestört?«, und wie immer sind die Frauen brennend an meinem Privaten interessiert.

»Ach, jede Menge …« Ich überlege. Kathi schraubt die Zahnpastatube zu, generell. Keine Socken auf dem Boden. Sie macht morgens die Betten, das ist Pflicht. Sie ist ehrlich. Häuslich. Korrekt. Mir fällt nichts Negatives ein.

Kein Mensch ist perfekt …

Doch, eine Kleinigkeit stört mich. Vielleicht ist sie *zu* korrekt, vielleicht fehlt mir das Chaos von Feli an ihr, das, was die in ihrem Perfektionismus so unperfekte Bea ausmacht, und das Versummte von Marie und ihre Welt in den rosa Wolken.

»Er muss immer alles planen, für alles legt er eine Excel-Tabelle an. Was fürs Wochenende einzukaufen ist, welche Weihnachtsgeschenke für wen, eine Urlaubsliste, ein Wochenplan, was befindet sich wo in welchem Schrank, das nervt ein bisschen. Vor allem müssen diese Pläne eingehalten werden, sonst bringt es ihn völlig aus dem Tritt. Aber ich brauche ein bisschen Spielraum und ich mag es gern spontan.«

Die Frauen nicken.

»Und warum hat er Schluss gemacht?«, bohrt Bea weiter. Sie kommen gar nicht auf die Idee, dass diese Fragen allmählich zu intim werden. Aber wir sind schließlich unter uns. Ich bin eine von ihnen. Längst ist es ihnen nicht mehr peinlich, sich mit Pickelpflastern auf der Nase vor mir zu präsentieren, sich die Beine in meinem Beisein zu rasieren und hemmungslos zu schlemmen (auch Burger und Pommes – selbst, wenn eigentlich die große Hollywood-Diät angesagt ist).

Ja, unterdessen bin ich eine von ihnen. Und ich genieße es. Wie oft werde ich solche gemütlichen Momente noch haben dürfen? Bea hat sich das Gesicht nochmals mit Quark einge-kleistert. Feli hat die Haare auf diese bunten Gummirollen, Papilloten nennt man die, gerollt. Marie zupft sich die

Augenbrauen und trägt ein langes T-Shirt mit Leierbündchen und psychedelischem Muster (das Vögler-Jan sicher nie zu Gesicht bekommen wird). Auch nicht ihren Schlüppi (wir Mädchen sagen *Schlüppi*) mit den kleinen Kätzchen drauf, der hervorblitzt, wenn sie sich bewegt.

Dieser Schlüppi suggeriert mir eigentlich, dass sie gar keinen Sex mit mir haben will, auch wenn sie sich in mich verliebt hat.

Die Begriffe *bequem* und *aufreizend* kommen bei Dessous einfach nicht zusammen. Da bedarf es dringender Beratung meinerseits.

Mädels, niemals die olle Wäsche mit Kindermotiven oder aus Frottee (ganz schlimm) oder verfärbt bei einem Date tragen, das Aussicht auf Sex verspricht! Das sind die absoluten Abturner. Wir Männer mögen es klein, hauchdünn, es darf gern auch was mit Spitze sein. Okay, dafür lassen wir die Großvater-Buxe im Schrank und rasieren uns die Brust!

So weit mein gedanklicher Entwurf. Ein bisschen drückt es mir doch aufs Gemüt, dass sie sich so ungeniert vor mir in dieser Aufmachung präsentieren. Als Schwuler bin ich anscheinend nicht genug Mann, vor dem man sich nur aufgebrezelt zeigt. Andererseits: Sie lieben mich. Wollen sie mich *so* herumkriegen?

Versteh einer die Frauen!

Sie warten noch immer auf meine Antwort.

»Da gibt es vieles, was ich falsch gemacht habe.« Das ist mir in den vergangenen Tagen bewusst geworden. »Wo es aber so richtig Zoff gegeben hat, wonach nie wieder so richtig Harmonie in unsere Beziehung eingekehrt ist, das lag an meinem Traum.«

Mann, ehrlich, diesen bösen Patzer bereue ich zutiefst.

»Nun erzähl doch«, bettelt Feli.

»Im Traum stehe ich vor dem Traualtar. Der Pfarrer sieht aus wie Klaus Kinski und er fragt mich: ›Wollen Sie tatsächlich diesen Mann bis ans Ende ihres Lebens neben sich ertragen? Beim Einschlafen, beim Aufstehen? Sein Genörgel erdulden? Nie kann er sich entscheiden ohne Excel-Tabelle, aber alles weiß er besser. Sein Mund steht nie still, und Sie haben nichts zu melden. Sie als sein Ehemann sind ein ganz armer Hund.‹ Lauter so 'n Zeugs redet der daher. Und er kommt immer näher auf mich zu, wird größer und größer, will mich verschlingen mit Haut und Haaren. Ich schrecke aus dem Schlaf hoch. Und mein Ex fragt mich, was denn los sei. Ich sage: ›Ich hatte einen schrecklichen, ganz furchtbaren Albtraum.‹ Mein Ex fragt: ›Worum ging es denn in deinem Albtraum?‹ Und ich Idiot sage, mir nichts Böses dabei denkend: ›Ich habe davon geträumt, dass wir heiraten und vor dem Traualtar stehen. Es war der absolute Horror!‹ Von da an war mein Ex wie ausgewechselt. Ständig angriffslustig und alles, was ich machte, machte ich in seinen Augen falsch.«

»Aber warum hast du denn den Irrtum nicht aufgeklärt, Basti?« Marie ist ganz verzweifelt.

»Weil ich damals dachte, das sei nicht so schlimm, mein Ex würde sich schon wieder einkriegen. Ich habe einfach nicht auf seine Gefühle geachtet.«

Das habe ich erst durch euch gelernt. Ich muss ihnen die Wahrheit beichten, bald. Bevor die Bombe vorher platzt.

Gleich morgen!

ÄTSCH – ED SHEERAN!

Ben ruft an. Ich liege wie ein geprellter Frosch auf meinem Bett. Bekanntlich küsst die Prinzessin den Frosch im Märchen nicht, sondern wirft ihn gegen die Wand – und bei mir sind es immerhin drei Prinzessinnen!

Ben entschuldigt sich für die unangenehme Situation beim Casting von »TravelLove«. Er wusste bis zu unserer Verabredung in der Sauna nicht, dass ich mich beworben hatte. Die auf den letzten Drücker eingegangenen Bewerbungen hat sein Partner bearbeitet. »Wie bist du denn überhaupt auf uns gekommen?«

Ich erzähle ihm von dem Flyer im »Aloha«.

»Die Flyer haben wir in allen möglichen Restaurants, Bars, Sportgeschäften und Reisebüros und in der Uni verteilt, halt überall, wo wir hofften, junge, reiselustige Menschen zu erreichen. Das ›Aloha‹ ist sowieso meine Lieblingsbar«, meint Ben. »Schön, dass ich auf euch gestoßen bin, ihr seid so eine lustige Gruppe.«

Endlich, endlich will ich mich von diesem nicht enden wollenden Tag verabschieden und mich an mein Smartphone stöpseln. Ich mache das Licht aus, da klopft es mal wieder an meiner Tür. *Nein, Schluss*, rufe ich still. Soll ich mich, um weitere Verwicklungen zu vermeiden, schlafend stellen? Aber da ist bereits wer in meinem Zimmer und krabbelt unter meine Bettdecke. Der Duft einer leckeren Nachspeise – es ist Feli. Ich ziehe die Stöpsel aus den Ohren.

»Was ist denn los?«, flüstere ich. Ob ich mich heute Nacht beherrschen kann, bezweifle ich. Ich bin völlig ausgepowert, was nicht heißen soll, dass ich nicht könnte, also potenzmäßig, da sehe ich keine Flaute. Im Gegenteil, heute bin ich zu fertig, um mich zusammenzureißen. Denn Zusammenreißen ist Höchstanstrengung.

»Ich hab mich verliebt, Basti.«

Mir wird ganz heiß, mein Herz beginnt arrhythmisch zu pochen.

Ich meine, etwas erwidern zu müssen, aber meine Zunge klebt am Gaumen.

»Es ist anders als bei Tchibo-Boy. Bei meinem Traummann ist es Liebe auf den ersten Blick.«

»War es bei Tchibo-Boy nicht auch Liebe auf den ersten Blick?«, frage ich nach, nur so. Vielleicht habe ich mich damals ja verhört.

»Da habe ich mich total geirrt. Der war nix, der Torben.«

»Ist dieser Wechsel nicht ein bisschen schnell? Gestern noch Torben, heute der Traummann?«

Feli liegt ganz nah bei mir, ihre Haut ist warm und weich.

»Ach nö«, säuselt sie. »Mein Herz hat schnell gemerkt, dass es falsch lag. Aber jetzt schlägt es für den Richtigen.«

»Hat deine Liebe auf den ersten Blick denn auch einen Namen?« Nun muss sie aber mal raus mit der Sprache!

Draußen raschelt es verdächtig in der Diele. Steht jemand vor meiner Tür?

»Shit«, flüstert Feli, »Marie, sie will zu dir!«, und zieht die Bettdecke über sich.

Meine Beine schauen unten raus. Mein Herz klopft wieder. Es ist total aufregend. Soll Feli rasch unters Bett kriechen wie in einer Fernsehkomödie?

Hey – wie geil wäre das denn?

Ne, Spaß beiseite! Mir ist eigentlich nicht zum Lachen zumute. Eben haben mir drei Frauen ihre Liebe gestanden. Und dann ist da noch Kathi ... In mir tobt das totale Gefühlschaos.

Feli zappelt mit den Füßen die Bettdecke von uns beiden weg, stolpert aus dem Bett und verheddert sich noch einmal geräuschvoll im Laken, bis sie endlich an der Tür ist. Sie steckt die Nasenspitze durch einen Spalt. »Die Luft ist rein«, zischelt sie und ist verschwunden.

Ich hole mir die Decke wieder in mein Bett. Stecke die Kopfhörer ins Ohr. Höre Ed Sheeran, der Junge hat's drauf, nicht nur musikmäßig. Der muss bei den Mädels ganz gut punkten können, tratschen die Klatschzeitschriften.

Dann grinse ich breit und blicke durch mein Fenster in den Sternenhimmel.

Du magst vielleicht goldene und Platin-Schallplatten an der Wand deiner großmotzigen Villa hängen haben, Ed. Aber liegst du gerade in den Federn und die Frauen laufen Parade vor deiner Tür? Ätsch – Ed Sheeran!

»Basti?« Es kitzelt an meiner Nase. »Basti, bist du wach?«

Ich schrecke hoch und knalle gegen Maries Kopf.

»Hab ich dich geweckt?«, flüstert sie. »Darf ich zu dir? Ich muss dich was fragen. Aber leise, damit es Feli nicht merkt.«

»Aber sicher, was 'n los?«

Sie liebt mich, kann ohne mich nicht mehr sein?

»Ich habe mich verliebt, Basti, und ich brauche deinen Rat.«

»Klar, schieß los.«

Ich spüre ihre Socken an meinen Waden.

»Wie bringe ich es fertig, dass ein Mann merkt, dass ich mich in ihn verliebt habe?«

»Hattest du denn noch nie einen Freund?« Ich lasse das Licht aus, von draußen fällt Mondschein aufs Bett.

»Doch, ein bisschen schon.«

Ein bisschen Freund – wie geht das denn?

»Aber mit ihm ist es mir wirklich ernst.« Sie seufzt ganz tief, wie Schneewittchen im Märchen halt. Welcher Mann wünschte nicht, Marie wäre verliebt in ihn?

»Was ist mit ihm, mag er dich auch?«

»Weiß nicht.«

»Aber das fühlt man doch, lässt er es dich nicht merken?« Schweigen. »Dann musst eben du den ersten Schritt machen. Er wartet nur darauf.« Wenn sie mich meint, und sie meint mich, die Ansage vorhin war ja klar und deutlich, dann würde ich schon sagen, dass ich es sie merken lasse. Marie bedeutet mir viel.

Moment – sagte ich: *bedeutet* mir viel? Aber lieben …?

Sie rappelt sich hoch. »Er ist anders als andere Männer, das ist der springende Punkt. Ich kann ihn nicht einfach so damit überfallen.«

Nun seufze ich. »Marie, die allerwenigsten Männer sind aus Zucker. Wir mögen es gern, wenn man uns überfällt. Im Gegenteil …« Ein furchtbarer Gedanke schlägt bei mir ein. Spricht sie am Ende von Stelzvogel-Jan? Und meint gar nicht – mich? Unsinn, in letzter Zeit war Marie einfach zu kuschelig zu mir. Wahrscheinlich liegt der Reiz darin, dass ich eigentlich nicht für sie zu haben bin.

Sie schiebt die Beine aus meinem Bett.

»Was ist? Wo gehst du hin?«

»Na, zurück in mein Bett.«

»Schade«, schmolle ich und sie gibt mir einen Kuss auf die Wange. Wie ich Marie kenne, nennt sie das einen Überfall.

Ich schließe die Augen. Wie soll ein Mann da schlafen, wenn sein Bett bevölkerter ist als die Fußgängerzone. Ed Sheeran, die Lusche, hat es gut.

Was ist denn nun schon wieder! Bin ich eingeschlafen, will Marie nun doch einen Angriff starten? Ich reiße die Augen auf.

»Ich bin es. Schläfst du?«

»Bea? Du?« Morgen kaufe ich mir ein Steckschloss!

Das kann mir doch keiner erzählen, dass in gewöhnlichen Mädels-WGs alle Türen offen stehen. Jederzeit, Tag UND Nacht!

»Ich konnte nicht schlafen. Ich habe gelauscht, bis alles still bei euch war, dann bin ich schnell rübergehuscht. Wenn ich an meiner Schlafzimmerwand horche, höre ich euch im Wohnzimmer sprechen.«

Die korrekte Bea hört Wände ab? Abgründe tun sich auf.

Sie setzt sich im Schneidersitz auf mein Bett. Ich lasse auch bei ihr das Licht aus. Der Mondschein wirft bizarre Muster auf ihr Gesicht. »Ich brauche deinen Rat. Ich habe Blödsinn gemacht.«

»Kein Problem, schieß los!«

»Ich bin verliebt.«

Ach!

»Soll passieren. Wer ist denn der Glückliche?«

»Das möchte ich noch für mich behalten.«

O-kay …

»Jaaa, Basti, es ist mir ein bisschen peinlich.«

Was ist in der Liebe peinlich? Raus mit der Sprache, Bea. Ich bin dir nicht böse, dass es gefunkt hat. Da war von Anfang an so ein Knistern zwischen uns. Ich habe es bei dir allerdings als Misstrauen gewertet. Und eigentlich ecken wir beide immer wieder an. Aber vielleicht macht gerade das den Reiz aus.

»Die anderen wissen nichts davon. Und das Verlieben wäre nicht einmal das Schlimmste, aber ich fürchte, es könnte im Endeffekt so aussehen, als würde ich jemanden verraten. Oder daraus einen Nutzen ziehen. Verstehst du?«

Nicht die Bohne.

Wie ich das hasse. Warum sagt sie nicht einfach: Es ist so und so, klipp und klar, bumm, bumm, bumm. Frage: Was soll ich machen?

Nee, ich soll mir nun die Karten legen. Wen sie wegen wem womöglich verraten hat.

»Also, wenn du mir nicht noch ein paar Hinweise mehr gibst, ist es verdammt schwierig für mich, dir zu helfen.«

»Das geht nicht, Basti!« Bea ist völlig aus dem Häuschen.

»Dann kann ich dir nur dringend raten: Rede Klartext! Schnell. Je länger du wartest, umso komplizierter wird es. Am Ende verletzt man die Person, die man am liebsten hat. Ich spreche aus Erfahrung!«

Wenn ich nur einmal meine eigenen Ratschläge befolgen würde.

»Meinst du?«

Natürlich, und sie weiß es auch. Ich bin müde, meine Lider werden schwer. Was für ein Tag – und wenn ich heute nun schon keinen Sex mehr haben darf, dann will ich endlich pennen. Ich rechne kaum damit, dass Bea Lust darauf hat, die Kissen mit mir zu zerwühlen, sie zermatscht sich völlig mit diesem Liebeskram, den ich nicht durchschaue. Da sind wir Männer einfacher gestrickt. Dem Himmel sei Dank!

Bea erzählt von ihrer Kindheit, ihrer Jugend und dass sie sehr schnell selbstständig werden musste. Ihre Stimme ist so beruhigend wie die meiner Mutter, als sie mir früher erfundene Piratengeschichten am Bettrand erzählt hat.

Sie muss mich in einen süßen Schlummer geplaudert haben, denn als ich wach werde, bin ich allein und kann mich momentan beim besten Willen nicht daran erinnern, wer, wann und wie mein Zimmer zuletzt verlassen hat. Ich lüpfe die Bettdecke, kein Apfelstrudel-Duft, kein Slip oder ein Paar Wollsocken zurückgeblieben?

Und dann fällt mir plötzlich siedend heiß ein, dass ich morgen Geburtstag habe. Wie üblich werde ich zu Benno gehen, Marc kommt (hoffentlich) auch, mehr erwarte ich von einem Geburtstag nicht. Auch nicht den Familienschmus, den ich mir dieses Jahr wenigstens schenken kann. Obwohl Dad mich durch die Hintertür gefragt hat: Sehen wir uns morgen?

Den Mädels verrate ich nichts. Sie würden nur ein riesiges Ding draus machen. Mit Kuchen backen, Kerzen drauf und Luftballons – wetten? Womöglich würden sie mir wieder einen Boy suchen, damit ich nicht so einsam bin.

Zufrieden schaue ich aus dem Fenster in die Nacht. Der Sternenhimmel beruhigt mich ungemein. Eine Sternschnuppe zieht seine kurze, schnelle Bahn. Marie würde säuseln: »Jetzt musst du dir was wünschen!«

Was soll ich mir wünschen? Eine schier unlösbare Aufgabe. Einen freien Wunsch will ich nicht einfach so verplempern …

Und als ich das nächste Mal wach werde, sagt mein Handy: drei Uhr morgens. Ich bin ganz verwirrt. Bei mir stimmt doch was nicht! Ich habe von Kathi geträumt.

DIE KATASTROPHE
BAHNT SICH AN

»Happy Birthday!!!«

»Trööööttt!« Feli bläst in eine Fußball-Tröte.

Marie schmeißt Konfetti. Auf dem Frühstückstisch steht ein Rührkuchen mit Kerzen gespickt. »Du musst sie ausblasen!«

Sie sind verdammt munter, dafür, dass sie mich die halbe Nacht wach gehalten haben.

Wer zum Kuckuck hat bloß meinen Geburtstag gepetzt?

»Du hast mir deinen Ausweis gegeben, als du bei uns eingezogen bist«, freut sich Bea über ihre Cleverness. Fällt das nicht unter Datenschutz?

Aber toll finde ich es doch. Ich puste.

»Was hast du dir gewünscht?«, will Marie wissen.

»Wird nicht verraten«, erwidere ich. Ich habe mir nichts gewünscht. Auch vergangene Nacht nicht. Ich bin nicht abergläubisch. Außerdem habe ich genug an der Backe. Ich kann mich nicht auch noch um Wünsche kümmern.

Gefühlt ist es noch immer tief in der Nacht und sie sind meinetwegen so früh aufgestanden. Bea trägt ihr Business-Kostüm,

Feli und Marie haben noch ihre Nachtwäsche an, aber sie haben sich pinkfarbene Kunstblumen ins Haar gesteckt.

»Und heute Abend wird so richtig gefeiert«, jubelt Marie und küsst mich (schon wieder) auf die Wange.

Eigentlich wollte ich doch zu Benno und mit den Jungs abhängen … Aber ich kann die Mädels nicht enttäuschen. Was sie wohl mit mir vorhaben? Sicher wollen sie Pizza kommen lassen und Bier trinken, ganz nach meinem Geschmack und um mir einen Gefallen zu tun.

»Es wird eine Überraschung!«, freut sich Feli und die anderen kichern, als hätten sie in aller Herrgottsfrühe vom Sekt genippt.

Eine Überraschung. Ich tue so, als würde ich mich freuen.

Selbst Hajo weiß von meinem Jubeltag und gratuliert mir. Wenn die WG-Frauen etwas machen, dann richtig. Es wundert mich, dass mir nicht auch der Busfahrer die Flosse schüttelt. Mein Vater ruft mittags an, wünscht mir alles Gute, auch mein Bruderherz. Mutter und ich skypen, danach geht sie wandern durch den Nebelwald von La Gomera. Das Wetter sei schön in San Sebastian. Von den Kumpels höre ich nichts, aber wir machen später ohnehin ein Fass auf, sobald mich meine Mädels genug haben hochleben lassen.

Bea fährt. Einen Dresscode gibt es nicht. Was mich ungemein beruhigt, dann kann ich schon mal den Riegelotto, alter Witz, in der Oper oder einen Tanzschuppen mit Orchester, das Rumba und Walzer spielt, ausschließen.

»Brauche ich Wanderschuhe für eine Nachtwanderung? Sportklamotten? Ein Saunahandtuch? Darf ich in Jeans mit? Soll ich eine Zahnbürste einpacken?« Doch sie lassen sich nicht darauf ein. Überraschung ist Überraschung.

Bea fährt absichtlich mehrfach durch einen Kreisverkehr, sie fährt kreuz und quer durch die Stadt. Schließlich verbindet mir Marie die Augen mit einem Schal, wir sitzen auf der Rückbank.

Ich finde es etwas albern, aber ich will ihnen den Spaß nicht verderben.

»Nicht gucken!«

»Mit verbundenen Augen, wie denn?«

Soll ich erwähnen, dass mir leicht übel wird? Ich werde in jedem Kahn seekrank und auf den Autofahrten mit meinen Eltern habe ich als kleiner Bub leidenschaftlich gern gekotzt, selbst bei kurzen Landpartien.

Ich darf die Augenbinde nicht einmal abnehmen, nachdem ich aus dem Auto gezogen und auf die Straße gestellt wurde. Wie befürchtet, drehen sie mich im Kreis wie bei »Blinde Kuh«. Nun ist mir wirklich schlecht.

Während der Fahrt habe ich mir natürlich das Gehirn zermartert, wohin sie mich ausführen. Sicher was mit Alkohol oder in ein Konzert, aber ich kann mich an keine coole Band erinnern, die in der Stadt auftritt. Ein Boxkampf oder Catchen? 3D-Kino? Denkbar. Hoffentlich kein Weiberfilm. Steakhouse. Das ließe ich mir gefallen.

Ich tapere wie ein Dussel durch die Gegend. »Vorsicht, Stufe. Achtung, es geht nach unten. Pass auf deinen Kopf auf.«

Dann rieche ich es und lächle. Es gibt einen Geruch, den würde ich unter tausend Gerüchen herauskennen, und er erfüllt mein Herz mit Freude. Besser als Steaks und Cocktails, unterhaltsamer als Theater und Scifi-Film.

Doch woher wissen sie das?

»Ihr seid mir vielleicht welche!« Ich reiße den Schal von den Augen. Ich inhaliere ganz tief, diesen wunderbaren, göttlichen Mief aus altem Fett, angebrannten Frikadellen, Männerschweiß und schalem Bier. Wir sind in Bennos Kneipe!

Lauter bekannte Gesichter. Mein Puls rast, gleichzeitig werde ich blass. Wen ... haben ... die ... alles eingeladen? Dass ich nicht meine Kindergärtnerin entdecke, grenzt an ein Wunder.

Fangen wir an, klar, Benno und Homer sind da, Irmi, geschminkt wie ein Clown, Marc, endlich Marc wieder. Wir fallen uns in die Arme, klopfen uns auf die Schultern. Hajo, Mensch, das ist eine schöne Überraschung, hat heute Morgen keinen Ton gesagt. Holla, mein Vater – und mein Bruder! Mit versteinerten Gesichtern Nicola, Kyra und Ken (»Ergab sich so nach der Rettungsaktion von der Schmitz von oben«, erklärt Bea.). Lohengrin kommt auf mich zugestürzt und leckt mir die Schuhe, nachtragend ist der Bursche jedenfalls nicht. Nicola packt ihn am Halsband. »Pfui, das ist nicht unser Geschmack!«

Vögler-Jan und sein Kumpel Zwitscher-Dave, wenn's denn sein muss, die Mädels wollten halt die Bude vollkriegen. Ich erblicke René, noch immer krankenhausbleich. »Die Gießkanne läuft wieder!«

Und dann ist da – Kathi!

Homer kommt mit einem Bierseidel auf mich zu: »Prost, Alter! War doch okay, dass Benno und ich Kathi eingeladen haben?«

Zwar nicht, aber ich bin einigermaßen beruhigt, dass es nicht die WG-Mädels waren. Ich muss Kathi noch eine Weile unter den Teppich kehren, zumindest solange Bea, Marie und Feli davon ausgehen, dass Pink und Flieder meine Lieblingsfarben sind.

Geduldig lasse ich mir die Hand schütteln und trinke jede Menge Schnäpse, bis ich mich schließlich zu Kathi vorgearbeitet habe. Sie trägt ein hellblaues Kleid mit kleinen schwarzen Vögeln. Hoffentlich gräbt Jan sie nicht an.

»Alles Gute zum Geburtstag«, wünscht sie. »Benno hat mich eingeladen.«

»Schön, dass du gekommen bist.«

Sie spielt mit ihrem kleinen Finger. »Wer sind die drei Frauen? Deine Mitbewohnerinnen?«

»Du weißt das?«

»Homer hat gequatscht.«

Ich verdrehe die Augen. »Aber es ist nicht so, wie du vielleicht denkst.«

Sie tut überlegen. »Ich denke mir gar nichts. Geht mich auch nichts an, was du tust.«

Ein Schlag in den Bauch. Andererseits … wäre ich ihr *so* egal, wäre sie heute nicht hier.

Arme schlingen sich von hinten um mich, umfassen auch Kathi. Marc, sie und ich als Knäuel, ein Gefühl wie früher, als unser Leben noch so einfach war. Freitag Kneipe, Samstag Club, Sonntag Kino. Keine Verpflichtungen, nur jede Menge Spaß. Dabei ist es noch gar nicht so lange her.

»Toll, dass deine Frau mitgekommen ist«, sage ich in etwa so begeistert, als hätte ich festgestellt: »Verdammt, ich bin in Hundekacke gestiegen!« Pure Absicht. Ich bin angesäuert. Pantoffelheld! Gibt es meinen Kumpel künftig nur noch im Doppelpack?

Instinktiv schaue ich zu Nicola und wir senden uns die üblichen Hasssignale. Gefletschte Zähne, finsterer Blick.

»Wir müssen anschließend noch zu meinen Schwiegereltern.« Marc nippt an einem Mineralwasser.

»Ach darum das.« Ich deute auf sein Glas.

»Nici und ich, wir trinken kaum noch Alkohol«, berichtet er. *Wir!* Wo Marc früher Badewannen voll Bier und Wodka Red Bull ausschlürfen konnte.

»Dafür ernährt Basti sich jetzt vegan«, kommt es von Kathi spitz. Dabei richten sich ihre Augen auf die Mädels.

Marcs Augen folgen ihren.

»Ja, Alter, genau, sag mal, was läuft denn da? Wohnst du echt mit den heißen Fegern zusammen?« Er zuckt zusammen, entspannt sich, Nicola hat es nicht gehört.

»Stehst du unter der Fuchtel, Junge!?«, grinse ich selbstzufrieden.

»Ach was, ich will nur keinen Ärger. Mir hat der Urlaub schon gereicht. Was die für eine Laune hatte!«

Wer hat nicht auf seinen Kumpel gehört?

Marie steuert genau auf uns zu. Eine Kollision der gegnerischen Schiffe gilt es zu vermeiden.

Ich lege Kathi die Hände auf die Schultern und schiebe sie vor mir her. Marc läuft wie erwartet automatisch mit. Ich umschiffe großflächig das Gebiet um Nicola, Ken und Kyra. Lohengrin hängt sich freudig und mit hängender Zunge an, als bildeten wir eine Polonaise durch die Kneipe.

Ausnahmsweise kann man Vögler-Jan gut gebrauchen, er passt Marie ab, die sich unserer munteren Gruppe sofort anschließen will, und verwickelt sie in ein Gespräch.

Zwischendurch muss ich ein Geburtstagsständchen über mich ergehen lassen. Wir schneiden den WG-Geburtstagskuchen an, den Feli von daheim mitgenommen hat.

Benno spendiert Gratis-Frikadellen und Pommes rot-weiß. Und ich lande in den Armen meiner Familie.

»Ist einer von den Jungs dein Freund?« Mein Vater räuspert sich und tritt von einem Fuß auf den anderen.

»Äh. Nein.«

Mein Bruder tippt sich an die Stirn. »Du und schwul? Welche Drogen nimmst du eigentlich ein, Bruderherz?«

Ich vermittle ihm mit rollenden Augen eine Botschaft, die früher im Umgang mit unseren Eltern perfekt funktioniert hat. Auf diese Weise gaben wir uns zu verstehen: *Nicht vor Dad. Lass uns später reden.*

Arne wirkt beruhigt und geht an den Tresen. Hebt den Bier-Finger, woraufhin Benno ihm sofort ein kühles Blondes zapft.

Feli schlendert auf mich zu.

»Alles gut bei dir?«, frage ich, denn sie strahlt wie ein künstlicher Weihnachtsbaum.

»Alles gut, ja, ja«, säuselt sie.

»Wo ist denn Bea abgeblieben?«

»Telefoniert draußen.« Feli ist seltsam geistesabwesend.

Von rechts steuert Marie auf mich zu, von links Kathi. Alarm! Alarm! Was mach ich jetzt?! Basti, denk nach! Dünnemachen geht nicht, denn sollten die Frauen aufeinanderstoßen, muss ich wissen, worüber sie sich unterhalten. Und dass sie sich gegenseitig ausfragen werden, ist klar wie Kloßbrühe. Und natürlich werde ich das Gesprächsthema sein.

»Hallo«, sagt Marie.

»Hallo«, antwortet Kathi, genauso süßsauer. Im Männerjargon nennt man das auch *stutenbissig*.

Überschwänglich bedanke ich mich bei Marie für die Überraschung, diese tolle Fete mit den vielen Gästen. Was habe ich mich über den Kuchen gefreut, über das Geburtstagsständchen. Ich rede Stuss daher, rede mich um Kopf und Kragen. Ach hätte ich mich doch schon längst vor den WG-Mädels geoutet. Ich will nicht, dass sie es *so* erfahren!

Doch Kathi und Marie beachten mich im Moment gar nicht. Sie checken sich ab, mit gekräuselten Lippen lächelnd. Ohne es zu wissen, ahnen sie, dass sie Konkurrentinnen sind. Mir bleibt nichts anderes übrig. Ich hake mich bei Kathi unter und schleife sie von der Gruppe weg. Nur wenn sich keiner, der mein Geheimnis durchschaut hat, verplappert, könnte es gut gehen.

Sobald der Abend glücklich überstanden ist, spreche ich mit Bea, Marie und Feli. Ehrenwort! Doch, dieses Mal packe ich es.

»Was zerrst du mich eigentlich den ganzen Abend durch die Gegend?«, meckert Kathi. »Und was soll der Scheiß, dass du schwul bist?!«

Ich hüstle mir den Frosch aus dem Hals. »Ich? Schwul?«, piepe ich.

»Dein Vater erzählt es überall voller Stolz herum.«

»Voller – Stolz?«, piepe ich weiter.

»Es sei nichts dabei, wir müssen nur unsere Vorurteile aus den Köpfen bringen, sagt er. Und ich, ich könnte ruhig auch ein bisschen an meinen arbeiten. Ich!« Saure-Gurken-Blick. Arme verschränkt.

»Äh …« In letzter Zeit fehlen mir oft die Worte. Und es war immer etwas, auf das ich in jeder vergeigten Situation blind zurückgreifen konnte, auf mein Mundwerk, das manchmal geistfrei agierte, aber es tat sich wenigstens was.

»Wir waren hundert Mal miteinander im Bett, Basti. Und nun sag mir, seit wann bist du schwul?!«

Ich wedle mit den Armen. »Nicht so laut, muss doch nicht jeder wissen.«

»Nicht jeder?«, krächzt Kathi. »Dein Vater verteilt, wenn ihn niemand stoppt, bald Flugblätter mit ›Mehr Rechte für Homosexuelle‹ auf der Straße.«

Das rührt mich echt. Mein alter Dad stellt sich auf meine Seite, wo er doch so ein konservativer Knochen ist. Da habe ich mich ganz schön in ihm getäuscht, von wegen der pfeift auf mich …

Marie hat sich von Vögler-Jan losgeeist. Was muss die Knalltüte auch immer nur über das Vogelvieh reden? Damit langweilt er jede Braut zu Tode. Ich muss mir den Kerl mal zur Brust nehmen.

Ich will mich gerade bei Kathi unterhaken, um sie aus der Schusslinie zu ziehen, da faucht sie mich an: »Wehe, du schiebst mich noch einmal wie einen überflüssigen Koffer durch die Gegend, Sebastian Halbritter!«

Ich ziehe den Arm zurück.

Marie auf direktem Kurs.

»Tu mir einen Gefallen, Kathi, bitte! Nur diesen letzten. Ich bin schwul.«

Marie stellt sich scheu zwischen uns, weniger scheu mustert sie Kathi erneut. Und endlich kommt sie zu Wort. »*Du* bist also Kathi.« So zickig kenne ich Schneewittchen gar nicht. Und ausgerechnet bei Kathi, es könnte nicht schlechter laufen.

Kathi kann viel ab, aber zickige Frauen packt sie nicht.

»Und *du*? Basti hat mir noch gar nichts von *dir* erzählt«, geifert Kathi schlagfertig zurück. Wenn sie zickt, ist das freilich etwas anderes.

Meine Handflächen werden schwitzig. Irgendwie ahne ich, dass heute alles auffliegt, dass es so richtig knallt.

»Ich bin Marie«, erwidert Marie. »Und wir schlafen miteinander.«

Mir klappt der Kinnladen runter.

Kathis ebenfalls. Ihr Gesicht spricht Bände: *Du treuloser Schuft! Du Aas!*

Ich starre Marie an. Was ist denn in sie gefahren? Sie kann doch unmöglich so naiv sein, oder so dreist … Oder was …?

»Wir schlafen alle zusammen in einer Wohnung. Wir sind eine WG«, plappert sie sorglos weiter. Doch, Marie ist so naiv – oder besonders raffiniert …

»Der dort drüben ist ihr Freund«, greife ich rasch ein und deute auf Jan. »Und sie beschäftigen sich hauptsächlich mit Vögeln.« Endlich hat dieser dümmliche Spruch wenigstens einen Sinn.

»Ich bin Ornithologin.« Marie kichert und flüstert mir ins Ohr. »Aber Jan ist doch gar nicht mein Freund.«

Diese Vertraulichkeit stachelt Kathi wieder an, ein Gesicht zu ziehen.

»Ich glaube, Jan sucht dich.« Und gebe Marie einen leichten Schups.

Und da Vögler-Jan tatsächlich quer durch die Kneipe zu ihr rüberschmachtet, verduftet Marie wortlos wie von ihm magisch angezogen.

»Keine Ahnung, was du treibst, Sebastian Halbritter, aber das riecht förmlich nach einem linken Ding!« Die Arme wieder wie eine Blockade verschränkt.

»Kathi, versteh doch. Nachdem du mich auf die Straße gesetzt hattest, war ich obdachlos. Mit Benno und mir das lief nicht so doll, wir hatten sozusagen betriebsinterne Differenzen. Aber über ihn wiederum kam ich an Marie, Feli und Bea, die drei suchten eine Mitbewohnerin. Ausdrücklich eine Frau, denn Männer machen nur Ärger.«

»Wie wahr!«, flicht Kathi unnötigerweise ein.

»In meiner Not habe ich behauptet, schwul zu sein. Nur deswegen darf ich bei ihnen wohnen. Und schon allein von daher läuft zwischen uns nichts.«

»Das ist mies, Basti. Mies! Du belügst sie!«

»Ja, ich weiß.« Unglücklich lasse ich die Schultern hängen. »Ich bringe es bloß nicht übers Herz, ihnen endlich die Wahrheit zu sagen. Ich bin immer knapp davor, dann kommt etwas dazwischen.«

»Dein fehlender Mumm vielleicht?«, knurrt Kathi.

»Ich verspreche dir, ich mache reinen Tisch. Sobald wie möglich. Heute Abend noch.« Meine Augen flehen sie regelrecht an.

»Seltsamerweise glaube ich dir sogar.« Endlich. Endlich lächelt sie sogar ein bisschen.

Strahlend kommt mein Vater auf uns zu. »Schön, dass ihr euch trotzdem versteht.« Er schlägt mir auf die Schulter, als hätte ich die Goldmedaille beim Fingerhakeln gewonnen. Ich gehe etwas in die Knie. Wir hören Marie lachen. Hat sie zu viel getrunken? So kenne ich Schneewittchen gar nicht. Laut *und* zickig.

»Die Kleine ist ja völlig vernarrt in dich. Sie redet nur über dich, dabei ist der andere junge Mann total verschossen in sie. Du bist sicher, dass du homosexuell bist und es nur ein Kuss zwischen euch beiden war?«

Ich weiß gar nicht, was ich entgegnen soll. Mein Vater trampelt all das junge Grün nieder, das ich mühevoll aufgezogen hatte.

Er stößt mich kumpelhaft in die Seite. Ist mein Vater betrunken? Was für ein Gesöff verteilt Benno denn bloß? »Oder ist das so eine Masche von dir?« Er stemmt die Fäuste in die Seiten und drückt die Schultern durch. »Schaut her, ich bin schwul! Und dann gräbst du die Frauen an und sie merken gar nicht, dass du sie aufs Kreuz gelegt hast?«

Röte krabbelt meinen Hals hoch, zieht sich langsam über die Wangen.

»Ich meine«, wieder Stoß in die Rippen, »wenn sie schon in dein Bett kriechen ... wenn auch ... nacheinander?«

Kathis Blick reicht aus. Jedes Wort wäre zu viel.

»Aber das stimmt doch gar nicht, Vater! So wie das aus deinem Mund klingt!«

»Das haben die Frauen doch neulich erzählt, als ich bei euch war. Sie haben sich richtig in die Haare bekommen deswegen. Und lesbisch, das hat mir diese Bea vorhin eindringlich versichert, seien sie ganz sicher nicht.«

Kathi macht auf dem Absatz kehrt.

»Kathi, nicht, warte!«

Staub wirbelt auf. Dann ist sie fort.

ICH-HABE-ES-DOCH-IMMER-GEWUSST

Es wäre alles gut, würden mich die anderen nicht ständig torpedieren. Unterdessen weiß ich gar nicht mehr, wem ich was erzählt habe. Und für wen ich was bin, der Macho mit dem ausgeprägten Balztrieb oder der Softie, der auf Typen wie Justin Bieber und Hansi Hinterseer abfährt.

Kathi und ich wären beinahe wieder in die richtige Spur gekommen, aber nun – alles aus. Ich lasse die Flügel hängen.

Marc erscheint mit zwei Klaren.

»Ich denke, ihr seid abstinent?«, knatsche ich matt.

»Sie ist mit Kyra auf dem Klo.«

Ich nehme ihm ein Glas ab, kippe es runter. Nehme nun auch das andere und Kopf in den Nacken. Mein Magen jubelt auf, dieses Organ ist so ein verlogenes Miststück. Denkt, bloß weil es ihm gut geht, ist die Welt wieder rund? Doch plötzlich fühlt sich auch der restliche Organismus leichter, und ich verspüre das Bedürfnis, Marc an meinem reichen, fast philosophischen Wissensschatz teilhaben zu lassen: »Wir wundern uns doch immer, warum Frauen zusammen aufs Klo gehen? Wusstest du, dass die Mädels gar nicht dauernd über uns reden?

244

Oooh, nein. Sie leihen sich Schminke gegenseitig aus, checken ihre Haare oder haben einfach keinen Bock, allein durch diese meist gruseligen Gänge zu den Waschräumen zu laufen. Klar, es wird auch gelästert. Oder sie quasseln einfach ein bisschen. Meist geht es um ganz belanglose Dinge.«

»Also doch um uns«, grinst Marc.

Dann stutzt er: »Woher weißt du das? Du warst doch nicht etwa mit …?!«

Über seine Schulter hinweg sehe ich Marie nahen. Mein Frühwarnsystem schlägt sofort an. Marc habe ich in mein Geheimnis noch nicht eingeweiht. Ich kam mir blöd vor. Aber mein Vater hat in seiner neu erblühten Solidarität mit Minderheiten meine sexuelle Neigung unterdessen in alle Ecken von Bennos Kneipe gestreut, sodass meine überraschende Homosexualität vermutlich auch bis zu Marc durchgedrungen ist. Von daher hoffe ich, dass von meinem Kumpel keine Gefahr droht, enttarnt zu werden. Sicher riecht er längst den Braten – der Basti mogelt sich mal wieder aus einer haarigen Lage.

Marie stellt sich nah an mich, beäugt nun auch Marc unverhohlen.

»Aber hallo!«, sagt er genüsslich.

»Bist du Bastis Freund?« Ich ahne noch nichts Schlimmes.

»Das bin ich!« Marc setzt sein Strahlemann-Lächeln auf – wie früher, wenn wir auf Baggertour waren.

»Dachte ich mir. Seid ihr jetzt wieder zusammen?«, zwitschert Marie.

Bei mir: Spontanes Aussetzen des Herzschlags.

Cut! Cut! Cut!

»Ja, logisch. Dass Nici auch da ist, ändert doch nichts an unserer Freundschaft.«

Der Marie-Abschiebe-Spruch mit Jan zieht bestimmt nicht noch einmal?

»Und darum wollen Marc und ich auch ein bisschen plaudern, verstehst du, Marie? Nur er und ich.«

»Marc? Und wo ist Karl-Heinz?«

Karl-Heinz? Welcher Karl-Heinz? Oh, verflucht, der erfundene Freund Karl-Heinz.

»Marc ist sozusagen Karl-Heinz. Karl-Heinz ist sein Spitzname, gell, Kalle?«

Marc glotzt mich an, als wüchsen mir Radieschen auf der Nase.

»Ach so, wie der Kaktus Gurke und die Stehlampe Marie. Ach, Basti …« Schneewittchen-Seufzer. »Du bist sooo süüüß!«

Das findet Vögler-Jan gar nicht, der sich auf sachten Pfoten von hinten an Marie herangepirscht hat. Auch er hat sein Päckchen zu tragen. Er geht in die Offensive und greift mutig nach ihrem Händchen, bevor ihm der warme WG-Bruder wieder in den Salat pfuscht.

»Komm, Marie, merkst du nicht, dass die beiden Männer allein sein wollen?« Marie fährt herum. Das kann er gut, der Vöglerich, wenn er seine Piepmätze belauschen will, muss er auch leise sein.

Marie nickt. »Klar, sprecht euch aus, ihr Süßen.«

Nun glotzt Marc Marie genauso baff an. »Ihr glaubt doch aber nicht ernsthaft den Käse, den Bastis Dad überall herumerzählt? Leute, wir sind nicht schwul! Ich sowieso nicht, ich habe vor vier Wochen geheiratet.« Marc zeigt seinen Ring. »Und Basti ist der un-schwulste Mensch, den ich kenne, das alte Schlitzohr.« Er rempelt mich an, dass ich ein paar Schritte zur Seite torkle. »Als er noch nicht mit Kathi zusammen war, hat er nichts anbrennen lassen, aber wirklich auch gar nichts!«

Boing!!!!!

Mir raunt Marc ins Ohr: »Sorry, den Schwulanten kann ich nicht auf dir sitzen lassen, beim besten Willen nicht, Alter. Ich hoffe bloß, ich habe dir damit nicht die Tour bei der süßen

Maus verdorben, mit welcher abgedrehten Tour auch immer du es bei ihr anscheinend versuchst.«

Nein, du hast mir alles verdorben! Alles!

Marie ist fassungslos. Sie begreift gar nicht, was sie da gehört hat. Es zerreißt mir das Herz! Wie sie mich anschaut. Wie ihre Augen fragen: *Stimmt das? Sag doch was, Basti.*

Aber ich bleibe stumm.

Sie beißt sich auf die Unterlippe, ihre Augen glänzen merkwürdig. Langsam scheint sie zu kapieren. Ihr süßer Basti ist eine Sau. Ein Verräter. Ein linker Hund. Ein Lügner. Ein Halt-alles-Schlechte-was-du-dir-vorstellen-kannst.

Jan legt beschützend den Arm um sie, das erste Vernünftige von ihm, was ich gesehen habe. »Komm«, sagt er. »Gehen wir.«

Stopp! Halt, Film zurückspulen. Das darf nicht passieren!

Ausgerechnet Marc. Wäre Ken wie ein Kamel in mein sorgfältig aufgebautes Lügen-Kartenhaus getrampelt, dann könnte ich ihn jetzt wenigstens zur Minna machen. Aber doch nicht Marc.

»Was 'n los, Alter, du bist ja ganz bleich.«

Ich will ihr nachrufen. Aber meine Kehle ist trocken.

Marie löst sich aus Jans Arm und marschiert quer durch Bennos Kneipe auf Feli zu. Bitte, bitte, nicht! Ganz klar tritt sie jetzt die Lawine los, vor der ich mich die ganze Zeit gefürchtet habe und die ich vermeiden wollte. Nämlich die, dass das eine Wort das nächste auslöst, das die bittere Wahrheit aufdeckt. Die ich hätte vermeiden können, wenn ich nicht so feige gewesen wäre.

Und? Was geschieht nun? Ich stelle mich auf die Zehenspitzen, um über die Köpfe hinweg beobachten zu können, was sich tut.

Marie berichtet. Feli schlägt sich die Hände vor den Mund. Sie schüttelt den Kopf. Energisch. Sie will es nicht wahrhaben. Marie erzählt weiter, völlig aus dem Häuschen. Feli drückt die

Hände auf die Brust, dort, wo ihr Herz sitzt. Jede ihre Gesten durchbohren mich quälend wie heiße Spieße. Dann dreht sie mir langsam den Kopf zu.

Und schüttelt ihn in Zeitlupe. *Ich-kann-es-nicht-fassen! Du Monster!*

Ich schlage die Augen nieder. Mir ist schlecht. Ich fühle mich mies, mieser kann sich ein Mensch nicht fühlen. Warum kann ich nicht so ein grober, unsensibler Klotz sein, dem die Gefühle anderer völlig am Arsch vorbeigehen. Wie Ken zum Beispiel.

Nein, nicht einmal Ken ist so eine dreckige Bazille.

Selbst Ken hat mehr Empathie. Ich suche in meiner Not verzweifelt nach einem Menschen, der dreckiger ist als ich. Al Capone fällt mir spontan ein, aber es erleichtert mich nicht wirklich. Bruce Willis in der Rolle als … Mir fällt keine Rolle ein, Bruce Willis ist selbst als Schurke irgendwo auch liebenswert. Lie-bens-wert. Ich bin der Liebe *nicht* wert. Jetzt werde ich auch noch philosophisch, wenn es auch aus einem Buch »Die 100 besten Sprüche« stammt.

Marc erzählt mir was.

Ich höre gar nicht hin.

Dann der Super-GAU! Bea!

Fröhlich mit einem Sonnenscheingesicht spaziert sie zurück in Bennos Kneipe, winkt mir zu, dem herzigen Geburtstagskind, und steuert direkt ihre Freundinnen an.

Feli und Marie reden gleichzeitig auf sie ein. Ich wieder auf Zehenspitzen.

Der Sonnenschein fließt von ihr herunter, die Fröhlichkeit verformt sich in eine kalte Miene. Wieder diese sichtbare grausame Verständnislosigkeit. Die bei Bea allerdings schnell diesem Ich-habe-es-doch-immer-gewusst weicht.

Sie drehen sich in einvernehmlicher Formation zu mir um. Meine Glieder, meine Ohren, mein Kopf, die Haare – alles hängt schuldbewusst nach unten. Ich wünschte, der Boden würde sich auftun und mich verschlingen. Aber das gibt es nur in Comics. Ich bin in voller Größe da. Und sie auch.

Das teuflische Trio.

Das feurige Hasspfeile und zischende Wutkugeln auf mich abschießt.

Drei Rache-Engel für Basti.

Was geschieht als Nächstes? Kommen sie rüber und machen mich kalt? Scheißen mich zusammen? Ich hätte es verdient. Es würde mir recht geschehen. Ich wäre wirklich froh, denn nach erfolgtem Anschiss könnte ich alles erklären, mich entschuldigen, und alles wäre wieder gut. Nicht wahr?

Was tun sie? Ich recke mich.

Feli nimmt demonstrativ den Teller mit meinem Geburtstagskuchen, der nur noch aus übrigen Anstandsbrocken und Krümeln besteht. Mit langen Schritten und wehenden Haaren verlassen sie die Kneipe.

Sie gehen einfach. Verlassen meine Geburtstagsparty.

Dürfen sie das als Initiatorinnen?

Rummmms! Diese Tür ist zu!

Mir wäre es lieber, sie hätten gebrüllt und mir Schimpfwörter um die Ohren gehauen. Aber so?

Ich könnte heulen!

DAS JÜNGSTE GERICHT AM FRÜHSTÜCKSTISCH

Ich erwäge kurzzeitig, bei Benno zu pennen. Doch das würde nur untermauern, wie feige ich bin. Nachdem endlich der letzte Gast meine Geburtstagsfete verlassen hat, nehme ich ein Taxi und lasse mich bangen Herzens in die Kunigundenstraße fahren.

Es wäre nicht verwunderlich, wenn mein Seesack, die Stehlampe Marie und mein Schmutzwäschebeutel im Treppenhaus stehen würden mit einem Post-it drauf:

Wirf den Wohnungsschlüssel in den Briefkasten!
Und nimm deinen Kaktus mit!

Ich stecke den Schlüssel ins Schloss. Sie haben erstaunlicherweise das Türschloss nicht ausgewechselt wie seinerzeit Kathi, als sie mich mit dem Steckschloss aus ihrer Wohnung aussperrte. Womöglich wollten sie auch nur nicht um diese Uhrzeit das Geld für einen Schlüsseldienst berappen. Es ist still. Ein wenig gehofft, auch ein bisschen gefürchtet hatte ich, dass die Mädels in unserem Gemeinschaftszimmer sitzen und beratschlagen, was mit mir geschehen soll.

Ich schleiche in die Küche. Kein Zettel: »Verpiss dich! Aber schnell!« Oder so. Die Kuchenplatte haben sie in die Spüle gestellt und Wasser drüber laufen lassen, als wollten sie diesen hässlichen Geburtstag in die Kanalisation spülen. Nasse Kuchenstücke schwimmen in einer Pfütze.

Soll ich an Maries Zimmer klopfen?

Doch vor ihr fürchte ich mich am meisten.

So mutig bin ich denn doch nicht. Aber an Schlaf ist nicht zu denken. Irgendwann döse ich trotzdem kurz weg, schrecke hoch und das flaue Gefühl ist unverzüglich zur Stelle. Schweinehund!

Es ist Samstag, kurz vor zehn. Mit einem schweren Rucksack voll Reue wage ich mich aus meinem Zimmer. Ich kann mir gut vorstellen, wie sie reagieren werden. Lange genug waren wir zusammen. Und ich habe gelernt.

Und nun, liebe Männer, sei euch eines gesagt. Es gilt nicht: »Die Frauen sind alle gleich. Sie sind schnell beleidigt, aber mit einem Blumenstrauß renkt sich das doch pronto wieder ein!«

Falsch!

Jede Frau ist auf ihre Weise wundervoll anders.

Bea zum Beispiel hatte mich von Anfang an durchschaut, aber sie wollte mir eine Chance geben.

Feli hatte genug Erfahrungen gesammelt, um zu wissen, dass Männer mies sein können, hatte mich aber diesbezüglich nicht in Verdacht.

Und Marie konnte sich überhaupt nicht vorstellen, dass ein Mensch so schlecht sein kann.

Und die Blumen, Jungs, könnt ihr euch an den Hut stecken, ihr Trampel! Lieber die Blumen mal unter der Zeit mitbringen, einfach so. PS: Hier kommt ein bisschen meine weibliche Seite durch.

Ich hatte mir das Jüngste Gericht am Frühstückstisch ausgemalt. Aber sie starten ins Wochenende wie immer: Marie hat Brötchen geholt, Feli kocht Kaffee, Bea liest Zeitung.

Nun betrete ich die Bühne, und die Rache-Engel halten inne.

Die Brötchentüte, die Filtertüte und die Zeitung werden gesenkt. Ein Bündel Blicke trifft mich: Wie konntest du nur?

»Es tut mir so leid!«

Es klingt furchtbar kläglich.

»Was habe ich IMMER gesagt, Mädels?«, stimmt Bea an.

»Keine Männer!«, setzt der Chor ein.

»Ich weiß, ich weiß, ich weiß«, schicke ich mich. »Männer machen nur Ärger. Aber ich wollte nie Ärger machen. Selbst am Anfang nicht, als ich euch noch nicht kannte.«

Ich rede so schnell, dass ich mich fast selbst überhole, und vor allem, damit sie mich nicht unterbrechen können. »Ich wollte doch bloß wo unterschlüpfen, und ihr wart so nett und toll. Ich hab mir gar nichts dabei gedacht, es ist mir so herausgerutscht, das mit dem Schwulsein. Dann war es auch schon gesagt, und ich wollte es immer korrigieren. Ich dachte, wenn ihr mich erst kennengelernt habt, merkt ihr, dass ich kein schlechter Kerl bin und keinen Ärger mache. Und ihr lasst mich dennoch bei euch wohnen.«

»Wir haben dich bei uns wohnen lassen und haben festgestellt, DASS du ein schlechter Kerl BIST«, zischt Bea scharf wie ein japanisches Fleischmesser.

»Ich habe euch nie angebaggert!«, verteidige ich mich. »Ich bin immer korrekt geblieben, oder etwa nicht?« Wer ist denn in mein Bett gekrochen?

Bea und Feli tauschen einen Blick. Sie wissen, ich habe recht.

»Also hat dich dein Freund nicht verlassen?«, fragt Marie. Ach, Schneewittchen!

»Dummerchen! Es gab nie einen Freund!«, fährt Bea sie an.

»Es ist Kathi, sie hat ihn rausgeworfen«, folgert Feli. Im nächsten Moment haut sie mit der Faust auf den Tisch. Wir erschrecken, am meisten aber Feli über sich selbst.

»In dir steckt so eine tolle Frau!«, seufzt sie und reibt sich die Handkante. »Deine Einstellung zu Diäten, nämlich, keine Diät zu machen. Deine Klamottentipps – und besonders deine Ratschläge, was Männer angeht, sie waren so wichtig für mich. Und es war so süß, wie du dich um die olle Schmitz gekümmert hast. Sie schwärmt immer noch von dir. Ich finde, du bist als Mann eine bessere Frau als ich eine als Frau bin.«

Wir lassen uns Felis Erguss schweigend auf der Zunge zergehen. Ich weiß in etwa, was sie meint, doch ist das nun ein Kompliment für mich?

»Du hast uns fast nackt gesehen!« Marie rafft den Ausschnitt ihrer Bluse zusammen.

»Ihr habt *mich* nackt gesehen! Und im Tanga!«

In Kaskaden lacht eine nach der anderen. Wir prusten und schütten uns aus. Erleichtert. Aber es ist mir klar, dass das die Wogen nicht glättet.

»Du hast uns schamlos angelogen und ausgenutzt. Und jeden Tag aufs Neue hast du uns eine Lüge mehr aufgetischt. Eigentlich muss man dir gratulieren, sich als eine völlige andere Persönlichkeit auszugeben, dazu gehört großes schauspielerisches Talent und eine riesige Portion Dreistigkeit! Uns zu blenden, darin warst du meisterhaft«, befindet Bea.

Keine lacht mehr, ich abrupt auch nicht mehr.

»Eigentlich habe ich mich gar nicht groß verstellt«, antworte ich bekümmert. Es ist wirklich so. »Ich habe immer gesagt, was ich mir denke. Okay, wenn es ums Essen ging, da war ich nicht ehrlich. Ich hasse Rohkost! Aber ich habe die Wahrheit gesprochen, wenn ihr mich wegen euren Männergeschichten, Outfits und Kümmerchen wegen der Figur gefragt habt. Ich habe dir geraten, Bea, dass du Männer nicht so manipulieren sollst, dir, Feli, dass Torben kacke ist, alles mit reinem Verstand und ehrlichem Herzen. Dass ich deinen Vogelburschen nicht leiden kann, liegt nicht an Jan, sondern an mir. Da bin ich nicht sehr objektiv gewesen, da war ich wohl ein bisschen eifersüchtig.« Ich wage ein Lächeln.

Marie lächelt eine klitzekleine Wenigkeit zurück.

»Nie, nie, nie, nie, nie wollte ich euch wehtun. Ich habe mich bloß einfach vor dem Moment gefürchtet, euch die Wahrheit zu sagen, darum habe ich den hinausgeschoben so lange es ging. Einfach, weil ich nicht wollte, dass das geschieht, was gerade passiert. Und ich wollte schlicht und einfach nicht bei euch ausziehen.«

Voller Entsetzen registriere ich erst jetzt, dass nur drei Kaffeehumpen auf dem Tisch stehen.

Aber ich habe immer noch einiges zu sagen. »Ich habe mich tierisch zusammenreißen müssen, um euch zu widerstehen, das war die allergrößte Herausforderung. Ich bin doch nicht aus Stein, und ihr seid einfach – traumhaft und liebenswert und heiß und scharf und klug und witzig und treu und ehrlich und echt und – ich, scheiße, ich liebe euch einfach!«

Diese Liebeserklärung muss man sich direkt merken: *Scheiße, ich liebe dich!*

Ein Volltreffer in jeder Liebesgeschichte.

Allerdings muss ich feststellen, bei meinen WG-Mädels punktet sie.

»Wir lieben dich ja auch, Basti«, haucht Feli.

Marie nickt eifrig.

Bea seufzt. »Das tun wir! Dennoch, es ist besser, du ziehst aus. Jetzt sofort.«

* * *

254

»Wie, keinen Red Snapper, keine Jakobsmuscheln?« Hajo wühlt bis zu den Ellbogen im Eis und zwischen den Fischen. »Warum bringst du Pangasiusfisch mit? Kein Mensch verlangt derzeit nach Pangasius. Und warum keinen Papageienfisch?«

»Süßer, meckere nicht, sei froh, dass ich keine lebenden Hummer mitgebracht habe.«

Hajo hat panische Angst vor den scharfen Scheren der roten Krustentiere. Ich weigere mich sowieso, sie zu kaufen, ich verabscheue die Art ihrer Zubereitung zutiefst.

Ich bin bei Hajo untergekrochen. Er hat eine große Wohnung und mir dort eine Kammer leergeräumt, dort penne ich auf einem ausrangierten Sofa. Es ist bereits Tag 3 der Funkstille zwischen der Kunigundenstraße und mir. Und wenn ich Kathi anrufe, drückt sie mich weg. Ich an ihrer Stelle würde das Gespräch mit mir auch ablehnen. Eine Entschuldigung am Telefon geht gar nicht. Aber ich muss erst den Abschied von meiner WG psychisch verdauen, bevor ich mich der Auseinandersetzung mit Kathi stelle und mir eine Abfuhr von ihr hole. Wenn sie mich nur ausreden lassen würde, ich könnte alles erklären.

»Zuckerschnute, würdest du bitte die Oliven etwas sanfter in die Schälchen füllen, das sind Früchte, keine Bowlingkugeln!« Hajo verdreht gespielt genervt die Augen. Er hat einen neuen Lover und ist darum permanent zu Späßen aufgelegt. Außerdem ist unser Verhältnis um Ecken lockerer, seit klar ist, dass wir voneinander nichts wollen. Wobei Hajo mir grinsend mitgeteilt hat, dass ihm von Anfang an klar war, dass ich nicht schwul sei. Das hätte er gemerkt – garantiert!

Mein Arsch sei zwar sexy, aber ich hätte eine unerotische Gangart wie ein Maulesel.

»Sanft! Weißt du denn nicht, was sanft ist? Ihr Heteros seid wirklich ein Graus!« Er beobachtet mich, wie ich *sanft* die Oliven in die Porzellanschalen für die Glasvitrine kullern lasse. »Was ist denn los? Liebeskummer?«

Ich zucke mit den Schultern. Auch. Schlechtes Gewissen vor allem. Ich bin traurig, fühle mich einsam. Ja, und ich habe Liebeskummer.

»Quatro-Liebeskummer.« Hajo versteht nicht.

»Ich liebe sie alle vier.«

»Du Ferkel!«

»Okay … Ich vermisse sie alle vier.«

Hajo schiebt mich zur Seite und häufelt mit einem Löffelchen die gewürzten Oliven zu einer ansehnlichen Pyramide.

»Du sagst es, du vermisst sie. Du vermisst das schöne Gefühl, der Hahn im Korb zu sein. Sie haben dich umschwirrt, sie haben um dich gebuhlt. Sie sind sexy, und hättest du gewollt, du hättest sie haben können, ohne den Finger krummzumachen. Und sie waren gerade deshalb scharf auf dich, weil du nicht zu haben warst. Du hast sie durcheinandergebracht, obwohl, so wie sich deine Geschichten über sie anhören, jede einen anderen Mann im Visier hat.« Und weil ich ihn so ratlos anschaue, ergänzt Hajo: »Marie ihren Ornithologen, Feli diesen Kaffeefritzen und Bea meinen Bruder.«

»Aber da läuft doch nichts!«

Hajo zieht eine Augenbraue. »Sicher?«

»Wir haben fast vier Wochen zusammengelebt«, empöre ich mich. Das hätte ich doch gemerkt! Obwohl, ganz ehrlich? Unterdessen dünkt mir, dass ihre Liebeserklärungen gar nicht mir galten. Ich selbstverliebter Knilch hatte mir das nur eingebildet.

Hajo grinst. »Was bist du so entsetzt? Dachtest du, du seist der einzige Mann auf Gottes Erdboden?«

»Nein, ich bin entsetzt, weil ich gerade feststelle, dass ich die Mädels blockiert habe.«

»Na ja, so schlimm wird es schon nicht sein. Sie hatten dich schon recht gern um sich. Vielleicht hast du ihnen ja auch die

Augen geöffnet, und jetzt wissen sie, wen sie wirklich lieben. Wie ist es mit dir? Welcher gehört dein Herz?«

»Wie ich sagte. Ich liebe alle vier!«, erwidere ich bockig.

Hajo drückt mir die leeren, öligen Plastikgefäße in die Hand.

»An wen denkst du, wenn du abends zu Bett gehst?«

Spontan drängeln sich Bea und Feli in mein Bett. Hmmmm! Doch dann schiebt sich noch eine weitere Person unter meine Bettdecke.

»An wen denkst du beim Aufwachen?«

»An dich und deine stinkigen Fische.«

»Du sollst ernst bei der Sache sein, Kerl!«

Ich schließe die Augen, schon ist SIE da. Erstaunlich.

»Wohin möchtest du deinen Seesack bringen, wenn ich dich spontan aus meiner Wohnung werfen würde?«

Es ist …

»Mit wem wärst du gern an einem einsamen Strand?«

Das ist …

»Welche der Frauen hat dein Kind auf dem Arm?«

Oh! Das ist …

»Du stehst vor dem Traualtar. Schließ die Augen, Basti. Mit wem?«

Seltsam, mir stehen gar nicht die Haare zu Berge. Ich sehe eine Braut in einem weißen Spitzenkleid. Ich stehe mit wem vor dem Altar? Mit …

»Wen siehst du?«

Eindeutig … Ich reiße die Augen auf. Bin ich verblüfft über das Ergebnis? Ein wenig schon. Doch tief in mir war es mir klar, ich hatte es nur verdrängt, mir selbst etwas vorgemacht. Wie hatte ich je zweifeln können? War ich blind?

»Fahr zu ihr, Basti!«

Ich gebe Hajo die öligen Plastikgefäße zurück und ziehe meine Schürze aus.

VERSCHLITZT UND ZUGENÄHT

Reichlich nervös fahre ich in die Kunigundenstraße. Ein bisschen Wehmut schwingt mit. Meine Busfahrten in die WG liegen gefühlt eine halbe Ewigkeit zurück. Es war eine schöne Zeit, unwiederbringlich. Den Hausschlüssel habe ich abgegeben, aber ich verlasse mich ganz auf die olle Schmitz, die ihren Kollaps gut überstanden hat. Und tatsächlich wird mir aufgedrückt.

»Danke, Frau Schmitz, ich bin es, der Basti!«

Die Tür wird irgendwo oben im Treppenhaus zugeschlagen.

Ich stecke die Fingerspitzen in den Briefkastenschlitz und fische nach dem Inhalt, bis ich Papier fühle, ziehe aber nur einen Baumarktprospekt heraus.

Ich habe nämlich eine Mail von »TravelLove« erhalten, dass die Ergebnisse unseres Castings an die Teilnehmer versandt worden seien.

Erneut drückt die Schmitz von oben auf, gespannt schaue ich zur Haustür.

Ken stürzt herein. »Danke, Frau Schmitz!«

Wir stehen voreinander. Feinde fürs Leben, aber gleichzeitig auch Leidensgenossen. Er schließt seinen Briefkasten auf und nimmt mit erwartungsvollen Augen den Briefumschlag heraus. Ich stecke wieder die Finger in den Schlitz.

»›TravelLove‹?«, sagen wir beide im Duett und nicken dann.

Ich krieg den Scheiß einfach nicht zu fassen, das ist doch wie in einem dieser Sonntagnachmittagsfilme, in denen sich der bescheuerte Hauptdarsteller anstellt wie der letzte Dussel und wir den Kopf schütteln und denken: *So dämlich verhält sich doch kein Mensch!*

Ich schon.

»Du bist rausgeflogen bei den Frauen?«, erkundigt er sich, wohl wissend, dass dem so ist.

Ich nicke und schiebe die Hand mit kreisender Zungenspitze weiter in den Briefkastenschlitz.

»Warum fragst du nicht deine ehemaligen WG-Freundinnen, ob sie dir den Briefkasten aufschließen?«

Fabelhafte Idee an sich, aber die Abgabe des Hausschlüssels und der Schlussakkord: »Leb wohl, Sebastian Halbritter, wir wünschen dir dennoch ein gutes Leben!«, war für mich gleichbedeutend mit der Ansage, ich solle bleiben, wo der Pfeffer wächst oder wo auch immer, Hauptsache, sie müssen mich nicht mehr ertragen.

Nie würde ich mich trauen, dort zu klingeln, auch wenn mir vor Sehnsucht fast das Herz zerspringt. Ich sehne mich sogar nach einem Gemüse-Smoothie oder Beas selbst gebackenem Karotten-Dinkel-Kuchen, vor allem vermisse ich die lustigen Gespräche unter uns. Sie fehlen mir einfach als Kumpels, äh, Kumpelinnen.

»So!«, ächze ich. Was zu erwarten war. »Meine Hand steckt fest!«

»Ist nicht wahr, oder?«

»Denkst du, ich mache den Affen hier freiwillig?« Felis und Maries Briefkasten ist einer der obersten, darin hänge ich mit angewinkeltem Arm und allmählich geschwollener Hand. Dabei weiß ich sowieso, was in dem Kack-Schreiben steht.

»Ja, hilfst du mir vielleicht mal?« Meine Birne färbt sich vor Anstrengung rot.

»Hast du bei unserem Kopf-an-Kopf-Rennen eigentlich etwas dafür getan, damit ich den Job kriege?«, forscht das Aas Ken.

»Logisch«, lüge ich. »Jetzt tu endlich was, hol ein Brecheisen oder so.«

»Und warum bist du dann so scharf auf den Schrieb?«

»Vielleicht sind wir die einzigen, die sie aus dem Haufen als Mitarbeiter ausgewählt haben.«

»Unter all den Leuten? Du und ich?« Ken legt die Hand ans Kinn. Er senkt den Blick auf seine Schuhspitzen. »Du, ne, das kann ich mir nicht vorstellen. Wobei …? Warum nicht? Allerdings …«

»Hallo! Ich hänge hier immer noch fest!«

»Wobei mir die Vorstellung, mit dir im Team zusammenarbeiten zu müssen, überhaupt nicht gefällt. Du und ich am Strand …?«

»Vielleicht mit Vaseline? Könntest du bitte was tun?« Langsam wird die Angelegenheit echt schmerzhaft.

Ken packt meinen Arm. »Du bist ganz sicher nicht schwul?« Und reißt daran herum, bis ich aufschreie. »Doch nicht so!« Will der Hirni mir den Arm amputieren?

Er kramt in seiner Jackentasche, zieht einen Leatherman hervor und klappt aus seinem Multifunktionswerkzeug für Outdoorer, Möchtegern-Naturburschen und andere Perverslinge ein Messer heraus.

»Bleib mir bloß vom Leib!«, schreie ich panisch.

Türsummer und die Tür geht erneut auf. Schock! Genau aus diesem Grund bin ich früher von Hajos Feinkostschuppen weg, um keine der Frauen zu treffen. Doch durch diesen peinlichen

Akt, gefesselt an einen Briefkasten, war es früher oder später unumgänglich, dass eine der Frauen heimkommt – nämlich Bea.

»Heute schon Feierabend?«, grunze ich.

»Was treibst *du* hier?« Sie ist ebenso peinlich betroffen, mich zu sehen, wie umgekehrt.

»Der Bescheid von ›TravelLove‹ ist im Briefkasten, ich wollte ihn rausholen.«

»Du hättest uns fragen können.« Beas versucht vorwurfsvoller Ton kommt nicht *so* vorwurfsvoll an wie gewollt. Sie betrachtet meine Hand im Schlitz. »Autsch! Die ist schon blutrot und dick geschwollen!«, stellt sie fest.

Ich weiß, und ich merke, dass mir leicht flau wird, bei der Vorstellung, dass mir mein Greifwerkzeug gleich ganz abfallen könnte. Ich verblute vielleicht. *Nicht ohnmächtig werden*, bete ich mir vor, *bloß nicht ohnmächtig werden.*

»Du wirst doch hoffentlich nicht ohnmächtig?« Bea kennt mich alten Jammerlappen gut genug.

»Soll ich vielleicht nach einem Brecheisen schauen oder nach Vaseline?«, meldet sich Ken zu Wort. »Ich hätte auch noch ein Taschenmesser zu bieten.«

»Kein Taschenmesser!«, schreie ich verzweifelt.

»Da ist doch vor einiger Zeit ein Bergsteiger abgestürzt und unglücklich mit dem Arm in einem Spalt stecken geblieben. Er wäre dort verhungert. Also hat er sich den Arm abgeschnitten, um sich zu retten«, erzählt Bea.

Ken starrt auf ihre Möpse, die Sau. »Hast du denn keinen Briefkastenschlüssel?«, fragt er sie.

Wäre ich nicht in solch hilfloser Lage, ich würde ihn auf der Stelle zu Mus verarbeiten.

»Nicht für den Briefkasten meiner Freundinnen.«

»Wann kommen die denn zurück?«, japse ich.

»Weißt du doch, kann später Nachmittag werden.« Energisch ruckelt auch sie an meiner Hand.

Ich schreie.

»Selbst wenn wir die Tür mit einem Stemmeisen aufhebeln, steckst du immer noch im Schlitz.« Sie ist völlig ungerührt, setzt sogar noch eins drauf: »Das ist mal wieder typisch. Ohne nachzudenken mal einfach drauflos machen.«

Dann kramt sie in ihrer Tasche. »Q 10!«, freut sie sich. »Meine Tagescreme!«

Sie tupft das weiße, glibbrige Zeug, dessen wahren Sinn ich heute zum ersten Mal zu schätzen lerne, auf meine Hand, schlüpft mit ihrem Finger, so weit wie sie kommt, ebenfalls in den Schlitz. Ich bete zu allen verfügbaren Göttern, sie möge sich nicht auch noch verklemmen, da flutscht es plötzlich und ich bin frei.

Meine Hand sieht total verorgelt aus und tut weh. Aber sie ist noch dran und ich halte sogar den Brief zwischen den Fingerspitzen. »Danke, du bist ein Engel!«

Ken nickt anerkennend.

Bea winkt ab: »Schon gut.« Sie geht, ohne sich auch nur noch einmal umzudrehen, nach oben.

Was auch wieder wehtut. Dafür bleibt Ken stehen wie eine Zecke.

Was soll's!

»Wir machen die Briefe gleichzeitig auf. Okay?«, schlage ich vor. »Auf drei. Eins, zwei drei!«

Wir schlitzen die Kuverts mit den Zeigefingern auf, reißen die Briefe heraus, lesen.

»Meinen Glückwunsch!«, sage ich zu Ken.

Lohengrin hat den Ring gefressen

»Wenn du den Seeteufel noch unliebsamer in die Vitrine klatschst, kann ich auch gleich Fischfrikadellen aus ihm machen.« Hajo schüttelt den Kopf. Seit Tagen schüttelt er den Kopf über mich. »Weil du auch nicht auf mich hörst! Geh endlich hin und sag ihr, dass du sie liebst!«

»Sie will mich nicht.«

»Du hast mir deine ganze traurig-komische Geschichte erzählt, von A bis Z. So oft, wie das Mädel versucht hat, wieder Kontakt mit dir aufzunehmen, liebt sie dich immer noch.«

»Nein, tut sie nicht«, widerspreche ich mit trotziger Vehemenz. »Nicht nach all dem, was ich mir geleistet habe.«

Da muss mir Hajo recht geben. »Du bist wirklich ein Meister im Mistbauen. Aber du liebst sie. Vielleicht ist das auch dein absurder Grund, warum du dich gar so dämlich angestellt hast. Vor lauter verkrampftem Versuch, sie zurückzugewinnen, hast du alles versemmelt.«

»Genau«, murmele ich. »Ich kann nun mal nicht gut allein sein. Und ich gebe zu, dass ich mich manchmal ziemlich schusselig anstelle, wenn mir keiner hilft. Und da stand ich plötzlich auf der

Straße. Bin dann in ein angenehmes Nest gefallen und es hat mir imponiert, mit drei Frauen zusammenleben zu dürfen. Verwöhnt zu werden. Durch die WG-Mädels habe ich erst gecheckt, was ich bei Kathi alles falsch gemacht habe. Mein allergrößter Fehler jedoch war: Ich habe Kathis Liebe für selbstverständlich genommen. Und ich habe ihr nie gezeigt, wie wichtig sie mir ist. Oh ja, es war prima, gleich drei Frauen um mich zu haben, und ich habe mir immer eingeredet, ich komme ohne Kathi aus. Ich hab das ehrlich geglaubt. Aber ich habe mich selbst belogen. Es stimmt nicht. Ich kann nicht ohne sie leben. Ich denke ständig an sie. Ständig, immerzu. Ich könnte ausflippen. Ich liebe Kathi!«

Mein Geständnis, meine Liebeserklärung ergieße ich in die Fischvitrine. Die toten Fische glotzen mich an, na ja, wenn sie denn noch glotzen könnten. Als ich mich umdrehe, ist Hajo fort. Na, danke, Freund!

»Und warum hast du mir das nicht einmal, nur einmal vor ein paar Wochen gesagt, Sebastian Halbritter?« Die Stimme kommt von drüben bei den Dolcis.

Kathi?

Kathi!

»Kathi!«

Sie geht langsam auf mich zu. »Das war doch alles, was ich immer hören wollte!«

Mein Herz schlägt vor irrer Freude. Sie kommt ein paar Schritte näher. Das klingt nach Friedenspfeife, nach Versöhnung. Wieso ihr Sinneswandel?

»Marie hat mich angerufen. Du seist in den Wochen ein richtiger Gentleman gewesen. Es sei nie etwas passiert zwischen euch, dabei hättest du genug Chancen gehabt. Und Maries Kuss, ach, er kam von Herzen, sagte sie, wäre aber mehr ein Bussi gewesen. Bea und Feli wollten dich umpolen, dich bedauernswerten, schwulen Mann. Selbst da bist du standhaft geblieben. Aber sie hatten die allerbeste Zeit in der WG, als du da warst, so voller Lachen. Sie vermissen deine Ratschläge und so sauber war ihr Badezimmer nie zuvor …«

»*Ich* habe *dich* vermisst. Schrecklich!« Nun gehe ich ein paar Schritte näher. Mache Anstalten, sie zu umarmen.

»Iiih, du stinkst nach Fisch!«

»Lass uns reden, Kathi, bitte.«

»Reden?« Sie zuckt mit den Schultern. »Lass dir etwas Besseres einfallen, du weltbester Frauenversteher!« Sie macht auf dem Absatz kehrt.

Am Nachmittag ruft Ben an, lädt mich in die Geschäftsstelle von »TravelLove« ein. Weder Ken noch ich haben einen der Beachtester-Jobs bekommen. Traurig bin ich wegen der Entscheidung nicht, ich will nicht in die weite Welt und Strände checken. Das ist nicht mein Ding. Ich weiß, was ich will. Bleiben. Zusammen mit Kathi.

Allerdings hat »TravelLove« meine Schreibe gefallen. Ben bietet mir einen Job in der Online-Redaktion an.

»Ich muss dir etwas gestehen«, sagt Ben. »Es gab wirklich starke Kandidaten, aber am Ende habe ich eine Person ins Boot geholt, die ihre Bewerbung erst beim Casting eingereicht hat. Es ist Bea.«

»Welche Bea? Bea?!«

»Wir kennen uns schon eine Weile. Unter uns, sie hat eine Zeitlang ganz schön mit mir geflirtet, bis sie festgestellt hat, dass ich vergeben bin.« Ben dreht an seinem Verlobungsring. »Bea ist dir gewissermaßen dankbar, sagt sie, erst durch dich ist sie darauf gekommen, ihr Leben etwas lockerer zu nehmen, vor allem es so zu leben, dass sie glücklich damit ist.«

Da fällt bei mir der Groschen. Ben Hansen. Hansen! »Du bist Hajos Bruder?«

Ben nickt. »Bea war früher schon eine leidenschaftliche Weltenbummlerin und ihre fundierten Fremdsprachenkenntnisse haben uns schließlich überzeugt. Sie hat ihren Job bei der Agentur für Arbeit bereits gekündigt.«

Die Pommes rot-weiß werden langsam kalt, der Schaum auf meinem Bier ist eingefallen. Ratlos hocke ich in Bennos Kneipe. Ich soll mir was einfallen lassen, ich Frauenversteher. Ich sehe mich nicht als Frauenversteher, wenn, dann bin ich ein guter Frauenzuhörer – geworden.

Ich will geliebt werden, Basti. Du zeigst es mir nie!

Wie oft hat Kathi sich beschwert. Sie hat recht und ich habe sie gar nicht verdient. Auf ihre Wünsche habe ich nicht groß geachtet. Ich ging davon aus, was Basti gefällt, wird schon auch in ihrem Sinn sein. Aber so läuft es nicht! Bei einer Partnerschaft muss jeder ein Stück zurückstecken, damit sie funktioniert.

Ich muss Kathi meine Liebe zeigen, wie?

Eine Pranke grapscht in meine Pommes. Es ist Homer. »He, Griffel weg!«, fauche ich.

Er lässt die Pommes fallen. »Bäh, die sind kalt.«

»Soll ich uns frische bestellen, Steffen?«, flötet eine mir bekannte Stimme, die auf keinen Fall in Bennos Kneipe gehört.

Ich sehe Homer mit flotter Kurzhaarfrisur, einem gebügelten Hemd und in knackigen Jeans. Steffen? Neben ihm steht – Felicia!

»Was machst du denn hier?«, stottere ich. Hier, zusammen mit meinem völlig veränderten, total (für seine Verhältnisse) gestylten Kumpel Homer.

Sie trägt einen kurzen Rock, für den sie einen Waffenschein braucht. Ich mustere das T-Shirt, das im Bund steckt. Ich strecke den Daumen hoch: kein Muffin-Quetsch-Alarm.

»He, Augen weg!«, mault Homer. »Das ist Meine!«

»Deine – was?« Obwohl ich es ahne. Das kann nicht sein? Amor wird sich doch nicht verflattert haben …?

»Wir sind ein Paar!« Feli kichert wie besoffen und drückt sich an Homer, pardon, Steffen. »Es war Liebe auf den ersten

Blick. Habe ich dir doch neulich gesagt, als ich zu dir ins …
Als ich dich in deinem Zimmer besucht habe, du weißt schon.«

Homer funkelt sie an, als sei er stoned. »Bei mir auch.«

»Und er hat nach seinem Besuch in der WG *sofort* angerufen, um ein Date mit mir zu haben«, erklärt Feli weiter. »Du
hattest recht, Basti. Wenn ein Mann interessiert an dir ist, ruft
er an. Sofort. Und er trägt keinen Ehering!«

»Na dann, meinen Glückwunsch!« Ich freue mich ehrlich.

»Marie und Jan sind auch ein Paar«, juchzt sie weiter.

Was soll's, es war unvermeidlich. Wo die Liebe halt hinfällt …
Ich freue mich auch für Schneewittchen. Jan, die alte Nachteule,
ist in meinen Augen zwar ein Langweiler und Marie hätte durchaus einen kleinen Prinzen verdient. Aber wenn sie Bock auf
Vogelstimmen-Safari hat, soll sie glücklich damit werden.

Und wo bleibt mein Happy End?

Plötzlich wird mir leicht ums Herz. »Feli, ich hätte da mal
eine winzigklitzekleine Bitte …«

Marie trägt eine dicke Quarkschicht im Gesicht, nur die Augen
sind kreisrund ausgespart. Mit etwas Schnittlauch drauf wäre
sie direkt zum Anknabbern. Feli hat eine Avocado-Creme-
Kurpackung in ihr Haar geknetet, die mit Wärme effektiver
wirkt, das wissen wir Mädels ja. Deshalb hat sie den Kopf mit
Frischhaltefolie eingewickelt. Kein Wunder, dass Außerirdische
keinen Kontakt mit uns aufnehmen!

Das ist so ein Mädels-Kodex. Selbst wenn mal die Fetzen
geflogen sind, Freundinnen lassen sich nicht im Stich. Wir wollen mein Problem gemeinsam bequatschen. Lösen muss ich es
schön selbst, finden sie. Aber man kann es sich ja mal bei einem
Gläschen Prosecco gemütlich machen.

Sie haben mir verziehen, unter dem Aspekt: So sind sie
halt, die Männer! Und für diesen Makel kann ich nun einmal
nichts. Wiederum … dafür, *dass* ich ein Mann bin, bin ich eine

wunderbare und einzigartige Freundin. Und auf die wollen sie auch in Zukunft nicht verzichten.

»Und wenn Kathi mich gar nicht mehr haben will?«, maunze ich.

Marie springt aus dem Sessel hoch, Quarktropfen platschen auf den Teppich. »Eines merk dir, Basti: Wenn eine Frau liebt, dann liebt sie!«

Spät fahre ich zurück in meine Kammer bei Hajo. Was waren das für heiße Zeiten, als ich nachts in der WG kein Auge zubrachte ... Erinnerungen sind etwas Schönes. Auch heute Nacht liege ich wach im Bett, denn ich habe nun einen Plan ...

Am nächsten Tag überfalle ich Nicola und Marc nach einem Shopping-Trip in der Stadt. Klingle Sturm. Marc öffnet mir.

»Du musst mir unbedingt euren Hund ausleihen!«

Marc wirft einen Blick nach hinten, dorthin, wo ich seine Frau vermute.

»Wenn du noch mein Freund bist, dann leihst du mir Lohengrin für zwei Stunden!«, dränge ich.

»Wer ist es denn?«, ruft Nicola von innen.

»Marc!«, drohe ich.

Lohengrin kommt angewackelt, wedelt freudig mit dem Schwanz.

»Warum? Was hast du denn vor?«, flüstert mein Kumpel.

»Es geht um die Liebe. Es geht um Kathi.«

»Ist das meine Schuhsendung?« Wieder Nicola, die Grausige.

»Sie merkt es doch gar nicht, wenn der Hund mal kurz fehlt! Oder lass dir halt etwas einfallen, dass sie es nicht merkt. Macht Sex oder so!« Meine Hand greift bereits nach dem Halsband.

»Die Zeugen Jehovas«, ruft Marc zurück.

Ich stöhne genervt. Aber damit muss ich wohl leben, mit einer Memme und seiner Biestgurke.

Er schiebt Lohengrin aus dem Haus. »Haut ab!«, zischt er mir zu. »Aber wenn es rauskommt: Ich weiß von nichts!«

»Pfeife«, grinse ich und laufe los. Lohengrins Ohren und Zunge fliegen im Wind.

Kathi meldet sich an der Gegensprechanlage. Was hätte ich eigentlich gemacht, wenn sie nicht zu Hause gewesen wäre? Wieder eine Basti-Aktion … Erst handeln, dann denken … Aber sie ist daheim und ich gebe Lohengrin einen Klaps. »Lauf hoch, Alter!«

Der Hund schaut mich an. Wedelt. Laufen ist nicht sein Ding.

»Hallo?«, tönt es von oben.

»Glei-heich!«

Ich zeige Lohengrin mit dem Finger, wohin er sich bewegen soll. Er gähnt. Ich ahme mit den Händen gehende Pfoten nach. Er gähnt, leckt sich das Maul.

»Lass mich jetzt nicht im Stich. Na los!« Ich schiebe an seinem Hinterteil.

Doch das Tier bleibt unbeweglich.

»Lau-hauf, du Hund!«

Endlich setzt er sich in Bewegung und hechelt die Stufen nach oben. Ich hechle ihm hinterher. Wir keuchen beide, als wir im 3. Stock angekommen sind.

Kathi und Lohengrin schauen mich erwartungsvoll an.

»Ich liebe dich, Kathi …!« Ich gehe auf die Knie. Bei mir sieht es allerdings keinesfalls so elegant aus wie bei den wackeren Jungs in den TV-Liebesfilmen. Mir fehlt der nötige Gleichgewichtssinn, ich schaukle mit ausgebreiteten Armen wie ein Eiskunstläufer auf glatter Fläche. Wir verfolgen gebannt, ob ich die eingesprungene, missratene Sitzpirouette noch eine Weile halten kann, dann stottere ich: »Willst du … ach, halt, verdammt, da fehlt noch was. Moment …« Ich bin so ein Kamel. Ich verderbe die schöne Szene völlig.

Wo ist denn der Ring ...? Ach ja, beim Hund im Lederherz um den Hals.

Ich fahre mir mit dem Ärmel über die Stirn.

Kathis Augen glänzen.

»Komm her, Lohengrin!«

Da gibt der Hund Fersengeld und düst hoch bis zu den Dachböden. Unglaublich! Dummer Hund .... Ich rapple mich wieder hoch. »Entschuldige bitte, Kathi, bin gleich wieder da.«

Ich spurte Lohengrin hinterher. »Sitz, Platz, pfui, Lohengrin!«

Vorher noch ein unbeweglicher, fauler Sack, scheint der Vierbeiner jetzt Hummeln im Hintern zu haben. Anscheinend liebt er das Spiel »Fang mich doch!«. Denn kaum bin ich oben, macht er eine flotte Wendung, tippelt wieder nach unten. Eine Etage vor Kathis Wohnung kriege ich ihn am Halsband zu fassen. Doch ... Wo ist das Herz?

Ich fasse es nicht! Lohengrin hat das Lederherz mit dem Ring gefressen!

Er gibt ein »Wuff« von sich und saust die restlichen Stufen bis zu Kathi weiter. Dieses dumme Tier! Mein schöner Plan. Wie stehe ich denn jetzt vor Kathi da?

Ich lehne mich gegen die Wand, denke nach. Ein Heiratsantrag (oder zumindest das, was ich vorhabe) ohne Ring geht gar nicht! Der Ring ist ein Muss. Sollte jemand, irgend so ein Ignorant, wie ich einer war, behaupten, der Ring sei nicht notwendig, der soll besser gleich nach Hause gehen. Dieser Unromantiker! Der hat eine Frau erst gar nicht verdient!

»Basti? Alles okay? Kommst du auch wieder?«, ruft Kathi hoch.

»Ich bin schon da, Zuckerwölkchen«, rutscht es mir heraus.

Aber Kathi meckert gar nicht wegen des verbotenen Kosenamens.

Ich nehme zwei Stufen auf einmal. Was sehen meine Augen?!

Genüsslich schleckt sich der Köter das Maul und gibt Kathi Pfötchen.

»Der Ring …!«

In Lohengrins Maul kracht es. Ich packe seinen Kopf, ziehe die Lefzen auseinander. Lohengrin knurrt. »Dir werde ich gleich – von wegen knurren! Gib Kathis Ring her, du Biostaubsauger, du verfressener!«

»Basti …«, sagt Kathi.

»Das war die letzte Veranstaltung, zu der ich dich mitnehme! Spuck den Ring aus, Flohtaxi!«

»Basti, er kaut ein Stück Karotte, das ich ihm gegeben habe.«

Ich lasse den Hundekopf abrupt los. »Ach so.« Trotzdem sinkt der Hund in meiner Achtung. Ein Hund frisst keine Karotten, selbst wenn er *Lohengrin* heißt. Das macht *nur* der schlechte Einfluss von Nicola aus. Würde mich nicht wundern, wenn Marc auch zum Rohköstler umgepolt worden wäre.

»Hast du vielleicht mal in deiner Hosentasche nachgeschaut? Und was hat Lohengrin für seltsame Papierrollen am Hals?« Noch nimmt es Kathi mit Humor. Ihren Heiratsantrag hat sie sich sicher anders vorgestellt, wenn sie überhaupt kapiert, dass dies in die grobe Richtung gehen soll.

Ah, richtig, in der Hosentasche. Da ist das Lederherz, da der Ring.

Ich tätschle Lohengrin versöhnlich den Kopf, aber er ist nach wie vor nicht nachtragend.

Ich binde dem Hund die Papierrollen vom Hals. »Das sind meine Lebenspläne, ein kurz-, ein mittel- und ein langfristiger.«

Ich rolle den ersten Plan auf. »Darin verspreche ich, mich mit deiner Hilfe zu bessern. Du verzeihst mir und wir werden wieder ein Paar, nichts wünsche ich mir mehr, Kathi!«

Ich rolle den zweiten Plan auf. »Ich halte um deine Hand an und du sagst Ja.«

Erwartungsvoll schaue ich sie an.

»Und Rolle drei, dein langfristiger Lebensplan?« Kathi ist neugierig geworden.

»Wir haben in den Flitterwochen auf der Kannibalen-Insel lauter kleine Kathis und Bastis gezeugt und für die bauen wir nun ein Haus mit Garten und haben einen Hund und zwanzig kitschige Gartenzwerge!« Ich nestle den Ring aus dem Herz.

»Dies ist ein Vor-Verlobungsring, damit du siehst, wie ernst es mir ist.« Ich schaukle wieder runter auf die Knie. »Willst du es noch einmal mit mir versuchen, du würdest mich zum glücklichsten Mann auf der Welt machen! Ich will dich niiie wieder verlieren. Kathi, ich liebe dich!«

Sie kommt zu mir runter auf die Knie und hält mir ihre Hand hin, damit ich ihr den Ring anstecke und ihn nicht doch noch verschussele.

»Ich liebe dich auch, Basti. Aber mit den Gartenzwergen, ich weiß ja nicht …«

Wir rutschen näher aufeinander zu. Dann küssen wir uns leidenschaftlich und es ist so vertraut und einfach nur wunderbar.

»Wuff!«

Wir helfen uns gegenseitig hoch. Kathi zieht mich in die Wohnung.

Lohengrin stürmt an uns vorbei und springt aufs Sofa.

»Trägst du tatsächlich Tangas?«, will Kathi wissen.

»Soll ich sie dir zeigen?«

Kathi nickt. »Marie behauptet übrigens, du epilierst dir die Beine …«

»Auch meine Beine kann ich dir zeigen.«

Ich nehme Kathi auf den Arm, trage sie ins Schlafzimmer und zeige ihr meine glatten Beine. Und etwas später beweise ich ihr, dass ich *nicht* schwul bin!

MIX

Papier | Fördert
gute Waldnutzung

FSC® C083411

Zeitfracht Medien GmbH
Ferdinand-Jühlke-Straße 7
99095 Erfurt, Deutschland
produktsicherheit@kolibri360.de

Druck:
CPI Druckdienstleistungen GmbH
im Auftrag der
Zeitfracht Medien GmbH
Ein Unternehmen der Zeitfracht - Gruppe
Ferdinand-Jühlke-Str. 7
99095 Erfurt